RPG Maker

Créez votre jeu de rôle

Décors et héros, gameplay et conception de niveaux

Dans la même collection

Composition et mixage avec GarageBand'09. *Manuel de survie pour compositeur en herbe.*
D. MARY.
N°12564, 2010, 268 pages.

Mac OS X Snow Leopard efficace.
G. GETE.
N°12586, 2010, 480 pages.

Windows 7 avancé.
T. GARCIA, L.-G. MORAND.
N°12594, 2009, 396 pages.

Réussir sa compta avec Ciel.
N. CROUZET.
N°12262, 2008, 402 pages.

D'Excel à Access. *Croiser, extraire et analyser ses données.*
T. CAPRON.
N°12066, 2008, 350 pages.

Sécuriser enfin son PC *Réflexes et techniques contre les virus, spams, phishing, vols et pertes de données.*
P. LEGAND.
N°12005, 2006, 400 pages.

Collection «Accès libre»

Réussir son site web avec XHTML et CSS.
M. NEBRA.
N°12485, 3e édition, 2009, 308 pages.

Joomla et VirtueMart. *Réussir sa boutique en ligne.*
V. ISAKSEN, T. TARDIF.
N°12487, 2e édition, 2009, 330 pages

Concevoir et déployer ses sites web avec Drupal
Y. BRAULT.
N°12465, 2009, 404 pages.

Linux aux petits oignons. *Les meilleures recettes pour bien débuter !*
K. NOVAK.
N°12424, 2009, 524 pages avec DVD-Rom.

OpenOffice.org 3 efficace.
S. GAUTIER, G. BIGNEBAT, C. HARDY, M. PINQUIER.
N°12408, 2009, 408 pages avec CD-Rom.

MediaWiki efficace. *Installer, utiliser et administrer un wiki.*
D. BARRETT, adapté par S. BLONDEEL.
N°12466, 2009, 374 pages.

Réussir un site web d'association... avec des outils libres !
A.-L. QUATRAVAUX ET D. QUATRAVAUX.
N°12000, 2e édition, 2007, 372 pages.

Bien rédiger pour le Web... *et améliorer son référencement naturel.*
I. CANIVET.
N°12433, 2009, 412 pages.

Ergonomie web. *Pour des sites web efficaces.*
A. BOUCHER.
N°12479, 2e édition, 2009, 458 pages.

Améliorer son taux de conversion web.
S. ROUKINE.
N°12499, 2009, 250 pages.

Réussir son site e-commerce avec osCommerce.
D. MERCER.
N°11932, 2007, 446 pages.

Réussir un projet de site web.
N. CHU.
N°12400, 5e édition, 2008, 246 pages.

Ubuntu efficace.
L. DRICOT, K. NOVAK.
N°12362, 3e édition, 2009, 360 pages avec CD-Rom.

Boostez votre efficacité avec FreeMind.
X. DELENGAIGNE, P. MONGIN.
N°12448, 2009, 260 pages.

Gimp 2.4 efficace. *Dessin et retouche photo.*
C. GÉMY.
N°12152, 2e édition, 2008, 402 pages avec CD-Rom.

Inkscape efficace. *Réussir ses dessins vectoriels.*
C. GÉMY.
N°12425, 2009, 280 pages

La 3D libre avec Blender.
O. SARAJA.
N°12385, 3e édition, 2008, 456 pages avec DVD-Rom.

Dessiner ses plans avec QCad. *Le DAO pour tous.*
A. PASCUAL.
N°12397, 2009, 278 pages.

Mise en page avec OpenOffice.org Writer.
I. BARZILAI.
N°12149, 2007, 338 pages.

Scenari – La chaîne éditoriale libre.
S. CROZAT.
N°12150, 2007, 200 pages.

PGP/GPG. *Assurer la confidentialité de ses mails et fichiers.*
M. LUCAS, AD. PAR D. GARANCE , CONTRIB. J.-M. THOMAS.
N°12001, 2006, 248 pages.

Chez le même éditeur

L. Labat. – **Développement XNA pour la Xbox et le PC.** N°12458, 2009, 344 pages.

Perline et L. Noisette. – **Équideow.** *Le guide officiel.* N°12521, 2009, 300 pages.

M. Lavant. –**Flash. Spécial débutants.** *Cahier Flash n°2.* N°12570, 2e édition, 2009, 137 pages.

D. Thomas et D. Heinemeier Hansson. – **Ruby on Rails.** N°12079, 2e édition, 2007, 800 pages.

Samuel **Ronce**

SANSTABOO

RPG Maker

Créez votre jeu de rôle

Décors et héros, gameplay et conception de niveaux

EYROLLES

ÉDITIONS EYROLLES
61, bd Saint-Germain
75240 Paris Cedex 05
www.editions-eyrolles.com

Avant-propos

La création de RPG accessible à tous

À l'époque où il fallait être un informaticien chevronné, connaître des langages de programmation sur le bout des doigts et savoir réaliser des algorithmes hors du commun pour concevoir un jeu vidéo, les créateurs amateurs de jeux vidéo étaient plutôt rares. Pourtant des entreprises comme Enterbrain, ClickTeam ou bien YoYo Games lancèrent des logiciels de création de jeux vidéo à la portée de tous. Ces logiciels ont redonné espoir à tous les néophytes rêvant de concevoir leur jeu vidéo et de faire vivre des aventures palpitantes à leurs héros.

Le logiciel le plus utilisé, et sûrement le plus accessible d'un point de vue difficulté, maniabilité, qualité et coût, est RPG Maker. Il permet de créer facilement un RPG et son Gameplay, et de diffuser un jeu abouti prêt à être partager sur le Web ou à épater vos amis.

Pourquoi ce livre ?

RPG Maker est un outil très simple d'utilisation, mais si vous désirez créer des systèmes un peu évolués, il peut se révéler complexe. Si certaines questions sont récurrentes, RPG Maker offre une multitude de possibilités, mais seules l'imagination et l'expérience permettent de réaliser un bon jeu. Ainsi, ce livre présente les aspects théoriques de la réalisation d'un RPG complet. Il ne met pas pour autant les aspects pratiques de côté : tout au long de l'ouvrage, nous expliquerons pas à pas les procédures incontournables, sans oublier les bonnes pratiques de conception telles que la mise en place d'ambiances, d'énigmes, de nouveaux types de combats, etc.

Nous vous proposons également de vous initier au Ruby, qui est un langage de programmation simple, pour vous aider à utiliser RGSS, la bibliothèque de RPG Maker. Vous pourrez ainsi personnaliser davantage votre jeu et, pourquoi pas, vous perfectionner pour devenir programmeur...

À qui s'adresse cet ouvrage ?

Ce livre s'adresse à toutes les personnes souhaitant créer un RPG. Que vous soyez débutant, initié ou expert, aucun prérequis en programmation n'est nécessaire pour réaliser un jeu. Vous avez juste besoin de connaître le logiciel RPG Maker, et cet ouvrage est justement là pour vous y aider !

Structure de l'ouvrage

L'ouvrage se compose de 12 chapitres au total, ainsi que de 3 annexes.

Avant toute chose, il est recommandé de rédiger un scénario solide avant de se lancer dans la conception du jeu à proprement parler. Vous vous apprêtez à créer un jeu, et il va sans dire que vous n'irez pas très loin sans l'once d'une trame. Le **chapitre 1** explique comment personnaliser vos héros et leurs adversaires, et comment insuffler une ambiance à un monde sur le point de sombrer dans les ténèbres.

Le **chapitre 2** vous donne un aperçu global de l'interface de RPG Maker. Les différents outils y sont détaillés afin de vous familiariser avec le logiciel.

Le **chapitre 3** montre comment bien réaliser les décors du jeu et les personnaliser afin de créer un univers fort.

Le **chapitre 4** détaille les différents éléments de la base de données. Dans cette dernière, vous pourrez créer vos héros en leur donnant une apparence et des caractéristiques telles que la force, la défense... Elle offre également la possibilité de créer les objets, les armures, les armes, les ennemis, les compétences, etc. du jeu.

Le **chapitre 5** vous apprend comment intégrer des événements au jeu, afin de faire avancer l'intrigue.

Le **chapitre 6** expose les grands principes de création d'un monde, de ses villes et de son ambiance.

Le **chapitre 7** explique comment réaliser une cinématique d'introduction et s'attarde sur différents points ayant trait au prologue.

Le **chapitre 8** détaille les actions pouvant être assignées au héros du jeu. Ainsi, il pourra pousser un objet, creuser, donner un coup d'épée, etc.

Le **chapitre 9** explique comment concevoir les énigmes que l'on retrouve classiquement dans tout donjon de RPG, en ayant notamment recours aux interrupteurs et autres élévateurs.

Le **chapitre 10** retrace la création d'un autre type de combat : le A-RPG. Celui-ci permet d'attaquer des ennemis en temps réel.

Le **chapitre 11** vous explique le fonctionnement de la bibliothèque de RPG Maker. Grâce à elle, vous serez en mesure de créer une fenêtre et de comprendre des notions propres au RGSS.

Le **chapitre 12** vous apprend à créer vos propres scripts en personnalisant l'écran titre et le menu principal. Vous concevrez aussi un système de crédits, et ferez ainsi défiler la liste des concepteurs du jeu à l'écran.

L'annexe *L'essentiel de Ruby* traite du langage de programmation nommé Ruby. Elle a pour but de vous familiariser avec la syntaxe accessible de ce composant de RPG Maker. Rapide mais concrète, l'annexe aborde les bases, puis s'intéresse à la programmation d'objets. Nous vous conseillons de la lire attentivement si vous voulez créer vos propres scripts.

Certaines questions vous taraudent peut-être. L'annexe Questions-réponses est là pour y remédier. Avec ses 40 questions et réponses associées, elle tente de résoudre les principaux problèmes matériels, logiciels et de manipulation des événements et de codage.

La dernière annexe présente en détail les commandes d'événements évoquées dans le chapitre 5.

Remerciements

Je remercie :

- L'équipe des éditions Eyrolles, pour avoir permis la publication du premier ouvrage francophone sur RPG Maker.
- L'équipe du forum de discussion de RPG Creative. Leur travail a contribué au développement du forum et, par conséquent, aux chances de pouvoir un jour rédiger un livre. Je citerai seulement les administrateurs, sans quoi la liste serait trop longue, mais, bien sûr, je n'oublie pas les autres : Andora, Mat, Roys, Séphiroth, Sh4k4 et Siegfried.
- Toutes les personnes qui m'ont soutenu.

Samuel Ronce

www.rpgcreative.net

Table des matières

Concevoir un bon scénario

Élément capital de tout bon jeu de rôle, le scénario est un aspect à soigner. Ce chapitre a pour objectif de vous montrer les bases dans la rédaction d'un scénario de RPG classique en s'appuyant sur des jeux comme *Final Fantasy, The legend of Zelda*.

L'importance du scénario dans un jeu de rôle

Avant de nous intéresser au scénario, rappelons quelques points élémentaires d'un RPG, car cela nous permettra de bien en comprendre les tenants et les aboutissants.

Les ingrédients d'un jeu de rôle

Le RPG est un type de jeu vidéo. Citons parmi les principaux types, le jeu d'aventure, de plate-forme, d'action… et le jeu de rôle. Ce dernier est connu en anglais sous le nom de *Role Playing Game*, soit RPG en abrégé.

L'une des particularités du RPG est la possibilité de personnaliser et de faire évoluer les compétences du héros. Son niveau augmente et, par conséquent, ses caractéristiques telles que son attaque, sa défense, son agilité, sa force… augmentent. Pour gagner un niveau, il doit acquérir un certain niveau d'expérience qu'il obtient en éliminant des ennemis. Plus son niveau est élevé, plus il lui faut surmonter d'obstacles pour gagner de l'expérience.

> EXEMPLE **Expérience, niveau et ennemi**
>
> Il faudra, par exemple, au héros 40 points d'expérience pour atteindre le niveau 2, alors qu'il devra obtenir 10 000 points d'expérience pour passer du niveau 15 au niveau 16. Bien entendu, la force des ennemis est fonction du niveau du héros, ainsi que l'expérience gagnée.

Personnaliser le héros ne se limite pas à lui choisir un nom et une tenue. En effet, lors des combats, de nouveaux objets ou de l'argent sont en jeu. Le héros pourra alors s'équiper des armes et protections qu'il acquiert et ainsi améliorer ses capacités. De plus, avec l'argent, il achètera dans les boutiques du jeu les équipements de son choix.

Le RPG possède un système de combat différent des autres jeux vidéo : il s'agit du combat au « tour par tour ». Dans des jeux comme *The Legend of Zelda* ou *Starfox Adventures*, le héros combat un ennemi en temps réel.

Dans un RPG, le joueur arrive sur une zone de combat où d'un coté se trouvent les ennemis et de l'autre les héros. Le joueur peut prendre son temps pour choisir ses attaques ainsi que l'ennemi à attaquer, s'ils sont plusieurs. Son tour terminé, c'est alors aux ennemis de contre-attaquer. Les jeux actuels mêlent plusieurs types de combats, mélangeant le « temps réel » et le « tour par tour »

Les RPG ne se résument pas à des combats, mais comportent aussi un univers entier. Le héros parcourt un monde, aussi appelé mapmonde. Le héros se déplace sur la carte de ce monde et se rend dans les différentes villes et donjons. Ces derniers occupent une place à part. En effet, en ville, le héros va plutôt chercher des informations, parler aux villageois, accomplir des quêtes secondaires… alors que dans le donjon, il se trouve dans le feu de l'action et doit combattre des ennemis, résoudre des énigmes et parfois combattre des « boss » (les créatures qui possèdent le donjon). L'exploration des donjons permet au héros d'avancer dans la quête principale.

Le scénario : le piment du jeu

Tous les points que nous venons d'évoquer caractérisent un RPG. Les omettre reviendrait à créer un « simple » jeu d'aventure. Il faut donc les incorporer à votre RPG et les améliorer. En effet, le jeu deviendrait vite lassant si le joueur doit répéter les mêmes actions : combattre, monter de niveau, acheter un objet, combattre, monter de niveau… sans suivre réellement de but précis. Le scénario intervient à ce moment précis : c'est lui qui donne du sens aux actes du héros. Prenez donc tout votre temps pour trouver une idée de base cohérente et pour bien construire votre intrigue.

La plupart des RPG possède un scénario complexe et riche. Comme dans le cinéma, des scénaristes élaborent une histoire destinée à piquer l'intérêt du public. Ainsi, depuis plus de 30 ans, les jeux vidéo évoluent et se diversifient par leur graphisme, originalité, gameplay… et par leur scénario. Le RPG n'échappe pas à la règle, surtout que le scénario en constitue le cœur. Il est probable que vous ayez déjà joué à un RPG qui ne vous a pas plu. Pourquoi ? Le scénario n'était peut-être pas à votre goût ou bien trop linéaire ?

Voilà pourquoi le scénario revêt une importance capitale dans la réalisation d'un RPG. Nous allons voir les points fondamentaux pour concevoir un bon scénario en nous basant sur des jeux vidéo connus. La raison de leur succès tient notamment à leur scénario, à la façon dont les créateurs ont conçu l'univers, à la personnalité des héros ou bien des ennemis. Nous prendrons exemple sur des jeux comme *Final Fantasy*, *The legend of Zelda*, *Tales of Symphonia*...

Des héros à la personnalité bien trempée

La personnalité et le caractère des personnages sont des aspects à soigner, car il est important que le joueur puisse se mettre dans la peau du héros principal.

Le héros principal

La personnalité du héros principal n'est pas forcément la plus facile à créer. Cependant, une des clés du succès consiste à reprendre des caractéristiques de votre joueur pour le héros. Même si les joueurs ont tous des personnalités différentes, certains points communs sont évidents. Par exemple, vous pouvez faire coïncider l'âge du héros avec celui du joueur. Si la plupart des adolescents jouent au RPG, le héros principal doit avoir environ 16 ans.

Dans la même logique, l'attitude du héros face au monde est la même que celle du joueur : il cherche à découvrir son univers et à se faire des amis. Comme le héros, le joueur découvre l'histoire au fur et à mesure du jeu. Héros malgré lui, il est obligé de combattre l'opposant principal. Durant ces péripéties, le joueur découvre bien souvent que son héros a un lien avec l'ennemi.

EXEMPLE **Lien entre le héros et son ennemi**

Prenons le cas du jeu d'aventure *The Legend of Zelda : ocarina of time*. Au départ, Link, le héros principal, n'a reçu de l'arbre Mojo, le sage du village, que l'ordre d'aller voir la princesse Zelda. Cependant, le terrible Ganondorf cherche à obtenir le pouvoir de la Triforce. Pour cela, il doit rassembler les 3 fragments de la Triforce, qui sont en possession d'autres personnages. Ganondorf en possède un et Zelda en détient un deuxième. Il la kidnappe donc pour cette raison. Au cours du jeu, le joueur découvre que Link possède aussi le dernier fragment. Le héros et l'ennemi sont donc liés.

Par rapport au reste de son équipe, le héros a souvent une personnalité bien particulière. Il n'a pas peur de l'aventure et est toujours prêt à aider le reste du monde. Sa qualité principale est donc le courage (n'oublions pas qu'il porte le titre de « héros »). Quant à son caractère, il peut être vraiment différent selon les RPG : timide, blagueur, séducteur...

Ces traits de caractère sont d'autant plus importants qu'au fil du jeu, le héros découvre son univers. N'ayant pas une grande connaissance du monde dans lequel il évolue, mais curieux et intrépide, il découvre les éléments clés de l'histoire par l'intermédiaire d'alliés ou de personnages non joueurs. Ainsi, le joueur apprend en même temps que le héros.

Dans la plupart des RPG, le héros principal s'entoure d'alliés, qui sont d'autres héros. Chacun de ces alliés a aussi une personnalité différente et tous jouent un rôle important.

Le héros secondaire

Contrairement à ce que son nom pourrait sous-entendre, le héros secondaire est également un personnage important de l'histoire. Sans lui, il serait impossible de sauver le monde, car en général il possède une caractéristique que le héros recherche. Ainsi, dans *Final Fantasy 10*, Tidus rencontre, au cours de l'histoire, Yuna et ses gardiens. Yuna, « invocatrice », est la seule à pouvoir détruire Sin, l'ennemi. Le héros devient un de ses gardiens.

Le héros mystérieux

Le héros mystérieux est un personnage non seulement très puissant mais aussi possédant une bonne connaissance du monde. De nature calme et très sûr de lui, il ne dévoilera rien sur sa vie. Son but est simplement d'aider à combattre l'ennemi, sans vraiment en connaître la raison. Au cours du jeu, il dévoile des indices, souvent obscurs, mais qui attirent l'attention du joueur.

Ce personnage est important, car il permet de pimenter l'intrigue tout en introduisant une personnalité spécifique. Dans *Tales of Symphonia*, Kratos est engagé pour aider l'équipe de l'Élue, mais personne ne sait réellement qui il est. Simple mercenaire au départ, il devient un personnage clé de l'intrigue : il révèlera au héros qu'il est son père et qu'il fait partie de l'équipe de l'ennemi.

Le héros d'une autre civilisation

Le monde est partagé entre plusieurs civilisations : nains, elfes, orques, trolls, humains… Souvent un héros d'une autre civilisation se joint à l'équipe. Ses motivations peuvent être variées… Il cherche peut-être à se venger car l'ennemi a détruit tout ou partie de sa civilisation, ou alors il a été banni de sa civilisation car il n'a pas respecté une loi ou une tradition.

Dans tous les cas, il n'ose pas parler des raisons pour lesquelles on l'a chassé, car il en a honte. Ce héros est d'autant plus intéressant qu'il aide le héros à découvrir une autre civilisation et apporte des compétences particulières qui y sont liées.

Le traître

Un personnage peut tout à fait se joindre au groupe avec une idée derrière la tête et un prétexte valable. Il peut faire croire qu'il va aider le héros principal à combattre l'ennemi, alors qu'il cherche en fait à se venger. Il va trahir l'équipe et la mettre dans une situation périlleuse ou tout du moins délicate.

Avec ce type de personnage, le plus difficile est d'éviter que le joueur devine dès le départ que ce personnage est un traître. Pour garder l'effet de surprise, plusieurs moyens sont à votre disposition. Le premier consiste à établir une relation de confiance entre le héros principal et le traître. Ce dernier peut par exemple sauver la vie du héros principal à plusieurs reprises durant le jeu. Autre possibilité, les deux personnages entretiennent des conversations chaleureuses : qui aurait alors pu penser qu'il allait trahir son équipe ? Une autre méthode consiste à faire planer le doute sur un autre personnage de l'équipe via des paroles suspectes ou des actions douteuses. Ainsi, tous les soupçons du joueur se porteront sur ce personnage et non sur le véritable traître.

La bien-aimée

La bien-aimée peut jouer l'un des rôles que nous venons de citer, et notamment celui de héros secondaire. Puisque le RPG actuel mélange aventure et sentiments, ce héros ou plutôt cette héroïne est indispensable pour agrémenter les quêtes d'une pincée d'amour et accroître encore le suspens. Imaginons par exemple que le héros et sa dulcinée doivent se séparer à cause de l'ennemi, comme c'est le cas dans *Final Fantasy 10*, où Yuna doit se marier avec Seymour, l'ennemi, dans l'espoir de sauver le monde. Le joueur partage alors l'opinion et le sentiment d'injustice du héros.

> ALTERNATIVE **Impact de la bien-aimée sur le reste de la troupe**
> La bien-aimée a également un impact sur les autres membres de la troupe... elle peut aussi bien les fédérer que les diviser !

L'ennemi et son but

Dans tous les RPG, on trouve un opposant, un ennemi avec un grand E, sans qui l'histoire n'aurait pas de fondement. Le héros doit sauver le monde, sa propre personne, sa bien aimée, son honneur... en éliminant la cause du problème, à savoir l'ennemi principal. Cependant, il n'y a là rien d'original si, dans chaque RPG, le héros doit immanquablement combattre un ennemi. Il est donc capital de donner une forte personnalité à l'ennemi et un but tangible à ses actions. Voici une rapide typologie des grands types d'ennemis.

Le fou

Comme il s'agit souvent d'un ancien héros, le fou suit le même but que le héros principal. Les choses se compliquent lorsque leur idéologie diffère : le fou croit que ses idées sont les meilleures et il est certain que le héros est dans l'erreur, que ses actions sont vaines, voire même qu'il constitue un obstacle à la réalisation de son but. L'idéologie du fou n'évolue pas, même avec les années : il cherchera toujours à se venger, aura toujours les mêmes opinions et ne cessera de penser que le monde est mauvais. Il croira qu'il est toujours ce héros d'antan, qu'il est le seul à pouvoir sauver le monde par honneur, gloire ou bien avidité de pouvoir.

L'inconscient

Un monstre très puissant n'a pas forcément de conscience et attaque le monde seulement par instinct. Exactement comme il faut éviter qu'une météorite ne s'abatte sur la Terre, nos héros n'ont pas vraiment à raisonner pour combattre le monstre. Ils chercheront plutôt à l'arrêter. Au niveau du scénario, il est intéressant de développer les raisons de l'apparition d'un tel monstre.

La victime

La victime est un personnage qui devient un ennemi suite à un événement précis de l'intrigue. La raison de ce changement est simple : une force maléfique a pris possession de son corps afin de l'utiliser comme bon il lui semble. Un proche du héros principal ou une personne inconnue à l'apparence naïve et innocente peut tout à fait tenir ce rôle. À la fin du jeu, il est intéressant d'amener le héros à affronter l'origine réelle du problème, c'est-à-dire la force maléfique elle-même.

> EXEMPLE **Ennemi malgré lui**
>
> *The legend of Zelda : Majora's Mask* met en scène ce type d'ennemis. Un enfant de la forêt nommé Skull Kid s'amuse avec des fées. Mais un jour la mauvaise idée lui vient de dérober à un marchand le masque de Majora. Or, ce masque possède une force maléfique qui a pour effet d'attirer irrémédiablement la Lune jusqu'à lui. Tant que le masque est en possession de l'âme et du corps de Skull Kid, le monde est donc en danger.

L'avide de pouvoir

Être le maître du monde, voilà une motivation courante chez les ennemis ! Bien évidemment, s'ils y parviennent, le monde connaîtra le chaos.

C'est aux héros d'éviter ce problème et d'éliminer l'ennemi avide de pouvoir. La plupart du temps, cet ennemi agit à découvert et recourt à des méthodes brusques pour arriver à ses fins.

Le réfléchi

Ennemi intelligent, le stratégique ne fonce pas tête baissée. Plus coriace pour le héros qu'un monstre inconscient ou un fou, il conçoit une multitude de plans pour arriver à ses fins. Son but peut être le même que celui des autres types d'ennemis : le pouvoir, la richesse, la destruction du monde...

Le groupe d'ennemis : l'empire

L'empire est un groupe composé de plusieurs ennemis. Cependant, opposer le héros à l'empire en général est assez fastidieux. Une astuce consiste donc à le doter d'un dirigeant, qui endossera alors le rôle d'ennemi principal. L'empire sera donc l'environnement où se trouve l'ennemi (nous reviendrons sur ce point à la section suivante, intitulée « Les peuples »).

Cependant, vous pouvez concevoir l'empire comme un ennemi sans mettre de dirigeant en valeur. Mais attention, cela ne sera pas forcément simple, puisqu'il vous sera difficile de donner une personnalité précise à votre ennemi. Réfléchissez donc bien avant de mettre ce choix en œuvre.

Les civilisations

Définir les différents types de peuples qui prendront part au jeu est primordial pour le scénario, ainsi que pour le déroulement de l'histoire. C'est à ce moment qu'il faut prendre le temps de définir non seulement la cosmogonie, mais également le contexte d'origine du héros : il peut venir d'une tribu ou d'une ville sous l'emprise d'un empire ou bien dirigée par un royaume. C'est là que vous dessinez les lignes de force du scénario.

L'empire

L'empire est un adversaire auquel le héros se confrontera tout au long du jeu. Il cherche à étendre son territoire au détriment de la paix. Souvent, il va même jusqu'à aveugler ses habitants en leur faisant croire qu'il veut établir la paix en évitant des attaques extérieures et en arguant que lui seul pourra garantir une vie agréable. Son objectif n'est donc pas secret, et le joueur comme le héros le connaissent très bien. Indigné, le héros devient un résistant qui cherchera à empêcher l'empire d'arriver à ses fins.

L'empire peut prendre la forme d'une dictature. Elle se sert alors de son pouvoir pour dénigrer ses habitants et plus particulièrement les habitants des territoires ou royaumes conquis. Dans ce cas de figure, le héros sera alors un rebelle qui sauvera le peuple soumis. Il y a fort à parier que l'empire mettra sa tête à prix.

Le royaume

Le royaume est le contrepoint de l'empire. Le héros désire sauver ou aider le royaume car ce dernier est menacé par un empire ou par l'ennemi principal. Puissant, ce royaume possède des trésors inestimables et son roi ou sa reine se soucie de l'harmonie et du bien-être de son peuple.

La civilisation disparue

Tombée en ruine depuis des décennies, la civilisation disparue était le royaume ou l'empire dominant à une l'époque et rien ne semblait pouvoir la faire chuter ni la remettre en question. Sa destruction est due à un événement mystérieux et les seules informations à ce sujet viennent des différentes rumeurs véhiculées par les habitants des villages alentours. Dans votre jeu, il est intéressant de faire intervenir un personnage non joueur assez âgé et descendant d'un habitant de cette ancienne civilisation. C'est lui qui en dévoilera les secrets aux héros.

Prenez le temps de réfléchir aux raisons de la chute de cette civilisation, car ce point a une incidence sur tout le scénario. Ainsi, elle pourra par exemple avoir été détruite par un monstre mythique que l'ennemi principal veut aujourd'hui posséder. Soignez aussi les révélations de ce personnage de manière à bien les doser : elles donneront des indices, dévoileront des secrets et aiguilleront le héros sur la voie de la compréhension des motivations de l'ennemi.

La nouvelle civilisation

Contrairement à la civilisation disparue, la nouvelle civilisation est la ville de demain. À la pointe de l'évolution technologique, splendide et lumineuse, elle est quelquefois cachée au reste du monde. Elle peut tout à fait faire partie du royaume, ou appartenir à l'ennemi, voire être parfaitement neutre. Il peut s'agir d'un lieu divin ou sacré où vivent des habitants non humains.

> EXEMPLE **Une nouvelle civilisation pas vraiment neutre**
>
> Dans *Tales of Symphonia*, la ville nommée Derris-Kharlan est technologiquement très avancée, et peuplée d'anges sans sentiment et neutres dans l'intrigue. Tout irait pour le mieux si Derris-Kharlan n'était dirigée par Yggdrasill, l'ennemi principal.

Un monde riche et varié

Le monde est composé de toutes les civilisations que nous venons de décrire. Il est important de créer un monde diversifié, non seulement sur le plan physique, mais aussi sur le plan de cultures, car ces éléments vont enrichir l'aventure.

Concevez un monde riche de plusieurs cultures. Variez les valeurs, les croyances, les idéologies, les tenues vestimentaires, les niveaux de connaissance, etc. des différents peuples qui l'habiteront. En fait, le principe est le même que dans le monde réel, tout en restant dans l'imaginaire de la Fantasy. Il sera certainement difficile d'arriver au même degré de diversité que celui que nous connaissons dans notre monde, mais vous avez tout le loisir d'inventer des peuples avec leurs spécificités culturelles. Voyons les principaux éléments qu'il faut mettre en œuvre.

Tenues vestimentaires

Commencez par concevoir des tenues propres à chaque peuple ou type de personnages. Bien entendu, il peut y avoir des ressemblances entre les différentes cultures mais ce point permettra au joueur de s'immerger dans un autre univers.

Logique **Des vêtements et des caractéristiques physiques selon le lieu d'habitation**

Le lieu où vivent les personnages influence leur tenu vestimentaire. Dans *The Legend of Zelda : Twilight Princess*, les Gorons, habitants de montagne, ressemblent à de la roche. Ils sont très forts et de couleur marron. Les Zoras, peuple aquatique, ressemblent à des poissons. Ils sont de couleur bleue et s'avèrent très agiles. Dans le jeu de la même série, *The Legend of Zelda : Ocarina of Time*, les Kokiries, peuple de la forêt, portent des vêtements verts.

Des croyances fortes

Imaginez des cultures fortes pour chacune de vos civilisations. Créez pour chacune un panthéon ou un dieu unique, sans oublier les lois et obligations qui vont avec. En effet, il est bien rare dans un RPG qu'un peuple n'ait aucune croyance ou ne respecte aucune loi. Le joueur sera donc amené à connaître ces dieux et à se conformer aux lois propres à chaque peuple afin d'éviter tout problème à sa troupe.

Ces spécificités culturelles sont très intéressantes pour le déroulement du scénario. En effet, elles peuvent constituer un frein ou un levier pour l'aventure. Ainsi, imaginons qu'un donjon soit sacré pour une civilisation particulière. Il sera donc difficile aux héros d'y pénétrer, alors que le donjon joue un rôle clé pour avancer dans l'intrigue. Le joueur devra alors trouver des astuces, ou avoir recruté dans sa troupe un personnage de cette civilisation, qui pourra entrer dans le donjon en question. Dans le cas contraire, si, malgré l'interdiction, le héros pénètre dans le donjon, il pourra être banni de la civilisation, voire pourchassé. Ceci donnerait naissance à un nouveau type d'ennemi et donc enrichirait encore le scénario.

Cohérence **Adapter les croyances à la géographie**

Il faut adapter les croyances et les dieux de vos personnages à l'environnement physique et géographique de la civilisation. Il serait absurde qu'une civilisation vénère une divinité réputée pour ses caractéristiques de feu alors qu'elle est établie au bord d'une mer ou d'un lac.

Les donjons

Dans les donjons, les héros se trouvent dans le feu de l'action. Ils y combattent des monstres selon leur niveau. Les donjons se différencient les uns des autres par leur type ainsi que par leur contenu.

> EN PRATIQUE **Les monstres**
>
> N'oubliez pas de peupler le monde physique de quantité de monstres. Cachez un monstre de type glace dans un environnement froid et enneigé. Dans le cas contraire, un monstre de type feu sera tapi dans des montagnes volcaniques. Suivez la même logique pour vos donjons.

Le donjon fait partie intégrante du scénario principal. Ne pas l'explorer reviendrait pour le joueur à abandonner le jeu et à ne jamais connaître la suite et le dénouement de l'histoire.

Type et environnement

Situer un donjon avec des murs de glace en plein désert n'aurait aucun sens, sauf si le scénario l'exige. En règle générale, il est préférable de respecter une cohérence entre le donjon et le milieu qui l'entoure. Ceci influence également les types de monstres et le contenu. Un donjon de glace avec des monstres utilisant des techniques de feu n'aurait rappelons-le de nouveau aucun sens. Réfléchissez bien au type de donjon avant de passer à son contenu.

Trésor et ambiance

Dans un donjon, l'action ne doit pas se limiter à une simple succession de combats. Pensez à lui donner une ambiance particulière, pimentez son exploration avec des énigmes, des objets cachés, des passages secrets…

L'ambiance d'un donjon permet d'immerger complètement le joueur dans le jeu : si sa curiosité est piquée, il ne s'avouera pas vaincu si les énigmes lui résistent, et ne se découragera pas si vous avez trop bien caché les objets. Adaptez l'ambiance à la nature du donjon : sombre, féérique, étrange etc.

Les énigmes évitent la simple répétition des combats. Cependant, tout dépend du type de joueurs. En effet, votre public est peut-être jeune : si vos énigmes s'avèrent trop difficiles, votre joueur, découragé, abandonnera le jeu. Il est donc important d'augmenter progressivement le niveau des énigmes. En effet, dès qu'il a résolu une énigme, votre joueur a hâte de se confronter aux suivantes.

En résumé

Élément fondamental de tout RPG, le scénario repose sur la personnalité des héros et des ennemis. Il est important de concevoir personnages et intrigues en étroite liaison. De même, portez un soin particulier à la conception de l'univers de votre jeu, qu'il s'agisse des donjons ou des différentes civilisations et monstres qui le peuplent.

chapitre

2

Prise en main de RPG Maker

RPG Maker vous permet de créer votre RPG sans programmer !

Après avoir insisté sur les raisons de choisir RPG Maker pour créer des jeux vidéo, ce chapitre vous guide dans votre première utilisation du logiciel en expliquant les principaux éléments de l'interface. Il dévoile également les différentes ressources dont vous pouvez bénéficier et comment importer vos propres images.

RPG Maker : créer sans programmer

RPG Maker s'impose auprès des débutants comme le logiciel de développement de jeux vidéo et plus particulièrement de création de RPG. Son atout est évidemment de permettre de réaliser tout un RPG sans connaissance en programmation. Il dispose d'une interface claire : vous n'avez qu'à dessiner la carte de votre jeu, à placer vos personnages, à créer le héros en définissant ses caractéristiques et à laisser votre créativité faire le reste.

Les principales versions du logiciel

RPG Maker existe en plusieurs versions : 95, 2000, 2003, XP et VX. Les plus utilisées sont XP et VX. Le prix de la licence RPG Maker XP et VX est actuellement de 45 euros. Si ce prix demeure abordable pour la prestation offerte, la langue du logiciel peut vous poser problème, car vous avez le choix entre le japonais et l'anglais. Cependant, la simplicité d'utilisation permet de surmonter ce problème, et ce livre est là pour vous guider.

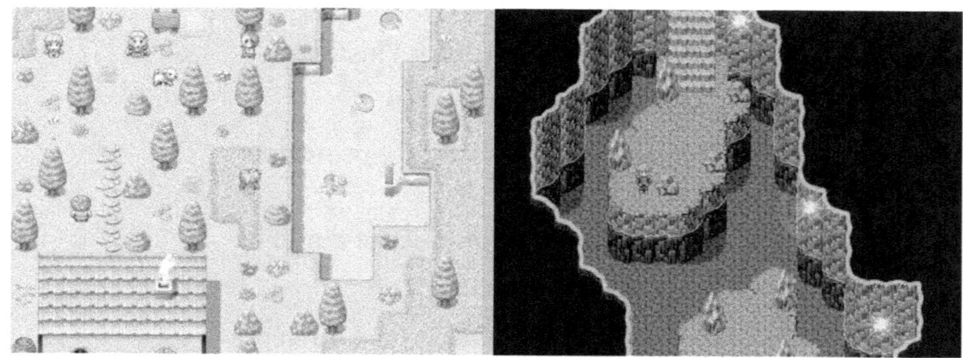

Exemples de projets pouvant être réalisés
avec RPG Maker VX à gauche et XP à droite

En coulisse **Ruby : la puissance de RPG Maker**

Même si vous pouvez créer votre jeu vidéo sans programmer, RPG Maker possède un éditeur de scripts qui permet de personnaliser son jeu à 100 %. Ainsi, vous pouvez créer ou modifier exactement comme bon vous semble fenêtres, menus, et systèmes du jeu. Le langage de programmation mis à contribution est Ruby associé à une bibliothèque spécifique à RPG Maker qui porte le doux nom de RGSS. Avec sa syntaxe simple, Ruby reste dans l'esprit du logiciel.

RPG Maker XP ou RPG Maker VX ?

À sa sortie, RPG Maker XP surpassait les précédentes versions, telles que RPG Maker 2000 et 2003. Cela reposait principalement sur l'éditeur de scripts qui permettait de personnaliser le jeu. Les graphismes étaient plus nets, car moins pixelisés. Bref, l'évolution était réelle, bien que certaines options de RPG Maker 2000 et 2003 aient disparues, comme l'affichage du visage des personnages dans les dialogues ou la possibilité d'utiliser des véhicules pour déplacer le personnage principal. Même s'il était toujours possible de les recréer par l'intermédiaire des scripts, ceci entamait la simplicité d'utilisation du logiciel et pouvait rebuter le débutant.

Vers la fin de l'année 2007, l'éditeur du logiciel, Enterbrain, a publié une nouvelle version de RPG Maker : RPG Maker VX. Les options perdues dans RPG Maker XP sont réapparues, mais rien de plus ! Le principal changement intervenait au niveau des graphismes ; mais cette version n'apportait pas de nouveautés : on y trouvait toujours un éditeur de scripts, une base de données et l'interface demeurait presque identique. Cependant, la méthode de mapping était devenue plus difficile à utiliser. Soulignons les nouvelles options suivantes, même si elles sont minimes pour une nouvelle version :

- Quelques options pour créer rapidement un coffre, une auberge, une porte et un changement de carte : elles servent à établir des événements sans passer par la fenêtre d'événement habituelle.

- Un générateur de donjon : sélectionnez un mur et un sol, cliquez sur *Generate Dungeon* et le tour est joué : votre carte contient un donjon créé aléatoirement.

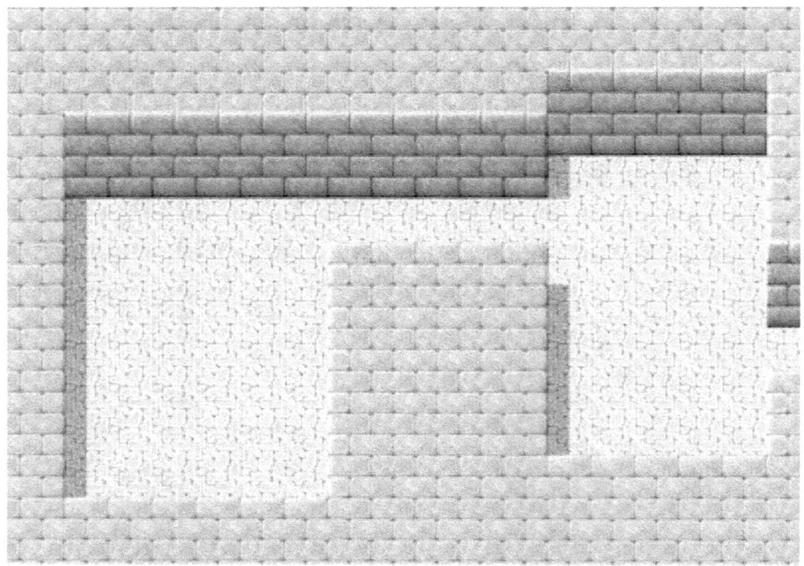

Générez un donjon aléatoirement sous RPG maker VX

- 5 couches pour le mapping : superposez le décor sur 5 couches différentes. RPG Maker XP n'en possède que 3... mais elles sont largement plus pratiques à utiliser.

> DÉFINITION **Mapping**
>
> Le mapping est la méthode mise en œuvre pour dessiner les cartes du jeu.

En un mot, il n'y a pas de grandes différences entre RPG Maker VX et RPG Maker XP. Dans cet ouvrage, nous traiterons principalement de RPG Maker XP et nous spécifierons les manipulations propres à RPG Maker VX lorsque cela s'avèrera nécessaire.

Télécharger RPG Maker

Avant de procéder au téléchargement de RPG Maker, vérifiez que votre ordinateur possède bien le système requis pour le faire fonctionner :

Configuration requise pour RPG Maker

	RPG Maker XP	**RPG Maker VX**
Système d'exploitation	Microsoft® Windows® 98/ 98SE/Me/2000/XP	Microsoft® Windows® 2000/XP/ Vista
Processeur	800 MHz Intel® Pentium® III ou supérieur	1.0 GHz Intel® Pentium® III ou supérieur
RAM	128 Mo minimum	256 Mo minimum
Résolution de l'écran	1024 x 768 pixels	1024 x 768 pixels
Disque dur	100 Mo	100 Mo

Pour RPG Maker XP

Rendez-vous à l'adresse suivante : http://tkool.jp/products/rpgxp/eng. Dans la rubrique *Download*, téléchargez la démonstration de RPG Maker XP. Celle-ci est disponible 30 jours. Si vous voulez acheter la version complète, cliquez sur *Buy the license now !*, puis saisissez vos coordonnées et procédez à l'achat.

Pour RPG Maker VX

Rendez-vous à l'adresse suivante : http://tkool.jp/products/rpgvx/eng. Dans la rubrique *Download*, vous pouvez télécharger la démonstration de RPG Maker VX. Vous pouvez la tester autant de fois que vous le souhaitez, mais vous ne pourrez pas sauvegarder votre projet et vous serez limité dans le nombre de cartes et d'événements. De plus, il vous sera impossible de créer des scripts dans l'éditeur de scripts. Pour acheter la version complète, cliquez sur *Buy the license now !*, puis saisissez vos coordonnées et procédez à l'achat.

Installer le logiciel

L'installation est très simple, aussi bien pour RPG Maker XP que RPG Maker VX.

1. Cliquez sur l'icône d'installation *Setup* ou *AutoRun*. Vous apercevez ensuite une fenêtre d'installation classique vous demandant d'installer le logiciel RPG Maker et les RTP.

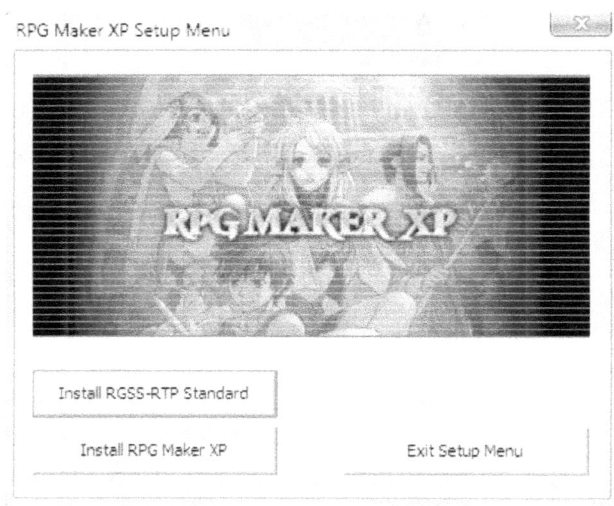

Fenêtre d'installation sous RPG Maker XP

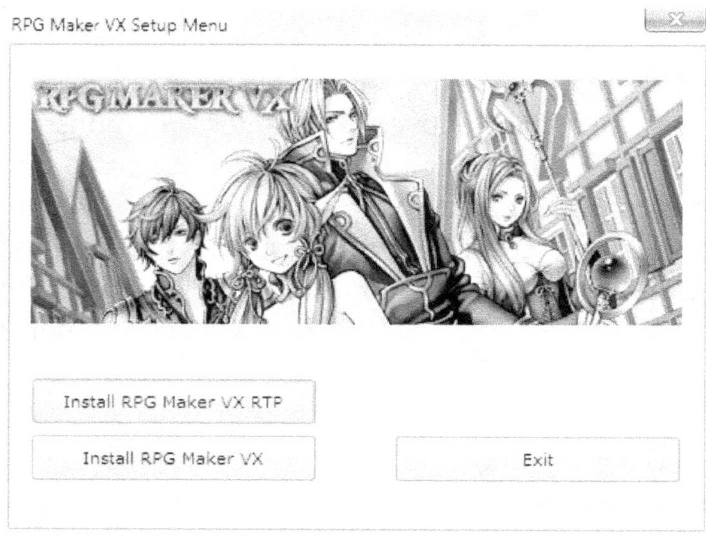

Fenêtre d'installation sous RPG Maker VX

2. Installez RPG Maker XP/VX et les RTP.

> DÉFINITION **RTP**
>
> Les RTP (Run Time Package) sont les graphismes par défaut de RPG Maker. Grâce à eux, vous bénéficierez déjà de décors pour réaliser votre jeu. Il est indispensable d'installer les RTP, sinon vous ne pourrez jamais ouvrir RPG Maker sans qu'un message d'erreur ne s'affiche pour vous prévenir que les RTP ne sont pas installés.

Fenêtre indiquant que les RTP ne sont pas installés sous RPG Maker VX

3. Acceptez la licence, et conservez le chemin de l'installation par défaut. Commencez l'installation.

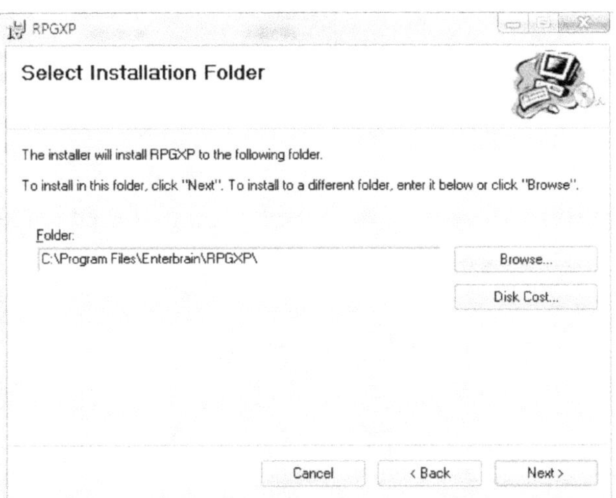

Le chemin de l'installation par défaut pour RPG Maker XP

Il est temps maintenant de créer votre premier projet.

Créer un nouveau projet

La première étape consiste à créer un nouveau projet. Voici les étapes à suivre :

1. Lancez RPG Maker et cliquez sur *File*.
2. Cliquez ensuite sur *New Project*.

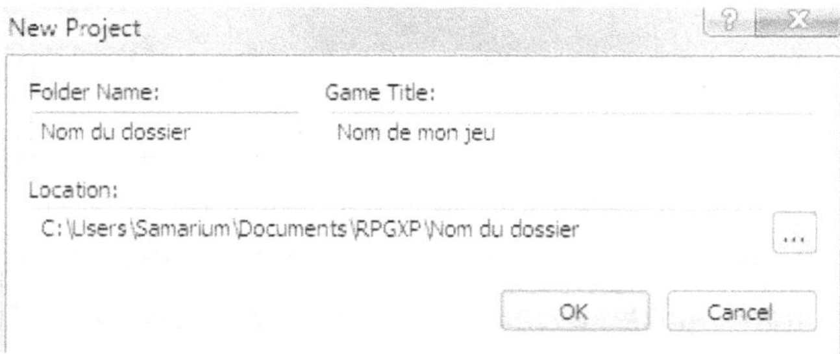

Fenêtre de dialogue pour faire un nouveau projet.

3. Saisissez dans *Folder Name* le nom du dossier qui sera créé dans le chemin *Location*.
4. Indiquez ensuite le titre de votre jeu dans *Game Title*. Vous pourrez le modifier à tout moment.
5. Cliquez sur *OK*.

Vous avez maintenant devant vous l'interface principale de RPG Maker.

Prise en main de l'interface

Anatomie de la fenêtre principale

L'interface est assez simple :

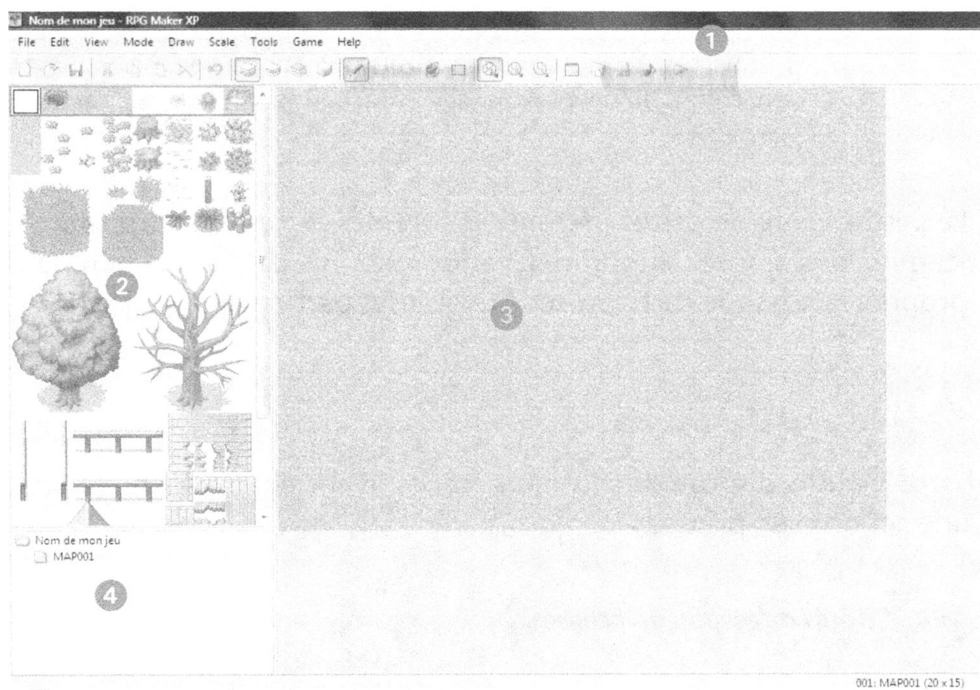

Interface principale

① Comme son nom l'indique, la barre d'outils possède de nombreux outils pour créer votre carte, accéder à l'éditeur de scripts, la base de données... Le menu propose les mêmes options.

② Le Chipset, ou Tileset, est le décor de la carte actuelle. Il présente les éléments disponibles pour créer votre carte. Le chipset est découpé en carreaux de 32 × 32 pixels.

> EN PRATIQUE **Autotiles**
>
> Les carreaux de la première ligne sont les Autotiles. Elles permettent d'ajuster automatiquement les bords d'un élément du décor. Nous verrons les Autotiles plus en détail au prochain chapitre.

③ La carte actuelle. C'est l'endroit où vous allez dessiner votre carte avec les carreaux du Tileset. Vous y placerez également les événements ainsi que toutes les actions du jeu.

> EN PRATIQUE **Personnage par défaut**
>
> Si vous testez votre jeu en appuyant sur la touche *F12*, vous remarquez qu'un personnage principal par défaut apparaît sur cette carte.

4. Le gestionnaire de cartes présente la liste des cartes de votre jeu. C'est ici que vous ajoutez, supprimez, renommez vos cartes ou changez ses propriétés. Chaque carte possède un Tileset particulier.

La barre d'outils

La barre d'outils dispose de plusieurs icônes ayant chacune une fonction ou une action bien précise.

TABLEAU 2-1 *Outils de gestion du fichier*

Icône	Action	Raccourci	Autre accès
	Crée un nouveau projet.	*Ctrl + N*	Dans le menu *File*, cliquez sur *New Project*.
	Ouvre un projet déjà existant.	*Ctrl + O*	Dans le menu *File*, cliquez sur *Open Project*.
	Enregistre un projet en cours.	*Ctrl + S*	Dans le menu *File*, cliquez sur *Save Project*.

TABLEAU 2-2 *Outils d'édition d'événements et d'actions*

Icône	Action	Raccourci	Autre accès
	Coupe un événement.	*Ctrl + X*	Dans le menu *Edit*, cliquez sur *Cut*.
	Copie un événement.	*Ctrl + C*	Dans le menu *Edit*, cliquez sur *Copy*.
	Colle un événement.	*Ctrl + V*	Dans le menu *Edit*, cliquez sur *Paste*.

TABLEAU 2-2 *Outils d'édition d'événements et d'actions (suite)*

Icône	Action	Raccourci	Autre accès
	Supprime un événement.	*Suppr*	Dans le menu *Edit*, cliquez sur *Delete*.
	Annule la dernière action effectuée	*Ctrl + Z*	Dans le menu *Edit*, cliquez sur *Undo*.

EN PRATIQUE **Couche d'événement**

Pour agir sur les événements, vous devez être sur la couche d'événement.

TABLEAU 2-3 *Outils pour les couches de mapping*

Icône	Action	Raccourci	Autre accès
	Active la première couche.	*F5*	Dans le menu *Mode*, cliquez sur *Layer 1*.
	Active la deuxième couche.	*F6*	Dans le menu *Mode*, cliquez sur *Layer 2*.
	Active la troisième couche.	*F7*	Dans le menu *Mode*, cliquez sur *Layer 3*.
	Permet de travailler sous la couche d'événement.	*F8*	Dans le menu *Mode*, cliquez sur *Events*.

EN PRATIQUE **Placer les événements et le héros**

Pour placer un événement, une fois la couche d'événement activée, double-cliquez sur une case de la carte ou appuyez sur *Entrée* ou cliquez avec le bouton droit, puis sélectionnez *New Event*. La case ainsi choisie sera celle de l'événement sur la carte.

Vous pouvez aussi définir la position de départ du héros. Pour cela, cliquez avec le bouton droit sur la case désirée de la carte et choisissez ensuite *Player's Starting Position* dans le menu contextuel.

Tableau 2-4 *Outils pour le mapping*

Icône	Action	Autre accès
	Place un décor sur la carte. Sélectionnez un carreau de décor dans le tileset et cliquez sur la carte. Maintenez votre clic et déplacez la souris pour tracer plusieurs carreaux. Vous pouvez aussi sélectionner un carreau d'un décor sur la carte en cliquant avec le bouton droit dessus.	Dans le menu *Draw*, cliquez sur *Pencil*.
	Dessine un rectangle dans le carreau de décor choisi.	Dans le menu *Draw*, cliquez sur *Rectangle*.
	Dessine une ellipse dans le carreau de décor choisi.	Dans le menu *Draw*, cliquez sur *Ellipse*.
	Remplit une zone d'un carreau de décor choisi.	Dans le menu *Draw*, cliquez sur *Flood Fill*.
	Sélectionne une zone de la carte.	Dans le menu *Draw*, cliquez sur *Select*.

Renvoi **Méthodes de mapping**

Les méthodes de mapping seront détaillées dans le chapitre 2.

Tableau 2-5 *Outils de zoom*

Icône	Action	Autre accès
	Zoome sur la carte au 1/1 (normal).	Dans le menu *Scale*, cliquez sur *1:1*.
	Zoome sur la carte au 1/2.	Dans le menu *Scale*, cliquez sur *1:2*.
	Zoome sur la carte au 1/4.	Dans le menu *Scale*, cliquez sur *1:4*.

TABLEAU 2-6 *Autres outils à connaître*

Icône	Action	Raccourci	Autre accès
	Permet d'accéder à la base de données. Elle contient toutes les données du jeu comme les caractéristiques des héros, les animations, les monstres, les objets, les armes…	F9	Dans le menu *Tools*, cliquez sur *Database*.
	Permet d'importer ou d'exporter des ressources.	F10	Dans le menu *Tools*, cliquez sur *Materialbase*.
	Lance l'éditeur de scripts. C'est dans cet éditeur que se passe la programmation en Ruby.	F11	Dans le menu *Tools*, cliquez sur *ScriptEditor*.
	Permet d'écouter un échantillon de musique ou un son.		Dans le menu *Tools*, cliquez sur *Sound Test*.
	Permet de tester votre projet.	F12	Dans le menu *Game*, cliquez sur *Play Test*.

TABLEAU 2-7 *Icônes spécifiques à RPG Maker VX*

Icône	Action	Autre accès
	Définit les mouvements du héros sur les carreaux du tileset : • un rond : le héros peut traverser le carreau ; • une croix : le héros ne peut pas traverser le carreau ; • une étoile : le héros traverse le carreau mais ce dernier se superpose sur le héros.	Dans le menu *Mode*, cliquez sur *Passage Settings*.
	Réalise le mapping, c'est-à-dire le dessin du décors sur la carte. Les différentes couches sont classées de A à F et sont placées sous le tileset.	Dans le menu *Mode*, cliquez sur *Map*.
	Zoome sur la carte au 1/8.	Dans le menu *Scale*, cliquez sur *1:8*.

RPG MAKER XP **Mobilité du héros**

Vous avez la possibilité de définir les mouvements du héros aussi sur RPG Maker XP, mais ceci se passe dans la base de données. Nous y reviendrons au chapitre suivant.

Écouter des sons

Lorsque vous créez votre jeu, il est important d'intégrer des sons à vos cartes, car ils participent à l'ambiance générale. Avant d'en associer un à un événement, écoutez-le pour vérifier qu'il correspond bien à ce que vous désirez.

1. Cliquez sur l'icône pour afficher la fenêtre des sons disponibles.

Fenêtre des sons

Vous remarquez 4 types de sons :
- *BGM* (*BackGround Music*) – Il s'agit de la musique de fond.
- *ME* (*Music Effect*) – Dans cet onglet se trouvent les effets musicaux.
- *BGS* (*BackGround Sound*) – Ici se trouvent les bruits de fond.
- *SE* (*Sound Effect*) – Dans cet onglet se trouvent les effets sonores.

Format **Fichiers pour l'environnement sonore**
Cinq formats sont utilisés pour l'environnement sonore : MIDI, OGG, WMA, MP3 et WAV sachant que le format MIDI n'est utilisable que pour les BGM et ME.

2. Cliquez sur *Play* pour écouter le son.
3. Réglez le volume et l'égalisation (augmenter les aigus ou les graves) avec *Pitch*.
4. Cliquez sur *Stop* pour arrêter la lecture.

Vous verrez au chapitre suivant comment insérer un son dans la carte.

Les ressources graphiques et audio

Dans le dossier de votre jeu, se trouvent plusieurs sous-dossiers. Ceux qui nous intéressent sont dans Graphics et Audio.

RPG Maker XP **Ouvrir rapidement le dossier de votre projet**
Dans RPG Maker XP, vous pouvez ouvrir votre dossier du projet à n'importe quel moment et rapidement. Pour cela, cliquez sur le menu *Game* puis sur *Open Game Folder*.

Contenu des dossiers

Le dossier *Audio* contient 4 sous-dossiers, *BGM*, *BGS*, *ME* et *SE*. Ils contiennent les sons du jeu classés selon le type de son, conformément à ce que nous avons vu à la section précédente.

Le dossier *Graphics* rassemble les ressources graphiques du jeu. Celles-ci sont invisibles lorsque vous avez crypté le jeu pour ensuite le distribuer. Voici les types de ressources présentes :

- *Animations* – Ici sont stockées les animations des combats ou du scénario. L'animation possède plusieurs séquences que vous pourrez assembler à votre guise dans la base de données.

- *Autotiles* – Il s'agit des visuels des carreaux que vous disposez sur la carte. Notez que les carreaux peuvent être animés (par exemple, pour les vagues).

Une image Autotiles

Une image Autotile est formée de la manière suivante :

1. Le modèle standard : le carreau est placé seul sur la carte.
2. Le modèle parent : le carreau représente le modèle standard tel qu'il s'incrustera.
3. Le modèle parent avec les 4 coins représentés.
4. Le modèle parent avec les 4 coins et le modèle central sans bordure.

Le motif est représenté 4 fois. Ceci permet de faire une animation. S'il n'est pas animé, le motif n'est présenté qu'une seule fois.

Le tableau 2-8 présente la suite des ressources proposées.

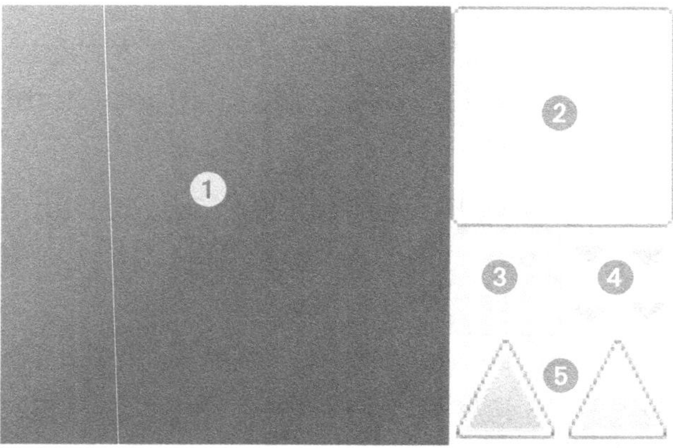

L'image Windowskin

Tableau 2-8 *Types de ressources*

Ressource	Description
Battlebacks	Le fond de combat.
Battlers	L'apparence d'un personnage ou monstre durant la phase de combat.
Characters	Les personnages non joueurs, objets ou héros durant le jeu. L'image possède les séquences de l'animation pour chaque direction du personnage.
Fogs	Le brouillard ou des effets (nuages, ombres d'arbres) pouvant être appliqués sur une ou des cartes.
Game overs	L'image lorsque le joueur perd la partie (640 x 480 pixels par défaut).
Icons	Les icônes des objets, armes, armures, compétences…
Panoramas	Des fonds d'écran. Cela peut être par exemple le ciel en fond d'écran quand le héros est au sommet d'une montagne.
Pictures	Différents images que vous pouvez mettre sur l'écran (barre de vie, ombres…)
Tilesets	Les différents décors du jeu. Il est composé de carreaux de 32 x 32 pixels.
Titles	Images de l'écran titre (640 x 480 pixels par défaut).
Transitions	Les différents effets de transitions lors du changement de carte, pour aller sur un menu ou bien lorsqu'un combat commence.
Windowskins	L'apparence des fenêtres de dialogue (192 x 128 pixels).

Attardons-nous sur ce dernier élément : le Windowskin est formé de la façon suivante :

1 Le fond de la fenêtre. Il mesure 128 x 128 pixels et s'élargit si besoin.

2 La bordure de la fenêtre et les flèches. Elles indiquent que du contenu dépasse de la fenêtre.

③ Le curseur de sélection pour les menus.

④ Flèche animée en 4 parties. Elle indique que la fenêtre est en pause. Comme dans la plupart des jeux, le joueur doit presser une touche pour afficher le message suivant dans un dialogue entre deux personnages. Cette flèche indique cette action à faire.

⑤ Curseur en forme de flèche et animé en 2 séquences. Il est utilisé pour les sélections durant la phase de combat.

RPG MAKER VX **Des ressources spécifiques**

RPG Maker VX propose moins de dossiers. Concentrons-nous donc sur les ressources qui n'existent pas sous RPG Maker XP :

- *Faces* – Contient 8 têtes de personnage ou monstre. Ces images servent également lors des dialogues.
- *Parralaxes* – Il s'agit des images qui constituent les panoramas.
- *System* – Contient les images de transition, des Tilesets, des Autotiles, des icônes, des Windowskins, ainsi que l'écran titre et de Game over.

Importer des ressources

En plus des ressources mises à votre disposition par le logiciel, vous pouvez utiliser les vôtres, qu'elles soient graphiques ou audio. Pour cela, il faut les importer dans RPG Maker. Voyons comment importer un personnage de notre cru :

1. Cliquez sur l'icône *Material*. La fenêtre suivante s'affiche :

   À gauche, vous reconnaissez la liste des dossiers que nous avons vus précédemment. Au centre s'affiche le contenu du dossier sélectionné. Le petit cercle à gauche du nom du fichier indique si la ressource provient des RTP (il est alors bleu). Vous pouvez exporter la ressource, la visionner avec *Preview* mais pas la supprimer.

ATTENTION **Suppression des ressources importées**

Seules les ressources importées peuvent être supprimées avec *Delete*.

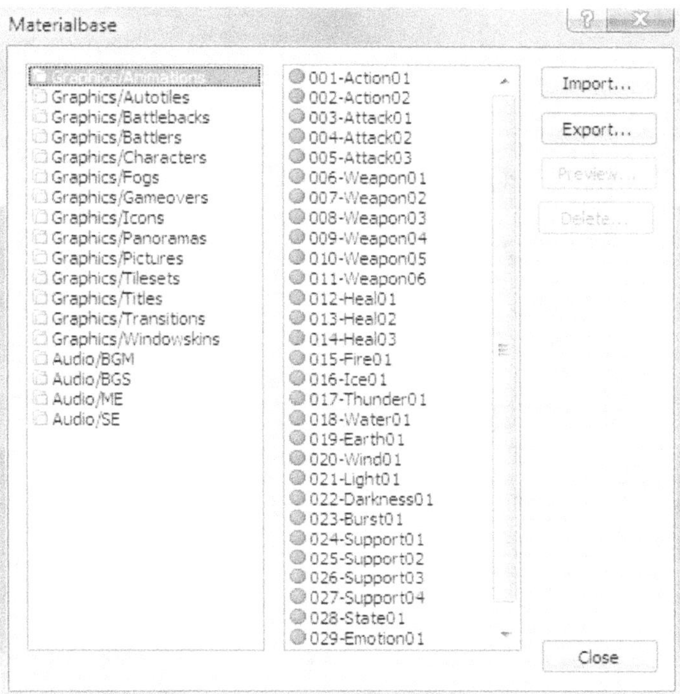

Fenêtre d'import et d'export d'une ressource.

2. Cliquez sur le dossier correspondant à la nature de la ressource. Dans notre cas, il faut cliquer sur *Graphics/Characters*.

3. Cliquez sur *Import*.

4. Une fenêtre vous demande d'ouvrir votre fichier et de lui assigner une transparence.

   Afin d'éviter d'avoir un contour blanc autour de notre personnage durant tout le jeu – ce qui serait très laid – il faut rendre le blanc transparent. Pour cela, cliquez sur la couleur blanche de l'image. Elle s'affiche dans le cadre *Transparent Color.* Si vous ne souhaitez pas de transparence, cliquez sur *Clear*.

   Pour une semi-transparence, c'est-à-dire pour diminuer l'opacité (comme pour une ombre), cliquez avec le bouton droit sur la couleur à modifier. Elle s'affiche alors dans le cadre *Semi Transparent Color.* Si vous ne souhaitez pas de semi-transparence, cliquez sur *Clear*

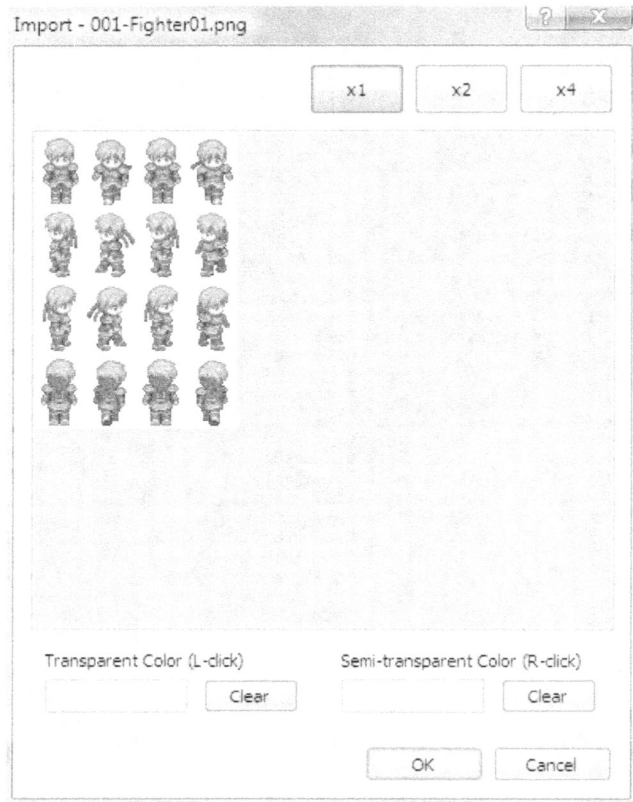

Assigner une transparence à une ressource

5. Cliquez sur *OK.* L'image s'ajoute à la liste des ressources. Le petit cercle à gauche de son nom est rouge, indiquant que la ressource a été ajoutée.

IMPORTANT **Tilesets et Autotiles sous RPG Maker VX**

Pour importer un Tileset dans RPG Maker VX, il faut respecter une convention de nommage. Chaque couche possède un Tileset. Ce dernier doit se nommer `Tile` suivi de la lettre de la couche (`B` à `E`), sachant que la première couche (`A`) est réservée aux Autotiles. Pour ajouter un AutoTile, la ressource doit se nommer `TileA` suivi d'un numéro.
Les couches seront détaillées au prochain chapitre.

WEB **Où trouver des ressources ?**

Le Web regorge de ressources intéressantes pour RPG Maker. Le site de l'auteur, RPG Creative, en propose des milliers.

> www.rpgcreative.net

Définir la position de départ du héros

Comme dans tous les jeux, il faut un commencement. Voici comment définir la position de départ de notre héros :

1. Rendez-vous sur votre carte.
2. Activez la couche d'événement en appuyant sur *F8*.
3. Cliquez avec le bouton droit sur le carreau qui vous intéresse, puis, dans le menu contextuel, choisissez *Player's Starting Position*.
4. Un événement apparait surmonté d'un *S*. Il indique la position de départ.

Principaux éléments préprogrammés

Dans RPG Maker, un certain nombre d'éléments sont déjà programmés. Ainsi, la gestion de collision, le déplacement du héros, l'écran titre, les menus, les superpositions, le défilement de l'écran, les combats, le magasin... ne sont pas à programmer.

Vous pouvez les insérer sur votre carte et les modifier comme bon vous semble. Ceci constitue un gain de temps appréciable, car vous n'avez qu'à créer les cartes et le scénario sans vous soucier de chercher des algorithmes pour mettre en place les systèmes fondamentaux d'un RPG. !

Tester votre jeu

Une fois que vous avez terminé de créer votre jeu, il est capital de le tester.

Pas de bogue à l'horizon

Cliquez sur *Test* dans le menu de RPG Maker. Vous arrivez sur un écran titre avec une fenêtre de sélection donnant le choix entre *Commencer une partie*, *Charger une partie* et *Quitter*. Lorsque vous commencez une partie, vous arrivez sur la carte. Déplacez le héros, allez dans les coins… la collision est gérée ainsi que le déplacement !

Si vous appuyez sur la touche *Échap* de votre clavier, vous arrivez sur le menu principal du jeu. Vous visualisez alors les caractéristiques des héros, la durée de la partie, le nombre de pas effectués, le nombre de points obtenus ainsi qu'une fenêtre de sélection proposant d'aller dans le menu des objets, des compétences et des équipements acquis. Vous pouvez voir le statut de chaque héros de l'équipe, mais aussi sauvegarder votre aventure et enfin la quitter.

Des raccourcis spécifiques

Disponibles uniquement durant la phase de test, certains raccourcis facilitent le test du projet.

Le premier est la touche *F2*. Vous voyez alors sur la fenêtre du jeu le nombre de FPS (*Frames Per Second*). Par défaut, vous avez 20 FPS, mais vous pouvez aller jusqu'à 40 FPS dans les propriétés du jeu.

> DÉFINITION **FPS (*Frames per second*)**
> Il s'agit du nombre d'images affichées par seconde à l'écran.

> RPG MAKER VX **Nombre maximum FPS**
> Le maximum est de 60 FPS.

Nombre d'images par seconde (FPS) affichées à l'écran

En appuyant sur *F9*, vous arrivez sur un menu (modifiable dans l'éditeur de scripts) permettant de changer certaines données comme les valeurs des interrupteurs et des variables. Ces points seront abordés dans le chapitre suivant.

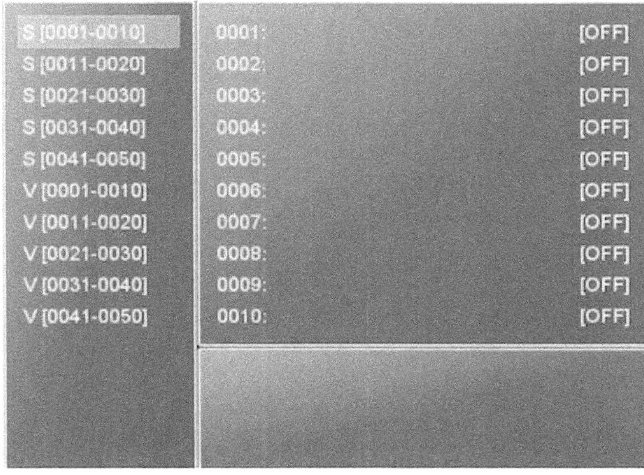

Un menu « Debug » pour changer des données durant le jeu

En maintenant la touche *Ctrl* enfoncée tout en déplaçant le personnage, vous pouvez lui faire traverser des zones infranchissables (comme les murs...).

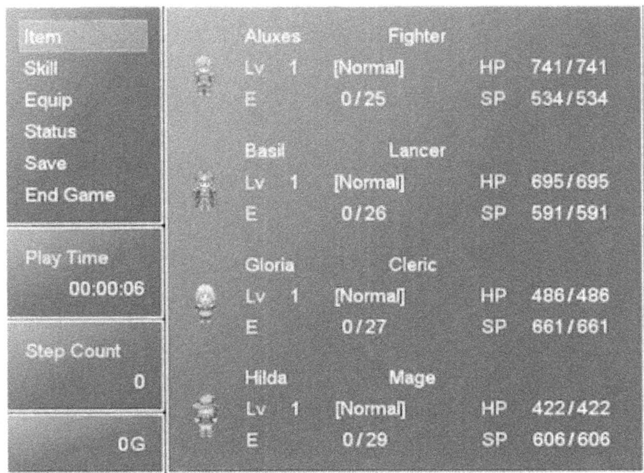

Le menu du jeu durant le test

Les propriétés paramétrables

Le joueur peut à n'importe quel moment paramétrer les propriétés du jeu en appuyant sur la touche *F1*.

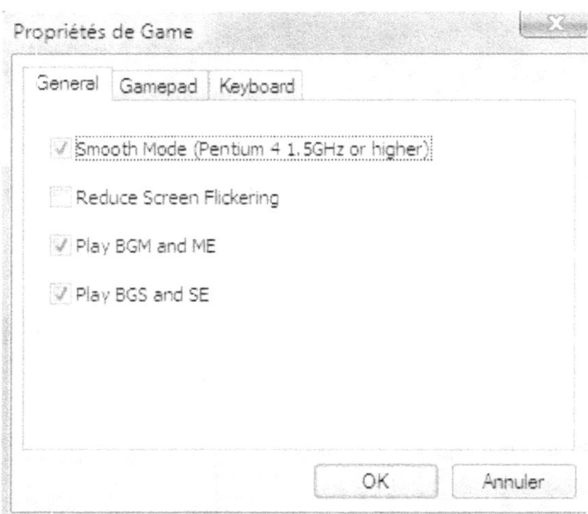

Fenêtre des propriétés générales du jeu quand on appuie sur F1

Affiner le rafraîchissement

Si vous possédez un processeur de 1,5 GHz ou supérieur, cochez la case *Smooth Move.* Le rafraîchissement de l'écran par seconde sera deux fois plus rapide que par défaut.

Activer l'environnement sonore

Play BGM and ME permet d'activer ou de désactiver la musique et les effets musicaux.

Play BGS and SE permet d'activer ou de désactiver le bruit de fond et les effets sonores.

Paramétrer la manette et le clavier

Dans l'onglet *Gamepad*, paramétrez les touches de la manette et dans *Keyboard*, les touches du clavier.

Fenêtre de la configuration des touches du clavier

Attention cependant, les touches ne correspondent pas à leur utilisation habituelle. Ainsi la touche *Échap* ou *Esc* du clavier correspond en fait à la touche *B* dans les paramètres de RPG Maker. Celle-ci est programmée comme retour en arrière. Si par exemple, vous assignez la touche *B* à *Space*, lorsque le joueur appuiera sur *Espace*, le personnage fera un retour en arrière.

Affichage

En appuyant sur *Alt + Entrée*, le joueur affiche le jeu en plein écran.

RPG MAKER VX **Plein écran**

L'option *Lauch in Full Screen* lance le jeu en plein écran dès le départ.

S'il appuie sur *F12*, il reviendra à l'écran titre.

Crypter et distribuer votre jeu

Une fois votre jeu terminé, il faut le distribuer mais aussi le crypter si vous voulez éviter que les joueurs n'aient accès aux ressources.

Les joueurs n'ont pas besoin de RPG Maker pour faire fonctionner votre jeu. Cependant, pour ne pas avoir de problèmes, assurez-vous avant de commencer le cryptage que :

- Toutes les ressources graphiques et audio de votre jeu se trouvent bien dans les dossiers `Graphics` et `Audio`.

> RPG MAKER VX **Inclure les ressources**
>
> VX propose d'inclure les ressources lors de la compression du jeu. Il suffit de cocher *Include RTP Data*.

- Le fichier `RGSS100J.dll` (version japonaise) ou `RGSS102E.dll` (version anglaise) est présent à la racine de votre jeu ou bien que l'utilisateur le possède dans le dossier `Windows/system32/`.

> QUESTION **Fichiers DLL manquants**
>
> Vous pouvez facilement les retrouver sur le site
> ▸ **www.rpgcreative.net**

1. Dans le menu *File* cliquez sur *Compress Game Data*. La fenêtre suivante s'affiche :

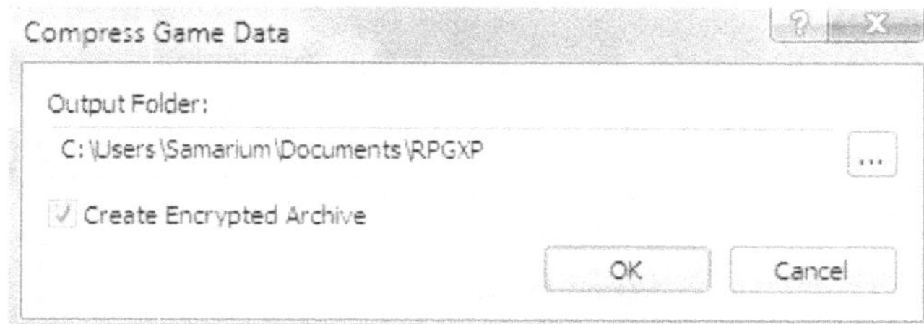

Fenêtre demandant de compresser et crypter le jeu

2. Indiquez le chemin du dossier où le jeu sera compressé.
3. Cochez *Create Encrypted Archive* pour crypter les données. Ainsi les dossiers *Graphics* et *Data* seront inaccessibles pour les joueurs.

Pour faire connaître votre jeu sur Internet, inscrivez-vous sur des forums et sites spécialisés dans les jeux amateurs et partagez votre RPG. Les utilisateurs vous feront certainement des commentaires constructifs et des critiques sur votre jeu.

URL **Sites recommandés**

▸ www.rpg-maker.fr
▸ www.relite.org
▸ www.rpgmakerxp-factory.net
▸ www.rpgcreative.net

En résumé

De la création de votre projet jusqu'à l'exportation du jeu terminé, RPG Maker vous permet de créer votre jeu de A à Z, sans écrire la moindre ligne de code. Vous bénéficiez également de sa riche base de données pour définir vos héros, cartes, etc.

Réussir
ses cartes

Comment créer une nouvelle carte,
en créer le décor, et personnaliser
ses propriétés ?

Nous allons créer plusieurs cartes. Certaines seront consacrées à l'intérieur de maisons, de donjons, etc. et d'autres représenteront de simples extérieurs (forêts, plaines…).

Créer une carte

Méthode générale depuis le gestionnaire de cartes

Voici la procédure à suivre pour créer une nouvelle carte.

1. Cliquez avec le bouton droit sur le gestionnaire de cartes en bas à gauche de l'interface principale. Une boîte de dialogue s'affiche vous permettant de définir les propriétés de votre carte.

> BON À SAVOIR **Propriétés de la carte**
> Vous pourrez les modifier après la création de la carte.

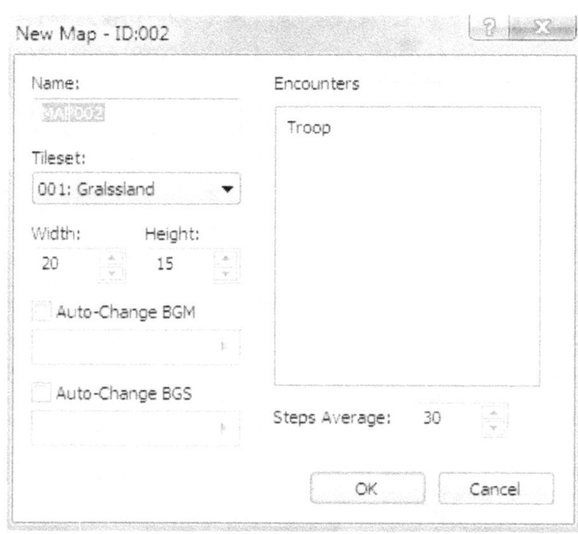

Propriétés de la carte

2. Dans le champ *Name* indiquez le nom de la carte.

3. Le champ *Tileset* donne le décor de la carte enregistré dans la base de données.

4. Précisez la largeur en nombre de carreaux avec *Width* et la hauteur de la carte, toujours en nombre de carreaux dans le champ *Height.*

> UNITÉ **Taille d'un carreau**
>
> Un carreau vaut 32 pixels. La taille maximale d'une carte est de 500 × 500 carreaux. Avec une carte de 100 × 100 carreaux, vous pouvez déjà construire une grande ville. Pour une carte moyenne, optez pour 50 × 50 carreaux… tout dépend de l'environnement dans lequel se trouve le héros.

5. Avec *Auto-Change BGM*, définissez la musique qui sera jouée automatiquement lorsque le héros arrivera sur cette carte. Quant au fond sonore, paramétrez-le avec *Auto-Change BGS.*

6. La propriété *Encounters* permet de choisir les groupes de monstres que le héros rencontrera sur la carte via la base de données.

> EN PRATIQUE **Pas de rencontre**
>
> Laissez cette propriété vide si vous ne souhaitez pas paramétrer de rencontre.

7. Sélectionnez avec les petites flèches à droite du champ *Steps Average* le nombre de pas moyens que fera le héros pour rencontrer un ennemi et le combattre.

8. Cliquez sur *OK* : votre carte est créée.

Spécificités de RPG Maker VX

Dans la version VX, le gestionnaire de cartes comporte d'autres propriétés de carte intéressantes.

Aux extrémités de la carte

La propriété *Scrool Type* permet de définir le comportement du héros lorsqu'il arrive aux extrémités de la carte :

- *No Loop* : quand il arrivera aux extrémités de la carte, le héros sera bloqué.
- *Vertical Loop* : lorsqu'il quitte la carte vers le haut, il arrivera sur la même carte vers le bas et réciproquement.
- *Horizontal Loop* : lorsqu'il quitte la carte par la droite, il arrivera sur la même carte vers la gauche et réciproquement.

> PRÉCISION **Vertical et Horizontal Loop**
>
> En sélectionnant *Both Loop* les options *Vertical* et *Horizontal Loop* seront appliquées.

- *Disable Dashing* : lorsque le joueur appuie sur *Shift*, le héros court. Pour empêcher cela, il suffit de cocher cette case.

Définir un panorama

Pour définir un décor de fond ou un panorama (un ciel bleu avec des nuages, par exemple), tout se passe dans la propriété *Parallax background* :

- Grâce à la propriété *Graphics,* choisissez l'image du fond.
- Avec *Loop Horizontal* définissez le défilement horizontal de l'image en boucle avec une vitesse donnée, et avec *Loop Vertical* le défilement vertical de l'image.
- *Show in the editor* permet de voir le décor de fond dans RPG Maker pendant que vous êtes en train de concevoir la carte.

> QUESTION **Est-il possible de définir un panorama dans RPG Maker XP ?**
>
> Oui, mais cela se fait dans la base de données. Cependant, il est impossible de lui assigner un déplacement sans passer par les scripts. Nous verrons un peu plus loin la création de panorama sur XP.

QUESTION **Comment afficher mon panorama durant le jeu ?**
Cela se fait avec le carreau spécial dans le Tileset. La prochaine section explique comment l'utiliser.

Créer une zone de combat

Dans RPG Maker VX, vous avez aussi la possibilité de créer une zone de combat depuis le gestionnaire de cartes.

1. Depuis le gestionnaire de cartes, cliquez avec le bouton droit sur la carte pour laquelle vous souhaitez définir une zone de combat.

2. Cliquez sur *New Area*.

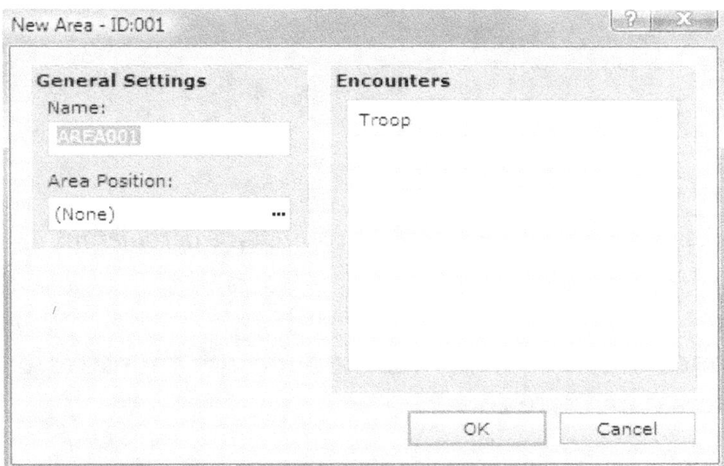

La création d'une nouvelle zone de combat
depuis la boîte de dialogue New Area.

3. Dans le champ *Name*, saisissez le nom de la zone de combat.

4. Dans le champ *Area Position*, sélectionnez une zone ❶, puis définissez sur la carte l'endroit où auront lieu les combats.

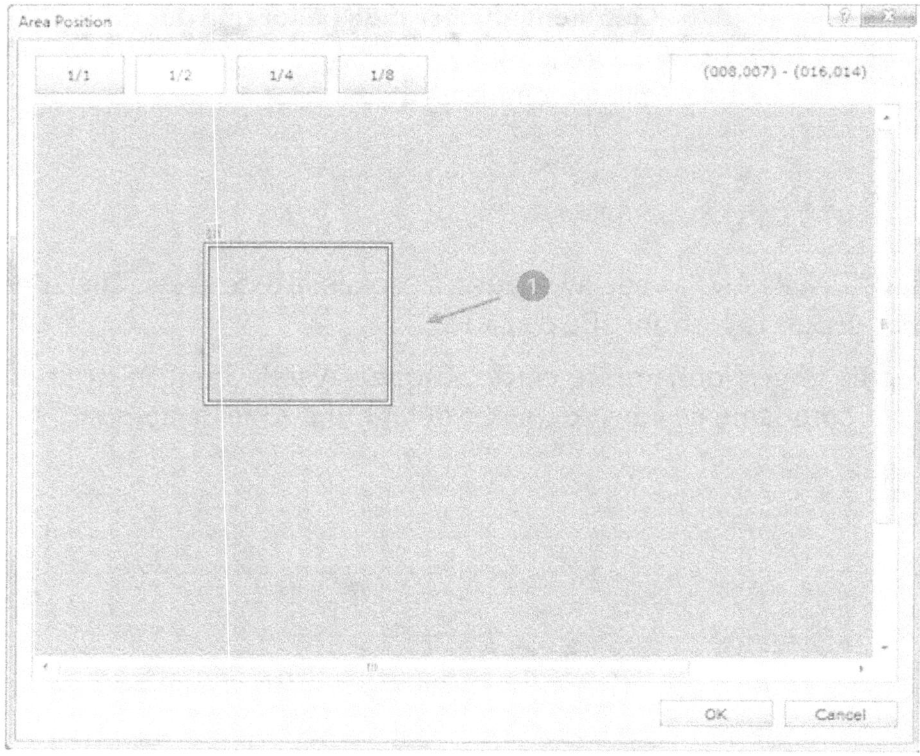

Choisissez la zone où où des combats se dérouleront.

5. Sélectionnez avec *Encounters* les groupes de monstres que le héros rencontrera dans cette zone.

> Avantage **Varier les monstres selon le terrain**
> Avec cette méthode, vous pouvez créer plusieurs zones avec des monstres différents selon la nature du terrain.

Générer des donjons automatiquement

RPG Maker contient un générateur qui permet de créer un donjon basique aléatoirement sur la carte. Voici comment l'utiliser.

1. Cliquez sur *Generate Dungeon*.

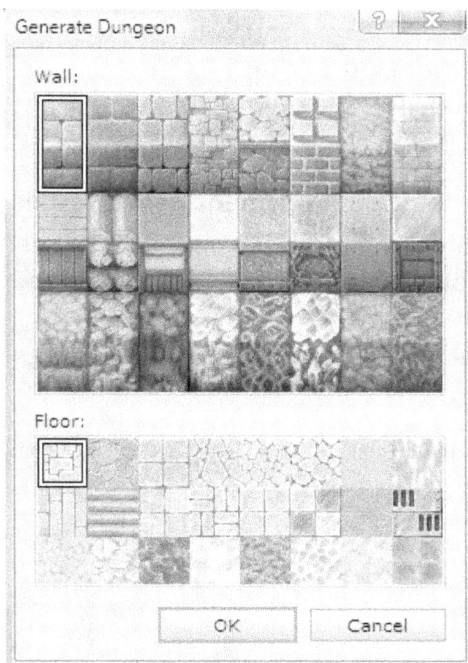

Fenêtre demandant le type de mur et sol pour le donjon

2. Dans la fenêtre qui s'ouvre alors, choisissez le type du mur (*wall*) et du sol (*floor*) pour le donjon à générer.

3. Cliquez sur OK.

Réussir le décor de la carte : bonnes pratiques de mapping

Dessiner une carte revient à mettre en place un décor. On appelle cela aussi le *mapping*.

Placer des carreaux sur la carte

Sur RPG Maker, cette étape est en pratique très simple : il suffit de cliquer sur un ou plusieurs carreaux du Tileset, puis de les faire glisser jusqu'à l'emplacement voulu.

1. Vérifiez que l'outil *Pencil* est activé.
2. Cliquez sur un élément du Tileset.
3. Cliquez à l'endroit désiré sur la carte, le carreau vient alors s'y placer.

> EN PRATIQUE **Comportement des Autotiles**
>
> Les Autotiles (première ligne du Tileset) fusionnent lorsqu'ils sont côte à côte. Si vous voulez éviter ce comportement et ne prendre qu'une partie de l'Autotile, double-cliquez sur l'Autotile dans le Tileset et choisissez votre carreau.

Cependant, en plaçant un arbre sur la carte, vous remarquez un problème :

Petit problème au placement d'un arbre sur la carte : le fond blanc

Comment éviter ce fond blanc et le rendre transparent ? C'est le moment de se pencher sur une notion importante : les couches.

Les couches

RPG Maker XP dispose de 3 couches pour le mapping et d'une couche pour les événements. Pour le moment, nous allons nous intéresser aux 3 couches dédiées au mapping.

Les couches se trouvent dans la barre d'outils : *Layer 1* pour la couche basse, *Layer 2* pour la couche centrale ou moyenne et *Layer 3* pour la couche haute. Pour le moment, si vous reprenez l'exemple de l'arbre, la couche basse est activée et donc les autres sont désactivées. En effet, vous ne pouvez travailler que sur une couche à la fois.

B.A.-BA **Prendre un carreau sur la carte**

Pour sélectionner un carreau sur la carte, cliquez avec le bouton gauche sur le carreau de votre choix. Vous pouvez aussi sélectionner plusieurs carreaux à la fois en maintenant le clic gauche enfoncé.

Le principe de fonctionnement des couches est exactement le même que celui du travail du peintre. S'il veut passer 3 couches, il étale la première pour revêtir et préparer le mur. Sur la première couche, il étale la deuxième. Il termine en étalant la troisième par dessus la deuxième, qui vient combler les derniers petits défauts qui seraient restés lors de la deuxième couche. Logiquement, la deuxième couche cache la première, et la troisième cache la deuxième. Dans RPG Maker, le principe est équivalent :

- La couche haute représente le terrain (ou le fond) : l'herbe, le sable… c'est-à-dire, le décor qui n'a pas de contour blanc.
- La couche moyenne se compose des éléments naturels et des objets (table, arbre…).
- La couche basse accueille les éléments qui se trouveront sur la couche moyenne : une tasse sur une table, un nid dans un arbre…

Revenons donc à la pratique : placez l'arbre sur la couche moyenne. Le contour blanc a disparu de lui même.

RPG Maker VX **5 couches**

Sur VX, vous disposez de 5 couches qui apparaissent en bas de la fenêtre et sont nommées de A à E. La couche A est la plus haute, et la couche E la plus basse. Les couches B à D sont les couches moyennes, classées selon le terrain (extérieur, intérieur et donjon). La couche E est vide. Vous pouvez leur assigner la catégorie de votre choix. Assurez vous que l'outil *Map* est activé et que *Passage Settings* est désactivé. Vous pouvez alors dessiner votre carte.

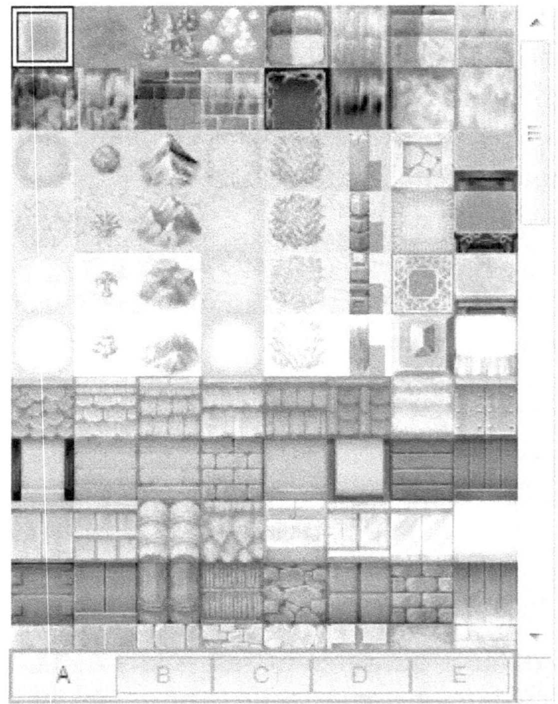

Les couches de A à E en dessous du Tileset

Le panorama

Pour insérer le panorama, la procédure à suivre est la suivante :

1. Cliquez sur la couche basse.

2. Cliquez sur le premier carreau (blanc par défaut) du Tileset. Ce carreau est translucide pour l'instant. De couleur blanche (et noire pendant le test), il sera remplacé par le panorama que vous avez défini dans les propriétés de la carte sous VX et du Tileset dans la base de données sous XP.

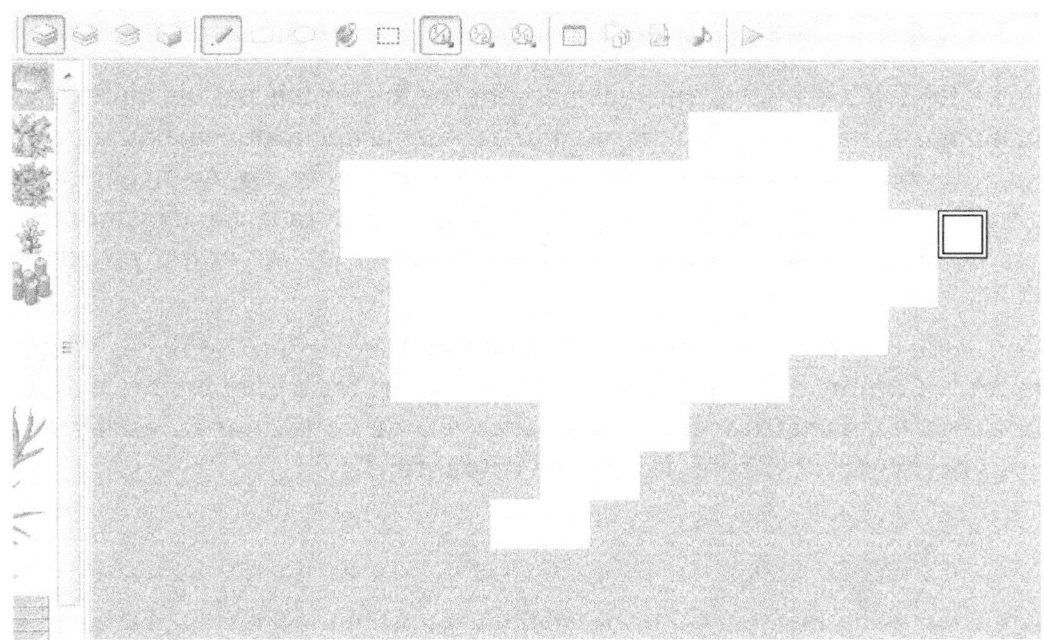

Le premier carreau est en première couche.

Le panorama apparaît bien à l'endroit défini durant la phase de test.

Les bases du mapping

Dans RPG Maker, le terme de mapping ne dissimule pas de difficultés insoupçonnées. Il s'agit simplement de réaliser le décor du jeu. En tant que joueur, vous préférez certainement jouer à un jeu vidéo ayant des bons graphismes que le contraire. Cet élément est important car, c'est notamment grâce à lui que votre joueur adhérera à votre jeu et s'immergera dans l'univers que vous avez créé.

Pour être un bon mappeur, il n'y a malheureusement pas de règles toutes faites.... Comme dans de nombreux domaines, la règle fondamentale est le bon-sens. Dans cette section, nous essayons de vous donner les clés qui vous permettront d'éviter les erreurs courantes.

Les arbres et les plantes

Les forêts et les bosquets sont des éléments graphiques récurrents dans les RPG. Cependant, la plupart des débutants alignent les arbres. Dans la nature, à moins qu'ils n'aient été plantés par l'homme, les arbres poussent au hasard. De plus, ils ne doivent pas non plus être trop éloignés ni trop proches, voire presque collés. Pensez à la nature qui vous entoure lorsque vous plantez vos forêts !

Aligner des arbres n'est pas très naturel surtout si la carte représente une forêt

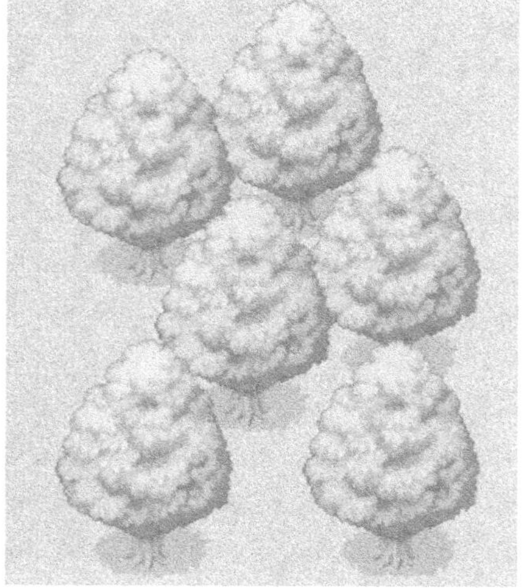

Le placement au hasard des arbres sera plus logique

Pour toutes les représentations de végétation, le principe est le même que pour les arbres :

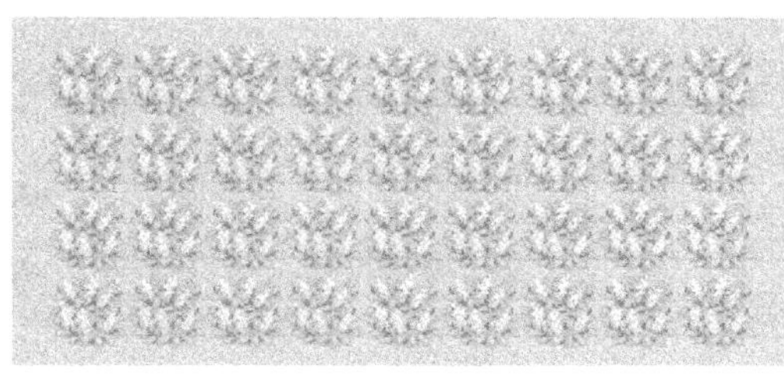

*Généralement, les plantes
ne sont pas aussi bien alignées*

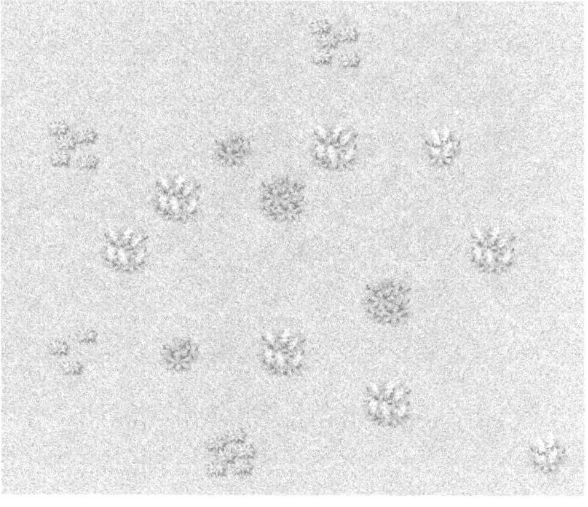

*Dans la nature, différentes espèces
de plantes poussent aléatoirement
sur le terrain*

Les herbes et le relief

Imaginez que vous vous promenez toujours dans la forêt. À un moment donné, vous découvrez une clairière dont les herbes sont si hautes et abondantes que vous ne pouvez les franchir. Plus loin, le sol est tout à fait plat, et, encore plus loin, il devient boueux. En poursuivant votre chemin, vous vous retrouvez entouré d'arbustes et d'arbres. Au loin, vous apercevez une colline qui annonce le début d'une zone montagneuse.

Dans cette brève description, vous remarquez un changement de relief… d'un coté, le sol est plat et de l'autre, le sol est recouvert d'herbe. Évidemment, vous n'allez pas dessiner un chemin bien goudronné dans une forêt.

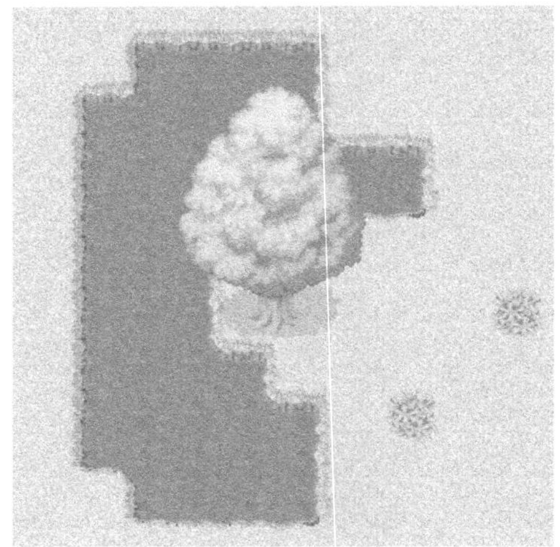

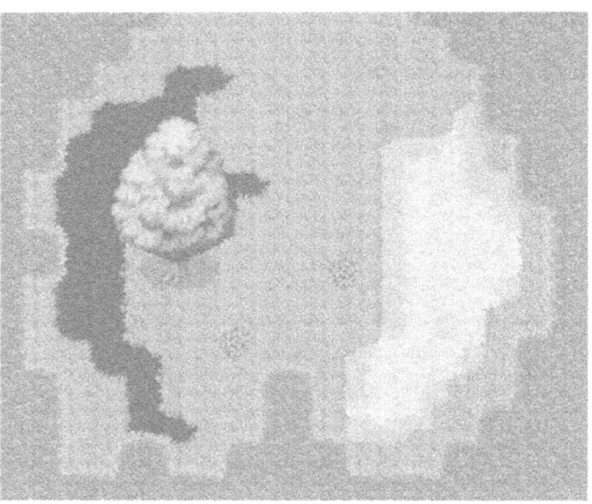

Cette carte manque de relief

Herbe, sol et eau permettent
de diversifier le relief

L'eau : rivières et lacs

Sur votre carte, vous souhaitez placer un lac et aussi une rivière. Rappelez-vous vos cours de géographie : les forêts recèlent de petites étendues d'eau et les villes s'établissent à proximité d'un fleuve ou d'une rivière. Répétons de nouveau ce conseil, même s'il peut sembler évident : le mapping est une question de bon-sens. Vous ne verrez pas un lac dans un désert, à moins qu'il ne s'agisse d'une oasis.

Souvent, on voit dans les jeux des lacs ou rivières parfaitement rectangulaires... Pas besoin de se promener au bord d'une rivière pour remarquer que ce n'est pas du tout le cas. Pourquoi dessiner une rivière parfaitement droite, alors qu'il suffit de « gribouiller » sur la carte pour créer une rivière bien plus naturelle ? Eh oui, comme tout le reste de la nature, sa trajectoire et taille ne sont pas calculées... c'est encore affaire de hasard.

*Un lac rectangulaire est
assez rare et peu réaliste*

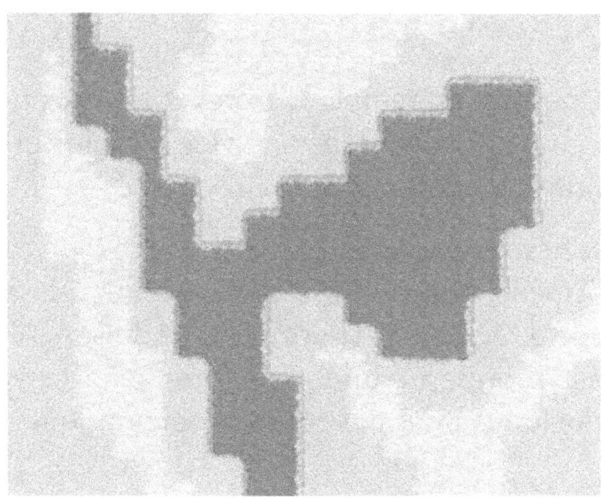

*Mieux vaut préférer un lac
au contour plus naturel*

Les grottes

Beaucoup de débutants dessinent leurs grottes comme des maisons. Cependant, elles n'ont rien à voir avec un cube et n'ont aucun point commun avec une construction humaine !

Lorsque vous concevez une grotte, commencez par son contour et dessinez la forme au hasard. Dessinez ensuite la paroi de la grotte et remplissez l'extérieur de noir :

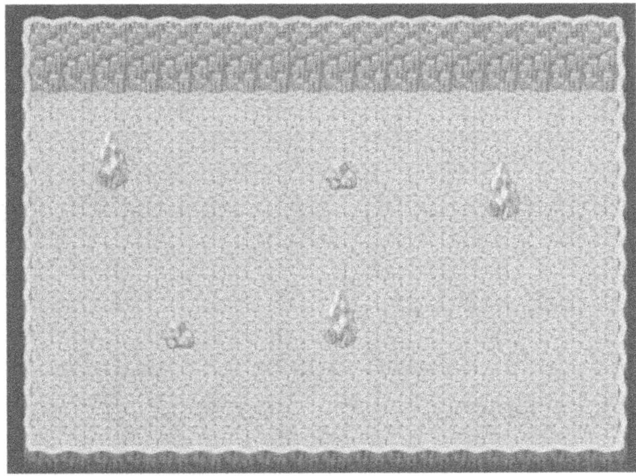

*Une grotte carrée manque de réalisme
et de formes concrètes.*

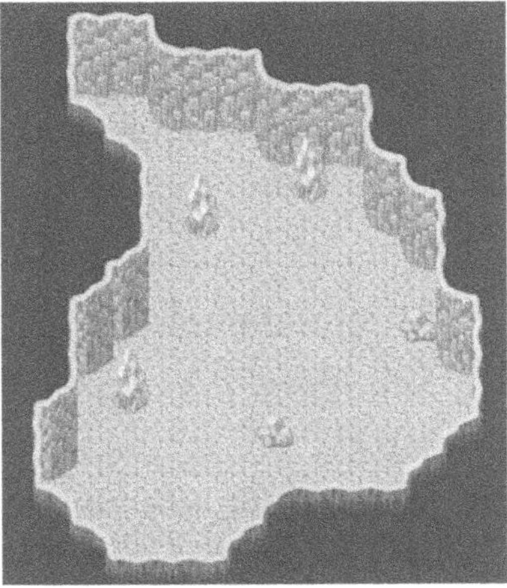

*La forme représente
vraiment une grotte.*

Pas de vide !

Une forêt est remplie d'arbres, d'arbustes, de plantes, etc. Il est donc préférable de ne pas laisser de zone vide à moins que vous ne souhaitiez représenter une zone déforestée.

N'hésitez pas à remplir votre carte d'un maximum d'éléments. Malheureusement, bon nombre de créateurs utilisant RPG Maker n'appliquent pas cette règle. Si c'est votre cas, réduisez, s'il le faut, la taille de votre carte. Si elle représente une vaste forêt, plantez-y beaucoup d'arbres et remplissez quelques-unes des zones problématiques avec de l'eau.

Définir les caractéristiques du décor

Vous aimeriez qu'une fleur ne puisse pas être piétinée par le héros. Vous aimeriez placer un panorama sur un Tileset. Bref, vous aimeriez définir des caractéristiques précises pour le Tileset. Voyons comment faire.

1. Rendez-vous dans la base de données en appuyant sur la touche *F9*, ou passez par l'outil *Database*.

2. Cliquez sur l'onglet *Tilesets*. La liste sur la gauche correspond à la liste des Tilesets qui sont affichés dans les propriétés de la carte.

> RPG MAKER VX **Base de données**
>
> Vous n'avez pas la possibilité de gérer le Tileset via la base de données sur RPG Maker VX (reportez-vous à l'aparté dans le chapitre précédent).

3. Dans *Change Maximum*, modifiez si besoin le nombre maximal d'items contenus dans liste.

4. Dans le champ *Name*, saisissez le nom du Tileset.

5. Grâce à *Tileset Graphic* vous accédez au gestionnaire de ressources et pouvez donc sélectionner l'image Tileset de votre choix. Pour les Auto-Tiles, passez par le menu *AutoTile Graphics*.

6. Le menu *Panorama Graphic* vous permet d'accéder aux images de panorama contenues dans le gestionnaire de ressources.

7. *Fog Graphic* permet de charger les images correspondant à différents brouillards contenus dans le gestionnaire de ressources. Lorsque vous avez sélectionné un type de brouillard, il s'applique automatiquement à toutes les cases auxquelles ce Tileset a été attribué. Vous pouvez affiner les propriétés du brouillard choisi, conformément au tableau 3-1.

TABLEAU 3-1 *Propriétés du brouillard*

Propriétés	Action
Opacity	Règle l'opacité du brouillard de 0 à 255.
Blending	Éclaircit ou assombrit le brouillard.
Zoom	Zoome sur le brouillard.
SX	Règle le déplacement horizontal du brouillard avec une vitesse donnée.
SY	Règle le déplacement vertical du brouillard avec une vitesse donnée.

8. Pour définir une image de fond pour le Tileset, passez par le champ *Battleback Graphic*.

9. Pour modifier le symbole présent sur chaque carreau, il faut utiliser le champ *Passage*. Cliquez dessus, puis choisissez le symbole correspondant à l'action que vous souhaitez mettre en place (tableau 3-2).

TABLEAU 3-2 *Actions disponibles pour les carreaux*

Symbole	Action
Rond	Le héros peut traverser et marcher sur ce carreau.
Croix	Le héros ne peut ni traverser ni marcher sur ce carreau.
Carré pour les Auto-Tiles seulement	Définit les conditions de franchissement des murs.

 Franchissement des murs

Si, dans le gestionnaire de Tileset, le carreau gris ou noir porte un carré, alors, durant le jeu, le héros pourra traverser le carreau vers le haut et vers le bas en passant en dessous. Par contre, il ne pourra pas le franchir en passant par la droite ou la gauche : il sera bloqué.

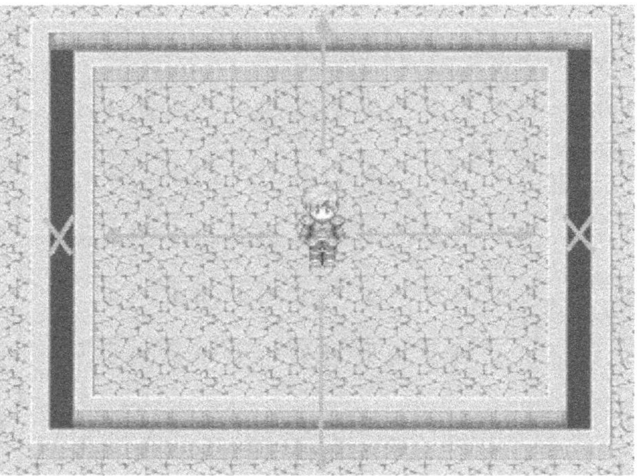

Le héros peut traverser les carreaux vers le haut et bas en passant dessous mais pas vers la droite et gauche

S'il y a deux lignes de carreaux de même type (soit un ensemble de carreaux) vers le haut et le bas au lieu d'une ligne, le personnage sera alors bloqué sur les 4 cotés et une partie de son corps sera cachée.

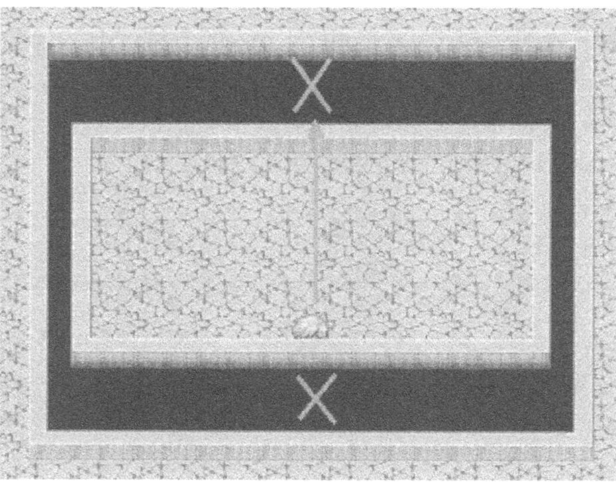

Le héros est bloqué et une partie de son corps est cachée

RPG Maker VX **L'outil pratique**

La version VX de RPG Maker permet de fixer les actions selon les carreaux directement sur le Tileset sur l'interface principale. Cliquez sur l'outil *Passage Settings*.

10. Le paramètre *Passage (4 dir)* permet de définir la direction que le héros pourra prendre quand il se trouvera sur ce carreau. Cette fois-ci, les carreaux possède 4 flèches qui représentent les directions que le héros peut emprunter.

11. Avec le paramètre *Priority*, vous affectez une étoile au carreau. Le héros pourra passer en-dessous du carreau portant l'étoile. Définissez la priorité de superposition.

COMPRENDRE **Degré de superposition**

Si le carreau est proche du premier plan et si le héros ou l'événement se trouve en arrière-plan, alors le carreau se superpose au personnage.

EN PRATIQUE **Importance du degré de superposition**

Le degré de superposition n'a pas réellement d'importance. Pour tous les carreaux qui sont superposés, définissez le critère à 5.

12. *Bush Flag* sert à paramétrer l'apparence du héros quand il se trouve dans l'eau (par exemple, lorsqu'il doit traverser une rivière). Le symbole vague signifie que la partie inférieure du corps du héros sera semi-transparente.

13. Le losange *Counter Flag* indique que l'événement qui se trouve à côté de ce carreau est unique.

CAS PARTICULIER **Événement unique et dialogue :**
le cas des magasins

En règle générale, le héros doit se trouver à coté d'un personnage pour lui parler. Mais lorsqu'il se trouve dans un magasin, la distance matérialisée par le comptoir l'en empêche. Avec le losange, le comptoir ne constitue plus un obstacle à la discussion.

*Sans le losange sur la table, le héros n'aurait jamais pu parler
au personnage à distance*

14. Le paramètre *Terrain Tag* permet d'assigner un identifiant (allant de 0 à 7) à un carreau. Vous pouvez utiliser la commande d'événement de gestion des variables ou bien passer par les scripts.

> EN PRATIQUE **Identifiant du carreau**
>
> Cet identifiant permet de reconnaître le type du terrain et de l'utiliser dans des systèmes. Par exemple, si votre terrain est constitué par de la glace, ce numéro vous permettra ensuite de faire glisser le héros.

> RUBY **Relever le numéro d'un carreau**
>
> Vous pourrez lire le numéro du carreau par l'intermédiaire du code Ruby suivant :
>
> ```
> $game_map.terrain_tags[ETIQUETTE]
> ```
>
> Ici, ETIQUETTE est le numéro du carreau à partir de la deuxième ligne de Tileset (la première correspondant aux AutoTiles) qui commence à 384.

15. Cliquez sur le bouton *OK* pour valider les paramètres.

En résumé

Le décor des cartes se définit sur 3 couches : la première pour le terrain, le deuxième et la troisième pour les éléments de la carte. La base de données regorge d'éléments (brouillards, panoramas…) permettant de renforcer l'ambiance de la carte et de préciser les carreaux que le héros ne peut franchir.

© Enterbrain

La base de données

Comment créer les objets, armes, armures ou bien les ennemis de votre jeu ?

Accéder à la base de données

La base de données contient toutes les données du jeu : les objets, les armes, les ennemis… que vous utilisez pour créer votre RPG. Elle est accessible par la barre d'outils ou par la touche *F9*. La fenêtre qui s'ouvre alors dispose de plusieurs onglets. Sur la plupart d'entre eux, nous retrouvons des options identiques. Voyons les options communes aux différentes catégories de la base.

À gauche de la fenêtre se trouve la liste des données.

1. En cliquant sur *Change Maximum*, vous définissez le nombre de données de la catégorie actuelle.

2. Ainsi, en sélectionnant une nouvelle donnée, vous pouvez définir ses caractéristiques dans la partie droite de la fenêtre.

> BONNE PRATIQUE **Données vierges inutiles**
>
> Plus vous augmentez le nombre maximum de données, plus la consommation de ressources mémoire augmente, ce qui a comme conséquence de ralentir la vitesse de lecture. Évitez donc les données vierges inutiles.

3. Indiquez dans le champ *Name* le nom de la nouvelle donnée.

4. Choisissez via *Icon* l'image qui représentera la donnée.

5. Saisissez dans *Description* une courte description de la donnée.

> RPG MAKER VX **Un champ commentaire**
>
> Le champ *Note* permet d'ajouter un commentaire sur la donnée. Ce commentaire n'apparaitra pas en cours de jeu, il vous sert à préciser l'utilité de la donnée.

Les caractéristiques comportent un certain nombre d'abréviations. Le tableau 4-1 suivant les décrypte.

TABLEAU 4-1 *Signification des abréviations des caractéristiques*

Abréviation	Signification
HP	Point de vie
SP ou MP	Point de compétence
MaxHP	Le maximum de points de vie du héros/ennemi au niveau actuel
MaxSP	Le maximum de compétences du héros/ennemi au niveau actuel
ATK	La puissance d'attaque
STR	La force
AGI	L'agilité
DEX	La dextérité
INT	L'intelligence
PDEF	La défense physique
MDEF	La défense magique
EVA	Le taux d'esquives à l'attaque
EXP	Le nombre de points d'expérience

Créer un héros et une équipe de héros

Acteurs principaux de votre jeu, les héros possèdent des caractéristiques comme la puissance d'attaque et de défense, un nombre de points de vie ainsi que certaines compétences… Toutes ces caractéristiques augmentent au fur et à mesure des niveaux et du nombre de points d'expérience que vos héros gagnent. Les étapes suivantes montrent comment créer un héros.

1. Créez une nouvelle donnée ou éditez le héros par défaut (la première donnée).

2. Dans le champ *Class*, indiquez la classe du héros. Par exemple, *Fighter* pour un combattant.

3. Indiquez dans *Initial Level* le niveau de ce héros lorsqu'il arrive dans l'équipe.

4. Précisez dans *Final Level* le niveau maximum que le héros peut atteindre.

5. Dans *EXP Curve*, définissez la courbe d'expérience à acquérir pour monter de niveau. En augmentant les valeurs *Basis* et *Inflation*, la courbe sera plus rude et le héros devra alors gagner beaucoup de points d'expériences pour monter de niveau. Sur l'onglet *Total*, indiquez le nombre total de points d'expérience (en rouge) que possède le héros selon son niveau.

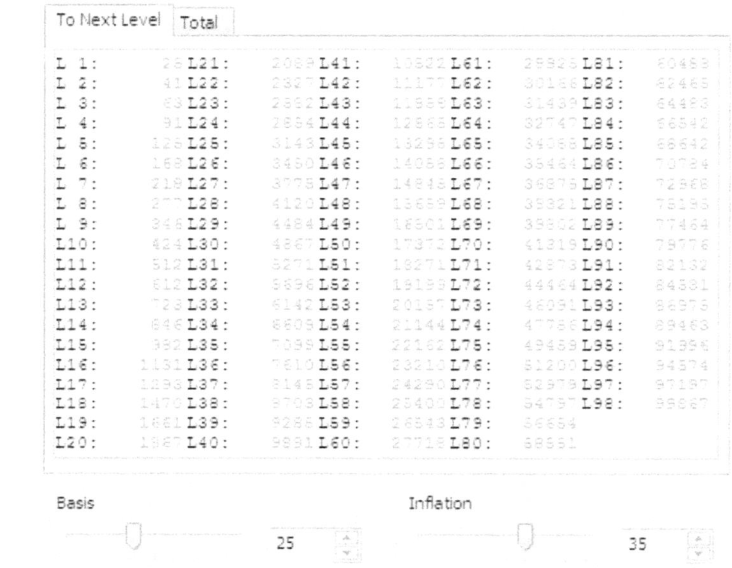

À chaque niveau correspond un nombre de points d'expérience.

B.A.-BA **Expérience et niveau**

Dans l'exemple du premier niveau (L 1), le héros devra posséder 25 points d'expérience pour arriver à ce niveau. Ensuite, il doit acquérir 41 points d'expérience pour atteindre le niveau 2, et ainsi de suite.

6. Définissez dans *Character Graphic* l'apparence du héros

RPG MAKER XP **Apparence spécifique au combat**

Le champ *Battler Graphic* sert à définir l'apparence du héros en phase de combat.

7. La courbe *Parameters* correspond à celle des caractéristiques du héros. Grâce à cette courbe, définissez, par exemple, l'augmentation de ses points de vie maximum. Double-cliquez sur la courbe pour la modifier. Si vous cliquez avec le bouton droit et maintenez le clic, vous pouvez dessiner vous-même la courbe.

> ALTERNATIVE **Des paramètres précis**
>
> Les lettres à côté de *Quick Settings* permettent de créer une courbe avec précision. Si vous cliquez sur *A,* la caractéristique évolue rapidement et inversement avec *E*. Il est également possible de définir vous-même la valeur pour chaque niveau dans les champs *Level* et *Value*. Indiquez le niveau initial et final ainsi que la rapidité de l'évolution (*Fast* pour rapide et *Slow* pour lent). Une fois tous les paramètres définis, cliquez sur *Generate Curve*. La courbe est alors générée (mais n'est pas droite, comme c'est le cas avec *Quick Settings*).

La courbe d'évolution des points de vie maximum du héros du niveau initial au niveau final. Ici l'augmentation des points de vie évolue lentement au fil des niveaux.

8. Définissez dans *Starting Equipment* l'équipement de départ du héros (armes, armures...).

> EN DÉTAIL **Équipement obligatoire**
>
> Cochez *Fixed* pour interdire la suppression d'un équipement.

 Visage et équipement

Le paramètre *Face Graphic* permet de choisir l'image du visage du héros.
Via *Options*, définissez différentes options pour l'équipement de départ (tableau 4-1).

Paramètres accessibles par Options

Paramètre	Signification
Two Swords Style	Le héros peut s'équiper de deux armes, mais il ne portera plus de bouclier.
Fix Equipment	L'équipement ne peut être retiré.
Auto Battle	Le héros combat automatiquement, sans obéir aux ordres du joueur.
Super Guard	Le héros est toujours en mode Défense. Ceci réduit de 1/4 les dommages reçus.
Pharmacology	L'effet des objets redonnant des points de vie double.
Critical Bonus	Double la chance de porter un coup critique lors d'une attaque physique.

Une fois les différents héros créés, il faut encore préciser s'ils font partie de l'équipe de départ.

1. Cliquez sur l'onglet *System*.
2. Rendez-vous dans la zone *Actor*.
3. Double-cliquez sur le nom du héros pour l'ajouter.

OUPS **Retirer un héros de l'équipe**

Cliquez avec le bouton droit sur le nom du héros et ensuite sur *Delete* pour le supprimer de la liste.

Les classes

Archer, combattant, guerrier, mage… selon sa classe, le héros est plus ou moins vulnérable à un état (feu, glace, terre…), s'équipe d'armes et d'armures spécifiques et possède des compétences déterminées. Toutes ces caractéristiques sont paramétrables.

> EXEMPLE **Équipement et compétences**
>
> Un guerrier peut s'équiper d'armures lourdes, un combattant porte des équipements légers selon sa carrure… Si le héros est un voleur, il possède par exemple une compétence d'illusion.

Définir des classes

1. Rendez-vous dans le panneau *Classes*. C'est à partir de ce panneau que vous définissez les principales caractéristiques liées à la classe du héros.

2. Précisez dans *Position* la position en combat de la classe (*Front* : en avant, *Middle* : au milieu, *Rear* : en arrière).

3. Dans *Equippable Weapons*, cochez les armes dont le héros pourra s'équiper durant le jeu.

4. Dans *Equippable Armors*, cochez les armures dont le héros pourra s'équiper.

5. Spécifiez avec une lettre dans *Element Efficienty* la vulnérabilité du héros aux attributs tels que le feu, la glace, la terre, l'eau… conformément au tableau 4-1.

Taux de résistance aux éléments

Lettre	Équivalence en pourcentage	Signification
A	200 %	Très vulnérable
B	150 %	Vulnérable
C	100 %	Normal
D	50 %	Invulnérable
E	0 %	Parfaitement invulnérable
F	– 50 %	Redonne des points de vie après l'attaque

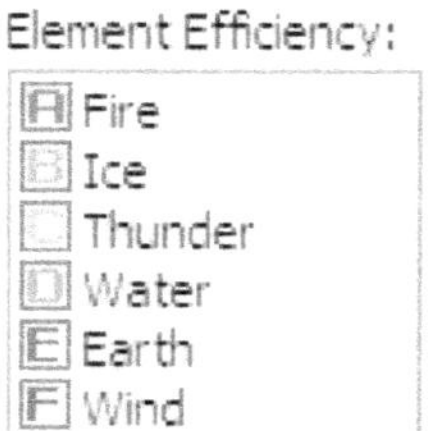

Vulnérabilité aux attributs

6. De la même manière, spécifiez dans *State Efficienty* la vulnérabilité ou la résistance aux états tels que la confusion, l'empoisonnement et la paralysie.

7. Double-cliquez sur la zone *Skills to Learn* pour insérer (ou éditer) une nouvelle compétence que le héros apprendra à un certain niveau.

> COMPRENDRE **Level et Skills to Learn**
>
> *Level* est le niveau ; *Skills to Learn*, la compétence à apprendre.

Les compétences

Les compétences sont des capacités que les héros peuvent utiliser en phase de combat. Qu'il s'agisse de caractéristiques d'éléments naturels (feu, glace, eau, etc.) ou d'altérations d'état (poison, sommeil, confusion, etc.), une compétence sert à enlever des points de vie à l'ennemi, au prix de points de compétence pour le personnage qui l'utilise. Bien évidemment, lorsque les points de compétence (SP) sont à 0, le joueur ne peut plus mettre en œuvre cette compétence. En règle générale, le héros acquiert une compétence en passant à un niveau supérieur, mais il arrive aussi qu'un événement lui permette de l'apprendre directement.

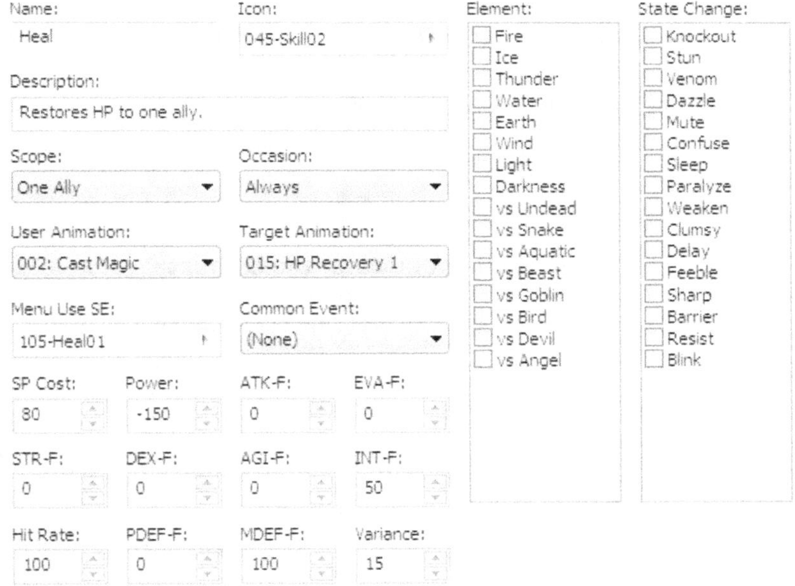

Les compétences à définir

1. Rendez-vous dans le panneau *Skills*. C'est à partir de ce panneau que vous définissez les principales compétences du héros.

2. Dans *Scope* indiquez la cible de la compétence : il peut s'agir d'un allié (dans le cas d'une compétence de soin, par exemple) ou plus généralement un ennemi (tableau 4-2).

Tableau 4-2 *Application de la compétence*

Intitulé	Signification
None	Aucune cible
One Enemy	Un ennemi
All Enemies	Tous les ennemis
One Ally	Un allié
All Allies	Tous les alliés
One Ally (HP 0)	Un allié mort (point de vie à 0)
All Allies (HP 0)	Tous les alliés morts
The User	L'utilisateur de la compétence

3. *Occasion* sert à indiquer le lieu où la compétence pourra être utilisée.

Tableau 4-3 *Lieu d'utilisation de la compétence*

Intitulé	Signification
Always	Sur la carte et durant le combat
Only in Battle	Seulement durant le combat
Only from the Menu	Seulement par l'intermédiaire du menu
Never	La compétence ne pourra jamais être utilisée.

4. Sélectionnez dans *User Animation* l'animation qui sera déclenchée sur l'utilisateur de la compétence.
5. Sélectionnez dans *Target Animation* l'animation qui portera sur la cible de la compétence.
6. Sélectionnez via *Menu Use SE* le son qui accompagnera l'utilisation de la compétence via le menu.
7. *Common Event* permet de déclencher lors de l'utilisation de la compétence un événement commun (afficher un message, modifier un paramètre...).

En pratique **Les événements communs**
Les événements communs sont décrits au chapitre suivant.

8. Spécifiez dans *SP Cost* le nombre de points de compétence que l'utilisateur perdra lors de l'utilisation de la compétence.

9. *Power* permet d'indiquer le taux d'effet de la puissance de la compétence. Si cette valeur est négative, la cible gagnera des points de vie au lieu d'en perdre.

10. Avec *ATK-F* à *MDEF-F*, les caractéristiques comme l'attaque ou la défense magiques de la cible seront augmentées ou réduites après l'utilisation de la compétence.

11. Précisez avec *Variance* le degré de variance de la compétence.

12. Cochez dans *Element* les attributs de la compétence (feu, glace, eau…). Ce paramètre détermine la vulnérabilité ou la résistance de la cible à cet attribut.

13. Cochez dans *State Change* l'état de la cible quand elle est affectée par la compétence : paralysé (*Paralize*), aveuglé (*Blind*), plongé dans le sommeil (*Sleep*).

> RPG Maker VX **Options spécifiques**
>
> Sur VX, d'autres options sont disponibles :
>
> - *Use Message* sélectionne les messages à afficher lorsque l'ennemi ou le héros emploie la compétence. Trois types de phrases sont proposés : *casts* : jette…, *does* : fait…, *uses* : utilise…
> - *Physical Attack* spécifie que la compétence est une attaque physique.
> - Avec *Damage to MP* la compétence enlève de points de compétences, alors qu'avec *Absorb Damage* les dommages effectués sur la cible sont absorbés par l'utilisateur. Par exemple, si la cible perd 50 HP, alors l'utilisateur de la compétence gagne 50 HP.
> - *Ignore Defense* ignore la défense de la cible. La cible perdra alors plus de points de vie lors de l'attaque.

Objets et artéfacts

Éléments importants du jeu, les objets et artéfacts interviennent dans plusieurs situations différentes. Ainsi, ils permettent au héros de se soigner durant le combat, ou d'augmenter ses capacités… Bien souvent, ils jouent un rôle clé dans la quête principale et il est alors indispensable que le héros les trouve ou les acquiert pour avancer dans le scénario. Certains objets, moins importants, peuvent être achetés dans un magasin et ont donc un prix.

ATTENTION **Objets liés à la quête**

Si l'objet est indispensable pour les quêtes, il ne pourra être vendu ou utilisé durant un combat.

EN PRATIQUE **Options communes**

Certaines options servant à créer les objets sont identiques à celles que nous avons déjà vues pour les compétences. Nous ne reviendrons donc pas dessus.

RPG MAKER VX

Dans RPG Maker VX, les options sont les mêmes que pour les compétences.

Les objets à définir.

1. Rendez-vous dans le panneau *Items*. C'est à partir de ce panneau que vous définissez les principales caractéristiques des différents objets.

2. Dans *Price*, fixez le prix de l'objet.

3. Précisez grâce à *Consumable* si l'objet peut être utilisé durant la quête du héros.

4. *Parameters* permet d'indiquer la caractéristique à modifier.

> EN DÉTAIL **Options de Parameters**
>
> *MaxHP* correspond aux points de vie maximum, *MaXSP* aux points de compétence maximum, *STR* à la force, *DEX* à la dextérité, AGI à l'agilité, et *INT* à l'intelligence.

5. Dans *Param Inc* (*Increase* sur VX), indiquez la valeur de la caractéristique à augmenter.

6. *Recvr HP %* (*HP Rate* sur VX) contient le taux de points de vie à récupérer. Par exemple, un héros ayant 5 HP (point de vie) sur un maximum de 100 utilise un objet qui lui redonne 10 % de ses HP maximum. Il aura alors 15 HP sur 100.

7. Avec *Recvr HP* (*HP Value* sur VX), indiquez la valeur fixe de points de vie à récupérer.

8. Précisez dans *Recvr SP %* (*SP Rate* sur VX) le taux de points de compétence à récupérer.

9. Dans *Recvr SP* (*SP Value* sur VX), sélectionnez la valeur fixe de points de compétence à récupérer.

10. *Hit Rate* sert à sélectionner le pourcentage de précision de l'objet.

11. Précisez dans *PDEF-F* le coefficient permettant d'augmenter la défense physique.

12. Indiquez dans *MDEF-F* le coefficient permettant d'augmenter la défense magique.

13. Indiquez dans *Attack F* (seulement sur VX) le coefficient d'attaque de l'objet sur la cible.

14. Précisez avec *Variance* le degré de variance de l'objet.

Les armes

Chaque arme possède ce que l'on appelle une puissance d'attaque. Selon cette puissance, l'ennemi perdra un nombre de points de vie plus ou moins important. Le héros peut acheter une arme dans un magasin, s'en équipe si sa classe le permet, et l'utilise durant un combat. Détail important, certaines armes augmentent ou réduisent les caractéristiques du personnage qui les porte.

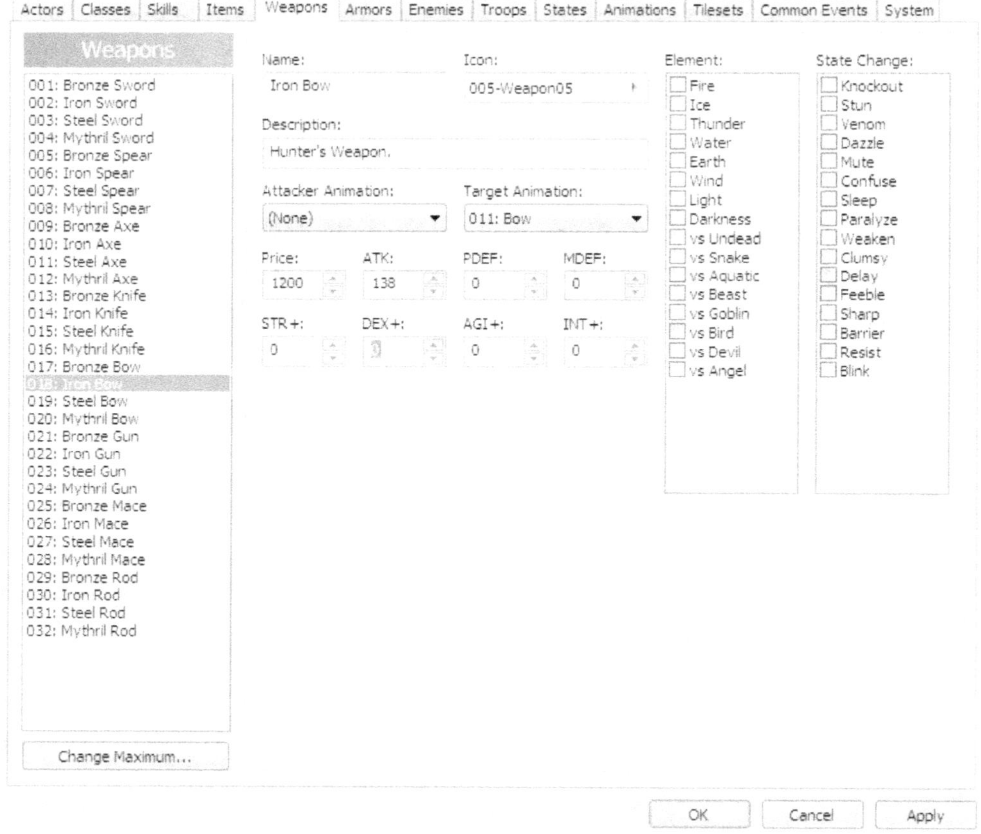

Les armes du jeu et leurs caractéristiques

1. Rendez-vous dans le panneau *Weapons.* Choisissez une arme dans la section *Weapon*, puis définissez-en les principales caractéristiques.

2. Dans *Attacker Animation*, sélectionnez l'animation du héros possédant l'arme.

3. Dans *Target Animation*, sélectionnez l'animation de la cible lorsque le héros l'attaque avec cette arme.

4. Fixez dans *Price* le prix de l'arme.

5. Définissez avec *ATK* la puissance d'attaque de l'arme.

Les champs *PDEF*, *MDEF*, *STR+*, *DEX+*, *AGI+*, et *INT+* augmentent une caractéristique du héros lorsqu'il s'équipe de l'arme.

EN PRATIQUE

Les valeurs négatives diminuent une caractéristique.

RPG MAKER VX **Options**

VX propose des options supplémentaires :

- *Two Handed* – Le héros tient l'arme à deux mains. Il ne peut donc pas s'équiper d'un bouclier.
- *Fast Attack* – L'arme permet de porter une attaque rapide, c'est-à-dire d'attaquer en premier au début du tour.
- *Dual Attack* – L'arme permet d'attaquer à deux reprises.
- *Critical Bonus* – L'arme augmente les chances de porter un coup critique.

Les armures

Comme les armes, les armures modifient les caractéristiques du héros. Dans ce cas précis, elles influent principalement sur les capacités de défense. Dans la catégorie armures entrent des éléments aussi différents que les casques, boucliers, armures corporelles ou encore certains accessoires.

Les armures du jeu

Puisque les options des armures sont les mêmes que celles que nous avons décrites dans la section consacrée aux armes, intéressons-nous uniquement à celles qui diffèrent. Le paramètre *Kind* sélectionne le type de l'armure : *Shield pour un* bouclier, *Helmet pour un* casque, B*ody Armor* pour une armure corporelle et *Accessory* pour un accessoire. Avec *Auto State* vous pouvez préciser si, une fois qu'il s'est équipé de l'armure, le héros subit une altération d'état automatique (comme Paralysé, Endormi...).

EN PRATIQUE **Autres caractéristiques**

Les champs *PDEF*, *MDEF*, *EVA*, *STR+*, *DEX+*, *AGI+*, *INT+* permettent d'augmenter une caractéristique du héros lorsqu'il s'équipe de l'armure.

BON À SAVOIR **Diminuer une caractéristique**

Comme pour les armes, les valeurs négatives diminuent une caractéristique.

RPG Maker VX

D'autres options sont disponibles dans RPG Maker VX. Elles s'appliquent lorsque le héros endosse l'armure.

- *Prevent Critical* – Les chances de porter un coup critique sont mises à 0.
- *Half MP Cost* – Les points de compétences sont réduits de moitié lors de l'utilisation d'une compétence.
- *Double EXP Gain* – Le gain d'expérience est doublé.
- *Auto HP Recover* – Les points de vie du héros sont récupérés progressivement à chaque tour.

Les ennemis

Les monstres constituent le principal groupe d'ennemis durant votre jeu. Chaque monstre possède des caractéristiques comme la force, la défense… Il possède différentes actions, attaques et compétences. Le vaincre procure au héros soit un montant d'argent, soit un nombre de points d'expérience et quelquefois un objet.

Les ennemis du jeu

Dans l'onglet *Ennemis*, sélectionnez grâce, au tableau 4-4, les différentes options dont vous souhaitez pourvoir l'ennemi qui vous êtes en train de créer.

TABLEAU 4-4 *Propriétés de l'ennemi*

Paramètre	Effet
Battler Graphic	L'apparence de l'ennemi durant le combat.
Attacker Animation	L'animation de l'ennemi quand il attaque.
Target Animation	L'animation de la cible quand l'ennemi attaque.
EXP	Le montant d'expérience que les héros gagnent lorsqu'ils ont vaincu l'ennemi.
Gold	Le montant d'argent que l'équipe gagne lorsqu'elle a vaincu l'ennemi.
Treasure	Le trésor que remporte l'équipe après avoir vaincu l'ennemi : un objet, une arme ou une armure. Indiquez le pourcentage de probabilité pour recevoir l'objet.
Element Efficienty	Avec une lettre spécifiez la vulnérabilité du héros aux attributs (le feu, la glace, la terre, l'eau).
State Efficienty	Avec une lettre spécifiez la vulnérabilité ou la résistance aux états tels que la confusion, l'empoisonnement, la paralysie.

RPG MAKER VX **Deux trésors**

Dans VX, il est possible de proposer deux objets, armes ou armures en guise de trésor. Le champ concerné s'appelle *Drop Item*. La probabilité n'est par un pourcentage mais une chance sur la valeur donnée d'obtenir le trésor.

RPG MAKER VX

La version VX propose 2 options supplémentaires :

- *Levitate* – L'image est placée en haut de l'écran lors du combat : l'ennemi flotte dans les airs.
- *Has critical* – Le coup de critique possède la meilleur performance selon les capacités des héros. La puissance d'attaque sera alors plus élevée que la normale.

Les actions de l'ennemi

La zone *Action* contient la liste des actions que l'ennemi peut accomplir durant le combat. Double-cliquez sur une action pour l'éditer ou bien sur un champ vide pour créer une nouvelle action. Une fenêtre apparaît :

Les actions ainsi que les conditions de l'action peuvent être définies

Une action ne se déclenche que sous certaines conditions : l'ennemi porte une attaque simple, esquive le coup, prend la fuite, etc. ou utilise une de ses compétences. Cochez, en fonction, les conditions qui vous intéressent (tableau 4-5) :

Tableau 4-5 *Conditions de déclenchement d'une action*

Condition	Explication
Turn	L'action se déroule selon le nombre de tours. Le premier champ correspond au départ et le second au nombre de tours. Ainsi, si vous avez, comme sur l'image ci-dessus Turn : 1 + 3 X, l'action s'accomplit dès le premier tour et a lieu tous les 3 tours, soit aux tours 1, 4, 7, 10…

TABLEAU 4-5 *Conditions de déclenchement d'une action (suite)*

Condition	Explication
HP	L'action est effectuée si le nombre de points de vie de l'ennemi est inférieur ou égal au pourcentage des points de vie maximum de l'ennemi. Par exemple, si l'ennemi a 200 HP et que la condition pour cette option est de 50 %, l'action se déclenchera s'il a 100 HP ou moins.
Level	L'action se déclenche si la moyenne du niveau de l'équipe est supérieure ou égale à la valeur donnée.
States (seulement sur VX)	L'action se déclenche quand l'ennemi est sous l'emprise d'un statut spécifique.
Switch	L'action se déclenche si un interrupteur ou un déclencheur est activé.

RPG MAKER VX **HP et MP**

La définition de cette condition est un peu différente. Il faut indiquer un intervalle. Ainsi avec 25 % ~ 50 % si l'ennemi a 200 HP, l'action ne se déclenche que lorsque l'ennemi a entre 50 HP et 100 HP. Le principe est le même pour le champ MP pour les points de compétence.

Voyons à présent les trois types d'actions disponibles :

- Basic – Désigne une action basique que l'ennemi peut effectuer : Attack pour attaquer, Defend pour se défendre, Escape pour fuir et No nothing pour ne rien faire.
- Skill – L'ennemi utilise une compétence.
- Rating – Désigne la priorité de l'action par rapport aux autres actions. Par exemple, si l'ennemi possède les actions Attack de priorité 8 et une compétence de priorité 3, il a plutôt tendance à attaquer qu'à utiliser la compétence.

Les groupes d'ennemis

Les groupes d'ennemis sont constitués par un ou plusieurs ennemis différents. Il est possible de leur affecter un événement particulier. Par exemple, lorsque le héros combat un boss, vous pouvez déclencher l'affichage d'un message dès le début du combat. Voyons ensemble les options intéressantes :

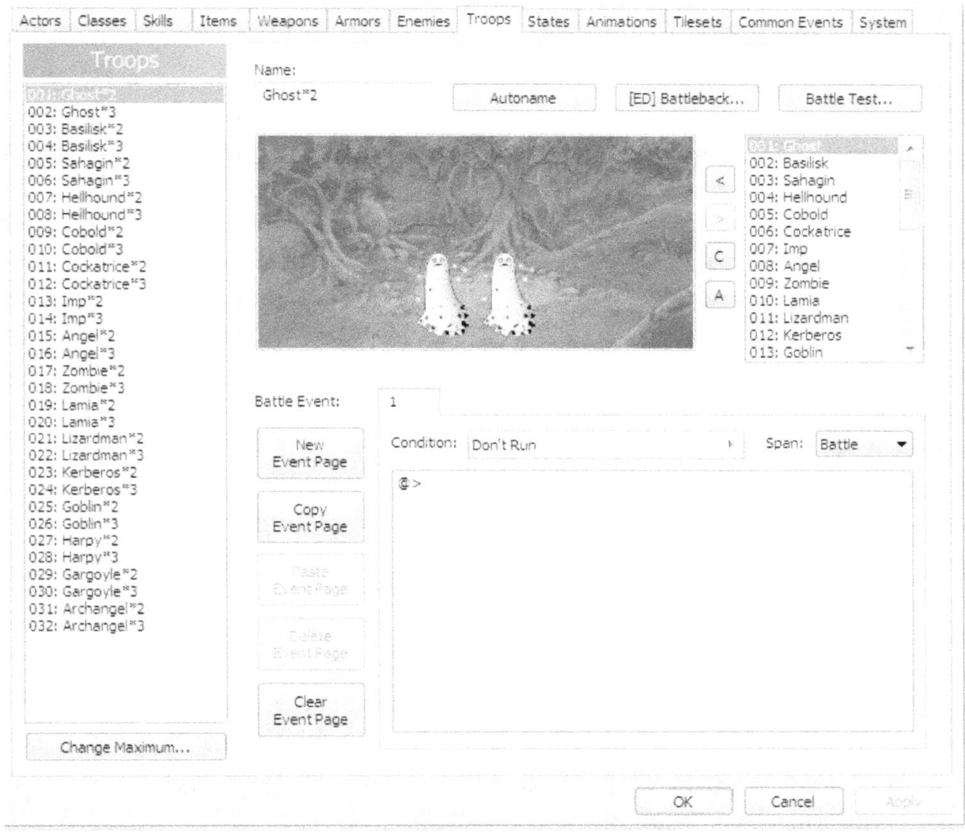

Les groupes d'ennemis

- *Autoname* donne un nom automatiquement aux ennemis d'un groupe. Le nom ne s'affiche pas pendant le jeu, cette option vous permet donc de vous rappeler les ennemis qui constituent le groupe.

- *[ED] Battleback* change le fond de combat. Cette option est intéressante s'il vous faut améliorer le rendu de l'affichage des ennemis sur un fond particulier. Il n'a pas d'autre influence sur le jeu.

RAPPEL **Battlebacks**

La modification des Battlebacks a lieu dans le gestionnaire de Tilesets.

- *Battle Test* permet de tester le combat en formant une équipe, en modifiant le niveau des héros, ainsi que leurs équipements. Ainsi, vous pouvez doser le niveau du combat selon la puissance des héros.

Construire un groupe d'ennemi

La formation d'un groupe d'ennemi est une manipulation des plus simples.

Former un groupe d'ennemis

En effet, il suffit de cliquer sur un ennemi dans la liste de droite puis sur < ① pour l'insérer dans le groupe. Cliquez sur > ② pour le retirer. Si vous souhaitez retirer tous les ennemis, cliquez sur le bouton C ③. Si vous voulez aligner les ennemis, cliquez sur le bouton A ④.

Une fois le groupe constitué, vous pouvez déplacer les ennemis sur toute la zone de combat avec la souris. Pour pimenter encore le comportement des ennemis, deux options intéressantes sont à votre disposition. Pour les appliquer, cliquez droit sur l'un des ennemis et sélectionnez l'option qui vous intéresse :

- *Appear Halway* cache l'ennemi. L'ennemi caché apparaîtra grâce à un événement.

- *Immortal* rend l'ennemi invincible.

Renvoi **Événements liés au combat**

Nous verrons les événements propres aux les combats (*Battle Event*) au chapitre suivant.

Les statuts

Les statuts sont les altérations d'états tels que Paralysé, Endormi, Poison… Vous avez certainement déjà remarqué dans les caractéristiques des ennemis ou des classes qu'il est possible de rendre les personnages résistants ou vulnérables aux altérations d'état. Ainsi, quand un héros souffre d'un statut d'empoisonnement, ses points de vie diminuent à chaque tour. Il arrive également qu'il soit impossible de faire jouer le héros. Celui-ci attaque alors ses alliés… Seuls certains objets et compétences permettent de guérir le héros de l'altération d'état qui porte sur lui.

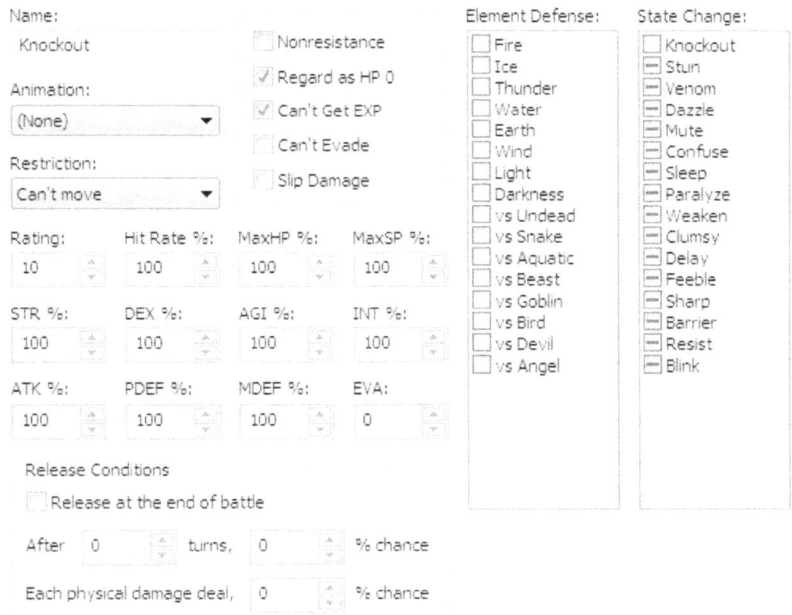

Les statuts pouvant être infligés aux héros et ennemis durant le combat

Voyons comment paramétrer tout cela :

1. Dans *Animation* sélectionnez l'animation de la cible infligée du statut.
2. Dans *Restriction* sélectionnez l'effet parmi les possibilités suivantes :
   - *None* : aucun effet.
   - *Can't use magic* : le personnage ne peut utiliser de compétences.
   - *Always attack enemies* : le personnage attaque un ennemi aléatoirement.

- *Always attack allies* : le personnage attaque un allié aléatoirement.
- *Can't move* : le personnage ne peut plus agir.

> RPG Maker VX **Définit la priorité du statut**
>
> L'option *Priority* n'est disponible que pour VX. Elle permet d'afficher l'icône du statut sur la cible selon sa priorité. Par exemple, si le personnage a le statut Poison de priorité 3 et le statut Paralysé de priorité 5, l'icône de Paralysé sera celle qui s'affichera et non celle de Poison.

3. Dans *Options*, cochez parmi les 5 options disponibles :
   - *Nonresistance* : le statut ne peut être contré.
   - *Regard as HP 0* : cette option fait chuter les points de vie à 0.
   - *Can't Get EXP* : il n'y a pas de gain d'expérience.
   - *Can't Evade* : la fuite est impossible.
   - *Slip Damage* : à chaque tour, la cible perd des points de vie progressivement.

4. Modifiez ensuite grâce aux champs suivants les caractéristiques de l'ennemi ou du héros lorsqu'il est atteint par le statut : *Rating* correspond au taux d'effet du statut et *Hit Rate* indique le pourcentage de diminution de la caractéristique de l'ennemi/héros (qu'il s'agisse de l'attaque, de la défense, de la dextérité...).

> Exemple **MaxHP**
>
> Avec un pourcentage de 80 % pour *MaxHP*, un ennemi ou un héros possédant 1 000 points de vie affecté par le statut verra ses points de vie maximum tomber à 800 HP.

5. Dans *Release Conditions*, indiquez la condition de disparition du statut. Le statut prend fin après le combat si le champ ❶ est coché. Dans le cas contraire, le héros continue de ressentir les effets du statut même lorsqu'il revient sur la carte. Après un nombre de tours défini ❷, le héros a à chaque tour un pourcentage de chances ❸ que le statut disparaisse. À chaque dommage infligé, il y a un pourcentage de chances ❹ pour que le statut disparaisse de lui même.

EXEMPLE **Cas de disparition du statut**

Les personnages demeurent sous l'emprise d'un statut jusqu'à la fin de combat ou après un certain nombre de tours.

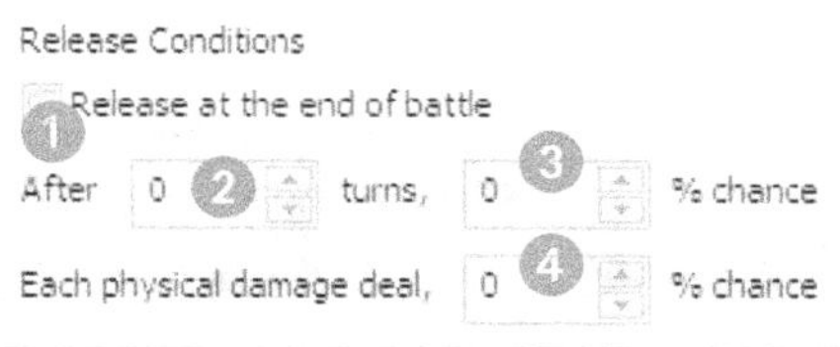

Les conditions de disparition du statut

6. Si le statut augmente la résistance à un ou plusieurs éléments, cochez-les dans *Element Defense*.

7. Si le statut augmente ou diminue la résistance à un autre statut, indiquez-le dans *State Change*.

RPG MAKER VX **Afficher des messages**

Il est possible d'afficher des messages selon l'état du héros. Imaginons que le héros meure à cause de son statut, le message personnalisé dans la zone *Message when an actors fell in state* apparaîtra durant le combat.

Les animations

Dans tous les jeux vidéo, les animations apportent du dynamisme. RPG Maker propose dans sa base de données de créer ses propres animations, qui pourront être déclenchées aussi bien sur la carte qu'au cours d'un combat. Le logiciel met également à votre disposition une centaine d'animations prêtes à l'emploi, que vous pouvez assigner aux compétences ou aux objets. Le tableau 4-6 dresse l'éventail des options disponibles.

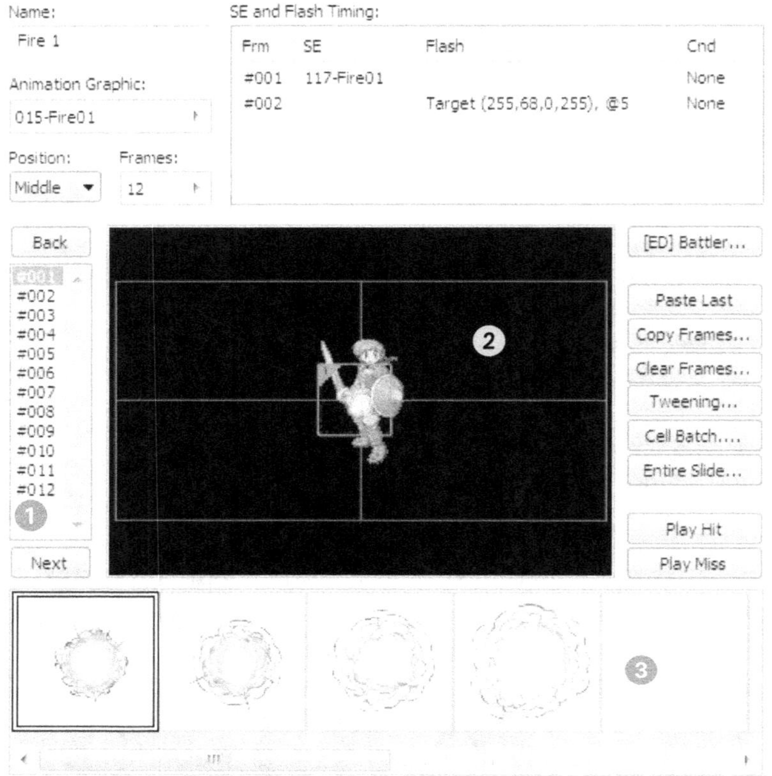

L'interface pour créer ses animations

TABLEAU 4-6 *Options pour créer l'animation*

Option	Description
Animation Graphic	Correspond à l'image avec les différentes séquences d'animation qui apparaîssent au bas de la fenêtre ❸.
Position	Placement de la cible de l'animation par rapport à l'axe ❷. Mettre *top*, par exemple, revient à placer l'animation sur la tête de la cible.
Frames	La durée de l'animation en frames. Cela définit le nombre de numéros dans la liste de gauche ❶ dans laquelle vous naviguez avec les boutons *Back* et *Next*.
[ED] Battler	Affiche la cible de votre choix.
Paste Last	Recopie la séquence précédente.

TABLEAU 4-6 *Options pour créer l'animation (suite)*

Option	Description
Copy Frames	Copie le nombre de séquences vers une autre séquence. Par exemple, si vous copiez les séquences 5 à 7 vers la 1 alors les animations des 3 séquences sont copiées à partir de la séquence n° 1 donc sur les séquences n° 1, n° 2 et n° 3.
Clear Frames	Efface un intervalle de séquences.
Tweening	Caractéristiques de base des cellules et séquences. Pour un nombre de frames et de cellules, vous pouvez conserver l'image utilisée (*Pattern*), la position, le zoom, angle, l'opacité et le type de transparence (*Blending*).
Cell Batch	Modification des caractéristiques de base pour un nombre de cellules sur un nombre de frames. Ainsi, pour toutes les cellules concernées, vous pouvez : • appliquer une image spécifique (*Pattern*), • définir leurs coordonnées X et Y ; • agrandir la cellule avec le pourcentage de zoom ; • changer l'angle ; • retourner l'image horizontalement (effet miroir) avec *Flip* ; • donner une opacité et un type de transparence (*Blending*) en éclaircissant l'image ou bien en l'assombrissant.
Entire Slide	Dans la séquence, cette option modifie les cordonnées X et Y de plusieurs cellules.
Play Hit	Déclenche l'animation quand la cible est touchée.
Play Miss	Déclenche l'animation quand l'attaque échoue.
SE and Flash Timing	À chaque séquence ou frame, un bruit et/ou un flash est déclenché. Dans cette zone, double-cliquez à la suite de la liste pour insérer un effet ou bien sur un effet déjà existant pour l'éditer.

RPG MAKER VX **Deux images pour les animations**

Il est possible de fusionner deux images et donc de profiter de plus de possibilités de création d'animations.

DÉFINITION **Séquence et cellule**

Une séquence est une suite ordonnée d'éléments constituant une des divisions de l'animation. Ce terme se traduit en anglais par *frame*.

Une cellule est un carré numéroté sur l'axe, qui en contient 16 au maximum. Cliquez sur l'axe pour placer une cellule. Pour en changer le numéro, il suffit de cliquer avec le bouton droit sur la cellule et de sélectionner *Scroll Up* pour augmenter le numéro et *Scroll Down* pour le diminuer.

BON À SAVOIR **Modifier une caractéristique d'une cellule**

L'option *Cell Batch* modifie toutes les cellules. Dans ce cas, il faut double-cliquer sur une cellule. Vous trouvez ensuite les mêmes champs à remplir que l'option *Cell Batch*.

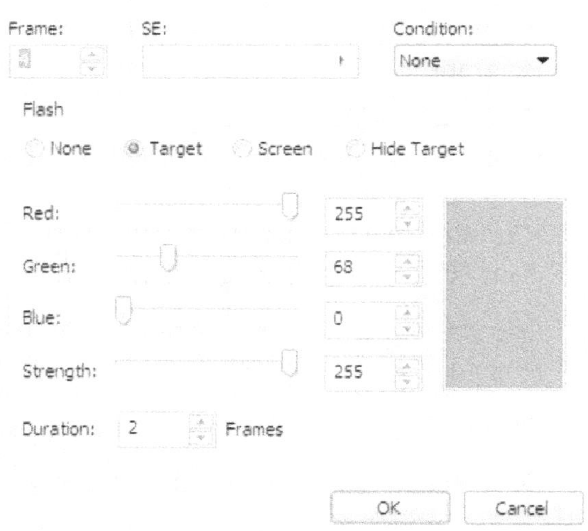

Selon la séquence, vous pouvez associer un son
ou un flash de couleur sur la cible

Pour associer l'animation à une séquence, il suffit d'indiquer le numéro de la séquence dans le champ *Frame*. Vous pouvez ensuite affiner son déclenchement avec les options suivantes :

- Grâce à *SE*, sélectionnez le son qui sera joué pendant la séquence.

- Dans *Condition* spécifiez si l'animation sera déclenchée dans tous les cas (*None*), seulement si la cible est touchée (*Hit*) ou bien si l'attaque est ratée (*Miss*).
- *Flash* déclenche un flash d'une couleur sur un nombre de frames (*Duration*). Il porte soit sur la cible (*Target*), soit sur l'écran tout entier (*Screen*). Bien sûr, en cochant *None*, aucun flash ne se produira. Si vous sélectionnez *Hide Target*, la cible sera cachée pendant la durée déterminée.

Le système de jeu

Le système est responsable du bon fonctionnement d'éléments aussi importants pour le jeu que le curseur du menu, la validation, la musique de combat, les boîtes de dialogue, l'écran de Game over… De sa responsabilité relèvent également le vocabulaire propre au jeu, comme le nom de l'argent, le nom des points de vie du héros… Tous ces éléments se paramètrent dans l'onglet *System*.

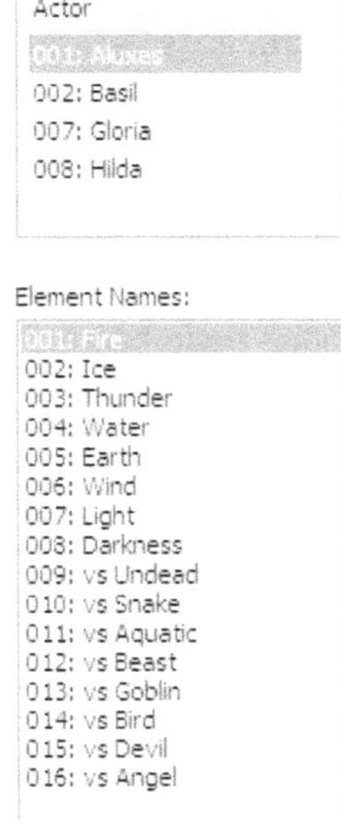

Le système du jeu

Principales options du système

Le tableau 4-7 détaille les options disponibles pour le système, qu'il s'agisse des événements sonores, des écrans, d'éléments graphiques, etc. qui sont présents tout au long du jeu.

TABLEAU 4-7 *Options du système de jeu*

Option	Signification
Initial Party	Sert à spécifier les membres de l'équipe des héros lorsque le jeu démarre.
Element Names	Dresse la liste des attributs présents dans le jeu : le feu, la glace, l'eau… Rappelons que les ennemis et héros seront plus ou moins vulnérables à ces attributs. Leur classe en dépend également.
Starting Position (seulement sur VX)	Précise les positions de départ du héros et des véhicules.
Game Title (seulement sur VX)	Contient le titre du jeu.
Vehicle Graphics (seulement sur VX)	Permet de sélectionner les images des 3 véhicules (bateau, gros bateau, véhicule volant) qui seront disponibles dans le jeu. Ces véhicules permettent aux héros de voyager plus vite mais aussi de se déplacer sur l'eau et par dessus tout le décor avec le véhicule volant.
Windowskin Graphic	L'image de la boite de dialogue
Tille Graphic	L'image de l'écran titre
Gameover Graphic	L'image de Game Over (lorsque les héros meurent)
Battle Transition Graphic	L'image de transition avant de rentrer sur le combat
Title BGM	La musique sur l'écran titre
Battle BGM	La musique durant le combat
Battle End ME	La courte musique de victoire à la fin d'un combat
Gameover ME	La courte musique quand le joueur perd
Cursor SE	L'effet sonore du curseur

Tableau 4-7 *Options du système de jeu (suite)*

Option	Signification
Decision SE	L'effet sonore de validation
Cancel SE	Effet sonore d'annulation
Buzzer SE	Effet sonore quand le joueur a l'impossibilité de valider un choix
Shop SE	Effet sonore d'un achat
Save SE	Effet sonore lorsque joueur sauvegarde sa partie
Load SE	Effet sonore quand le joueur charge sa partie
Battle Start SE	Effet sonore dès le commencement d'un combat
Escape SE	Effet sonore quand le joueur fuit le combat
Actor Collapse SE	Effet sonore quand un héros meurt
Enemy Collapse SE	Effet sonore de la mort d'un ennemi.

Personnaliser le vocabulaire du jeu

Pour spécifier le nom de la monnaie dans tout le jeu, remplissez le champ *G (currency)*.

Selon le même principe, le reste des options présentées dans cette fenêtre permet de définir les termes désignant les armes, les points de vie, la force, l'attaque...

RPG Maker VX **Terms**

Pour changer les termes, il faut changer d'onglet et aller dans *Terms*.

Cependant, pour changer les textes du menu (par exemple *Nouvelle partie*), il faut recourir à l'éditeur de scripts.

1. Ouvrez l'éditeur de scripts en appuyant sur la touche *F11*.

2. Dans la liste de gauche, cliquez sur le script `Scene_Title`.

3. Allez à la ligne 37 et modifiez les textes :

Termes à traduire dans le script Scene_Title

```
s1 = "New Game"
s2 = "Continue"
s3 = "Shutdown"
```

par :

Traduction

```
s1 = "Nouvelle partie"
s2 = "Continuer"
s3 = "Quitter"
```

4. De la même manière, dans le script `Scene_Menu` (ligne 23) modifiez les textes :

Termes à traduire dans le script Scene_Menu

```
s4 = "Status"
s5 = "Save"
s6 = "End Game"
```

par :

Traduction

```
s4 = "Statuts"
s5 = "Sauvegarder"
s6 = "Quitter la partie"
```

RPG MAKER VX **Script Vocab**

RPG Maker VX propose un script dédié au vocabulaire. Il suffit d'ouvrir le script `Vocab` et de modifier les textes en violet. Vous remarquez dans les textes la présence de `%s`. Ceci désigne tout simplement le héros ou l'ennemi qui réalise l'action. Par exemple, le script

```
"%s attacks!" # Vers la ligne 45
```

sera remplacé durant le jeu par *Ralph attacks !*, si c'est Ralph qui attaque.

En résumé

De la base de données dépendent toutes les données du jeu : création des héros, ennemis, objets, armes, amures, statuts, compétences, ainsi que les phrases récurrentes prononcées par les différents personnages. Ces données possèdent des caractéristiques que vous définissez (points de vie du héros, prix d'un objet, puissance d'une arme, apparence d'un ennemi, etc.) et que vous utiliserez ensuite dans votre jeu pour construire les péripéties de l'histoire.

Programmer les événements du jeu et les actions des personnages

Les événements contribuent non seulement à créer l'ambiance du jeu, mais servent surtout le déroulement du scénario. Dans ce chapitre, nous allons voir comment créer un événement simple, lui donner une apparence, lui assigner un déplacement et surtout comment le déclencher.

Créer un événement unique

Intervenant tout au long de l'aventure au gré de votre scénario, les événements recouvrent aussi bien des actions banales telles que l'ouverture d'un coffre, des moments clés comme le début d'un combat, le monologue d'un personnage non joueur, voire le déplacement automatique du héros. Un événement peut avoir un sens global affectant par exemple l'aspect graphique comme l'apparence d'un personnage, d'un ennemi, etc. Comme nous allons le voir, il est possible de doter l'événement d'un mouvement et de bien d'autres options.

Placer l'événement sur la carte

Les événements se placent sur la carte de la manière suivante :

1. Cliquez sur la couche d'événement sur la barre d'outils. Un quadrillage apparaît alors sur la carte pour placer l'événement.

2. Sur chaque carreau, vous pouvez placer un événement. Pour cela, cliquez avec le bouton droit sur le carreau de votre choix et cliquez sur *New Event*. Vous pouvez aussi appuyer sur la touche *Entrée* ou bien double-cliquer sur le carreau.

Apparence de l'événement

Voyons tout d'abord comment personnaliser l'apparence de l'événement que nous venons de créer :

1. Double-cliquez sur la zone *Graphic*.

2. Choisissez ensuite l'apparence de l'événement : un objet, un personnage ou rien du tout. La première ligne de la liste permet de ne choisir aucune apparence, et la deuxième ligne d'opter pour celle d'un carreau du Tileset.

3. Choisissez l'apparence de départ sur l'image.

RPG Maker XP **Définir l'opacité et la luminosité**

La version XP met deux options à votre disposition :

- *Opacity* règle l'opacité de l'apparence de l'événement de 0 (invisible) à 255 (entièrement visible).

- *Blending* sert à éclaircir (*Add*) ou assombrir (*Sub*) l'apparence de l'événement.

Le mouvement, les options et conditions de déclenchement de l'événement

Le mouvement

Un événement peut donc avoir un mouvement, par exemple s'il concerne un personnage qui bouge. Dans *Autonomous Movement*, définissez le type du mouvement :

- *Fixed* : ne bouge pas.

- *Random* : déplacement aléatoire.

- *Approach* : suit le héros.

- *Custom* : déplacement personnalisé.

Mais allons plus loin dans la personnalisation de l'action ou du mouvement :

1. Choisissez l'option *Custom* pour votre mouvement.

2. Cliquez ensuite sur *Move Route* pour personnaliser le mouvement. La fenêtre suivante s'ouvre alors :

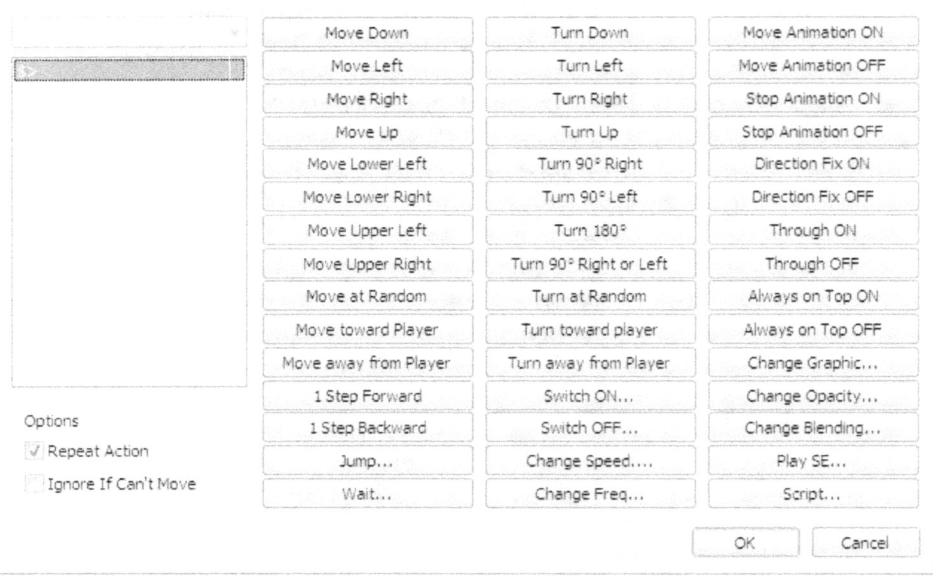

Définir un déplacement et une action pour l'événement

3. En cliquant sur les boutons de droite, attribuez un chemin ou une action à l'événement. Par exemple, admettons que vous cliquiez 2 fois sur *Move Down* et 3 fois sur *Move Right.* Dans ce cas, l'événement se déplacera de 2 carreaux vers le bas et 3 carreaux vers la droite.

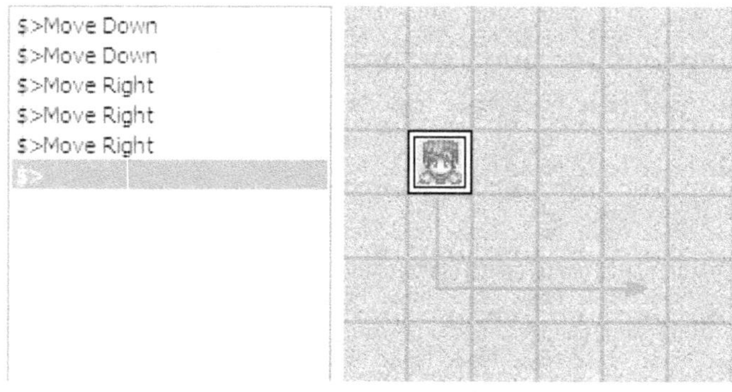

Déplacement de l'événement de 2 pas vers le bas et 3 pas vers la droite

EN DÉTAIL **Chemins et actions de l'événement**
Ces options sont détaillées dans le tableau C1 de l'annexe C.

PRÉCISION **Tourner l'événement**

> Lorsque l'on dit que l'événement tourne de 180°, cela ne signifie pas que l'image exécute une rotation, mais que l'événement change de direction et, par conséquent, change l'image associée à cette direction.

Affiner l'événement avec les options

Il existe différentes options à appliquer sur l'événement pour les animations, la superposition ou bien la direction.

- *Move Animation* : anime l'événement quand il se déplace.
- *Stop Animation* : anime l'événement quand il est à l'arrêt.
- *Direction Fix* : la direction est fixe, c'est-à-dire qu'elle restera toujours la même, malgré la modification du déplacement. Si la direction pointe vers la droite, à l'arrivée, l'événement pointera toujours vers la droite (comme sur l'image ci-dessous).

La direction est toujours la même malgré la modification du déplacement

- *Through* : l'événement sera traversable par le héros et les autres événements.
- *Always on Top* : l'événement sera toujours au-dessus (au niveau superposition) de tous les autres événements. Ceci est pratique pour les oiseaux, par exemple.

Définir le type de déclenchement

L'événement peut être déclenché de plusieurs manières. Par exemple, le joueur doit appuyer sur le bouton près d'un personnage pour pouvoir s'adresser à lui. Pour qu'un message apparaisse systématiquement à l'arrivée sur une carte, vous devez créer un événement qui se déclenchera automatiquement. Ces éléments se définissent dans la zone *Trigger* :

- *Action Button* : l'événement se déclenche quand le joueur appuie sur la touche *Entrée* et que le héros se trouve à côté de l'événement.
- *Player Touch* : l'événement se déclenche dès que le héros touche l'événement.
- *Event Touch* : l'événement se déclenche quand le héros touche l'événement ou bien que l'événement touche le héros.
- *Autorun* : l'événement se déclenche automatiquement. Il sera impossible de déplacer le héros au cours de l'événement.

> CONSEIL **Effacer pour éviter de bloquer l'événement**
>
> Avec le déclenchement *Autorun,* le déplacement du héros est bloqué. Il faut penser à effacer l'événement, à l'aide d'une commande d'événement, durant le jeu pour éviter ce problème.. Nous verrons ce point dans le chapitre suivant.

- *Parallel Process* : le principe est le même que pour *Autorun,* sauf que le héros n'est pas bloqué. Ainsi, vous pouvez faire tourner un événement en boucle tout en déplaçant le héros.

> CONSEIL **Éviter la surenchère d'événements**
>
> Les événements requièrent des ressources. Évitez donc de créer trop d'événements en processus parallèle (*Parallel Process*).

Préciser le déclenchement avec les conditions

Les conditions servent à restreindre le déclenchement de l'événement. Ainsi, un événement se produira seulement si le joueur actionne un interrupteur. Les outils associés aux conditions se trouvent dans la partie gauche de la fenêtre de l'événement :

- *Switch* : l'événement est déclenché si l'interrupteur est activé.
- *Variable* : l'événement est déclenché quand la valeur d'une variable est supérieure à un nombre donné.
- *Self Switch* : l'événement est déclenché si l'interrupteur local A, B, C ou D est activé.

> EN DÉTAIL **Interrupteurs et variables**
>
> Les notions d'interrupteurs et variables seront détaillées à la fin de ce chapitre. De plus, les conditions de l'événement seront mises à profit dans les travaux pratiques de la partie n° 2. Pour le moment, retenez seulement où se trouvent ces conditions.

- *Item* (sur la version VX) : l'événement est déclenché seulement si le héros possède l'objet spécifié.
- *Actor* (sur la version VX) : l'événement est déclenché seulement si le héros spécifié est dans l'équipe.

Faire évoluer un événement au cours du jeu

L'événement peut se décliner en plusieurs pages ; c'est toujours la dernière page qui s'exécutera. Si une condition l'en empêche, les instructions de la page précédente se déclencheront.

L'avantage de ce type d'événement est qu'il nous donne la possibilité de changer les caractéristiques du même événement au gré du scénario du jeu. Les outils associés se trouvent dans la partie supérieure de la fenêtre de l'événement :

Créer plusieurs pages sur le même événement

- *New Event Page* : crée une nouvelle page.
- *Copy Event Page* : copie la page sélectionnée.

- *Paste Event Page* : colle l'événement copié.
- *Delete Event Page* : supprime la page sélectionnée.
- *Clear Event Page* : initialise les données de la page. Tout est effacé !

QUESTION **Quelle est la réelle utilité dans la pratique ?**

La véritable utilité des pages vous sera expliquée dans la partie n° 2, notamment dans l'exemple de la conception d'un coffre. Pour le moment, restons-en à la théorie…

Programmer les actions récurrentes avec les événements communs

Les événements communs fonctionnent comme les événements, à ceci près qu'ils se trouvent dans la base de données (*F9*), dans l'onglet *Common Events*. Si vous ouvrez cette fenêtre, vous voyez à gauche la liste des événements communs et à droite, les instructions et la condition de déclenchement.

Vous vous demandez certainement quelle est la différence entre un événement et un événement commun. L'événement commun peut être exécuté durant tout le jeu, à n'importe quel moment. Ceci est très pratique si un même événement se produit plusieurs fois. Par exemple, au lieu de créer 10 événements pourvus d'instructions identiques sur votre carte, vous pouvez créer un seul événement commun. L'avantage apparait clairement lorsque vous voulez modifier les instructions de l'événement commun : une seule phase de modification suffit à modifier toute la série ! Vous venez ainsi d'éviter l'édition fastidieuse de 10 événements simples.

BONNE PRATIQUE **Bannir le copier-coller**

Dès que vous avez plusieurs fois le même événement (même instruction), prenez l'habitude d'écrire un événement commun plutôt que de le copier-coller sur la carte. Vous gagnerez en temps et en rigueur.

- *Name* : nommez votre événement commun. Cela sera très utile pour l'appel de ce dernier.
- Dans le champ *Trigger*, définissez la condition de déclenchement.

- *None* : l'événement commun se déclenche seulement si l'on fait un appel à lui. Il sera appelé par l'intermédiaire des commandes d'événements mais aussi lorsque le héros utilise un objet.

> RAPPEL **L'objet appelle l'événement commun**
>
> En cas de doute, consultez la section « Les objets » du chapitre précédent. Vous verrez qu'il est possible qu'un objet appelle un événement commun quand celui-ci est utilisé par le héros durant le jeu.

- *Autorun* : l'événement commun se déclenche automatiquement seulement si un interrupteur est activé dans la condition *Switch.*
- *Parallel* : s'applique comme la condition de déclenchement *Autorun,* sauf que le héros ne sera pas bloqué durant son déplacement.

Les événements de combat

Dans le chapitre précédent, vous avez vu comment créer des groupes d'ennemis et comment construire un groupe d'ennemis. À présent, intéressons-nous à l'introduction d'un événement durant le combat. Par exemple, durant un combat, lorsque le boss commence à s'affaiblir, il est possible d'afficher un message, de redonner des points de vie au héros de faire apparaître un monstre caché…

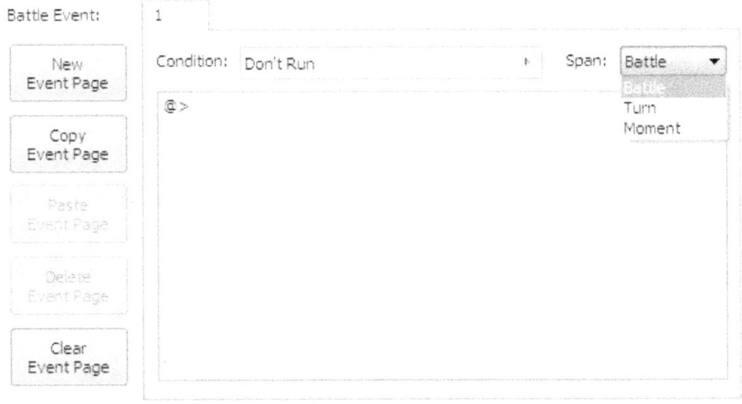

*Les événements pouvant intervenir durant un combat
selon certaines conditions définies*

FONCTIONNALITÉ **Page multiple et zone d'instruction**

Comme pour les événements que nous avons vu précédemment, plusieurs pages ainsi qu'une zone d'instructions sont disponibles pour ce type d'événement. Puisque nous l'avons déjà vu, nous ne reviendrons pas dessus.

Conditions de déclenchement des événements de combat

Les commandes spécifiques se trouvent dans la base de données dans l'onglet *Troops*. L'événement se produira seulement sous certaines conditions :

- *Turn* : l'événement se déroule selon le nombre de tours. Le premier champ correspond au départ et le deuxième champ au nombre de tours. Ainsi, si vous avez Turn : 2 + 2 X, cela signifie donc que l'action s'accomplit dès le deuxième tour et aura lieu tous les 2 tours, soit les tours 2, 4, 6, 8, 10…
- *Enemy* : l'événement se déclenche si le nombre de points de vie de l'ennemi sélectionné est inférieur ou égal à son pourcentage de points de vie maximum. Par exemple, si l'ennemi a 400 HP et que la condition pour cette option est de 25 %, l'action se déclenche s'il atteint 100 HP ou moins.
- *Actor* : le principe est le même que pour les ennemis mais s'applique cette fois aux héros.
- *Switch* : l'événement de combat se déclenche quand un interrupteur est activé.

Fréquence des événements

Toujours dans l'onglet *Troops* de la base de données, dans le champ *Span*, vous pouvez définir la fréquence de l'événement, c'est-à-dire le nombre de tours durant lesquels l'événement se déroulera et les conditions à vérifier.

- *Battle* : l'événement pourra être déclenché seulement une fois durant le combat.
- *Turn* : l'événement se déroule à chaque tour. Il faudra attendre le début du prochain tour pour que l'événement se déclenche, même si les conditions sont déjà vérifiées.

- *Moment* : l'événement se déroule automatiquement quand la condition est vérifiée.

Les commandes d'événements

Un événement peut inclure des actions, des instructions ou des commandes d'événements, comme on le dit le plus généralement. Double-cliquez dans la zone *List of Event Command* d'un événement.

Une fenêtre comprenant les différentes commandes apparaît. La commande la plus courante d'un jeu est l'affichage d'un message, via l'outil *Show Text*. Voici comment, en un exemple, réaliser une liste de commandes d'événements :

1. Cliquez sur le bouton *Show Text*. Une zone de texte vous invite à saisir le message. Saisissez « Ça va ? », par exemple. Après avoir validé, la commande *Text* s'ajoute dans la liste des commandes d'événements.

2. Double-cliquez de nouveau dans la liste des commandes (sur la dernière ligne) pour afficher la fenêtre des commandes d'événements. Cliquez sur la commande *Show Choices* afin d'offrir un choix au joueur. Laissez les champs tels quels et validez.

3. Double-cliquez sur la ligne suivante, *When[Yes],* puis demandez à nouveau la commande *Show Text*. Rentrez le message « Très bien ».

Vous devriez normalement obtenir ceci :

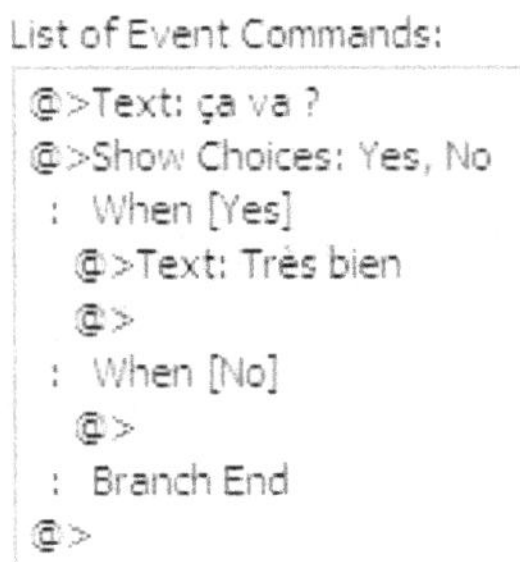

La liste des commandes d'événements pour l'exemple donné

Testons le jeu. Notre héros parle à l'événement :

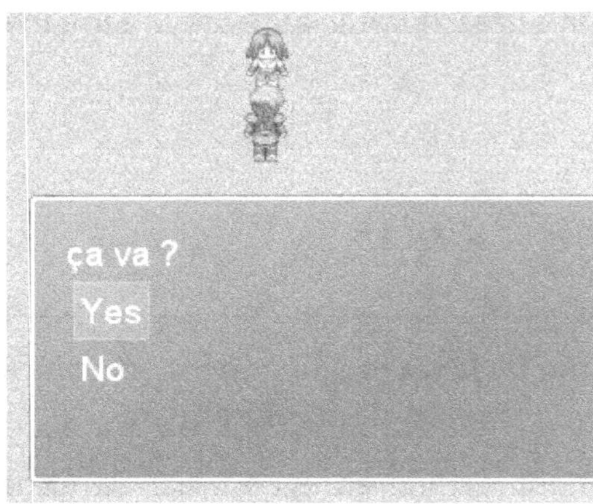

Le message et le choix s'affichent bien

Appuyez sur *Entrée* pour le choix *Yes* :

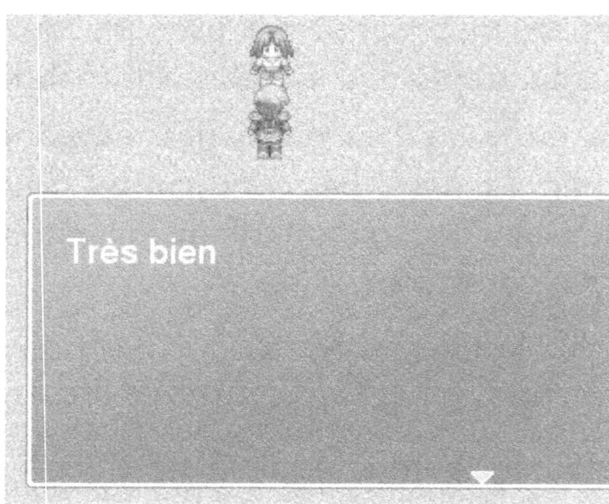

Le message pour le choix « Yes » s'affiche bien

Les instructions sont lues de haut en bas. Tout d'abord, on affiche le texte « Ça va ? » avec le choix « Yes » et « No ». Si le joueur choisit « Yes », l'instruction dans *When[Yes]* s'exécute. Par contre, si le joueur choisit « No », rien ne se passe puisqu'aucune instruction ne figure sous l'intitulé *When[No]*.

Toutes les commandes d'événements fonctionnent de cette manière. Ainsi, vous pouvez construire votre événement avec les commandes disponibles sur les 3 onglets. L'intégralité des commandes disponibles est détaillée dans les tableaux C-2 à C-4 de l'annexe C.

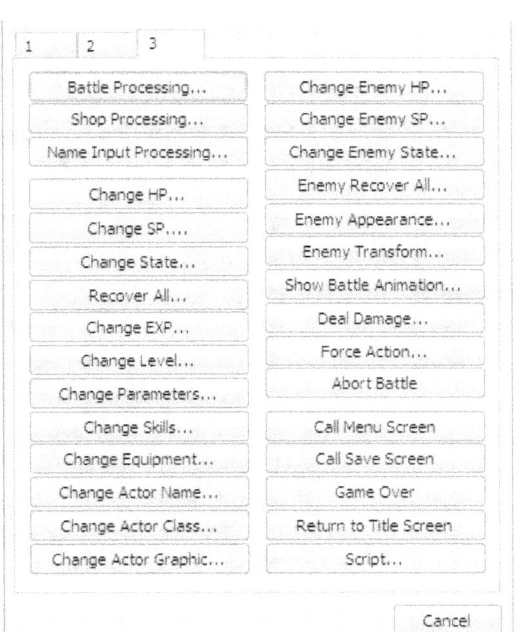

Liste des commandes d'événements sur trois onglets

RAPPEL **Changer le nom de la monnaie**

Le nom de la monnaie est modifiable dans la base de données,
dans l'onglet *System* (ou *Term* pour VX), puis *G (currency)*.

 Créer un objet

Les objets et leurs caractéristiques peuvent être modifiés ou créés dans la base de données, dans l'onglet *Items.*

Voici un exemple illustrant les positions et points d'origine :

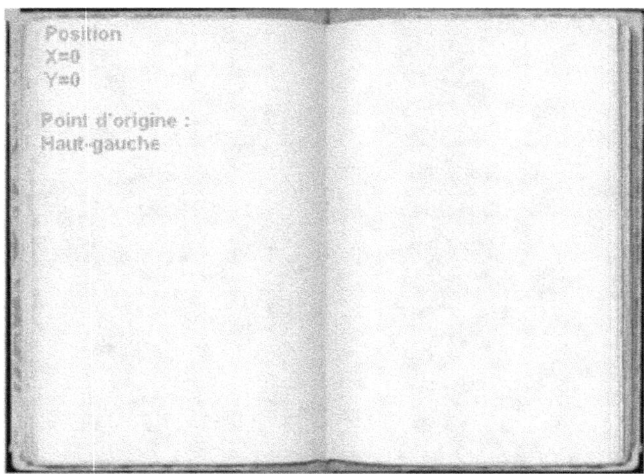

Le point d'origine se trouve dans le coin supérieur gauche
et les positions X et Y sont égales à 0

L'image prend bien tout l'écran. Elle s'affiche aux positions 0 de X et Y à partir du point d'origine (point rouge).

Le point d'origine se trouve au milieu de l'image
et les positions sont toujours égales à 0

L'image s'affiche aux positions 0 de X et Y, mais puisque le point d'origine
se trouve au centre, seule une partie est affichée.

*Le point d'origine se trouve au milieu de l'image
mais les positions partent aussi au milieu.*

Pour afficher toute l'image, il faudra donc des positions partant au milieu
de l'image.

RAPPEL **L'ennemi caché**

Voici comment cacher un ennemi :

1. Rendez-vous dans l'onglet *Troops* de la base de données.

2. Cliquez avec le bouton droit sur un des ennemis du groupe.

3. Cliquez sur *Appear Halfway.*

Activer ou désactiver un événement
avec les interrupteurs

Appelés aussi déclencheurs, les interrupteurs sont indispensables à la création
de votre RPG. Ils permettent d'activer ou désactiver un événement, qu'il
appartienne à cet événement ou à un autre.

Le principe

Prenons un exemple : lorsque le héros parle à un personnage, ce dernier fait apparaître un événement. Cet événement prend alors une apparence graphique et non événementielle. Voici la procédure à suivre pour réaliser ceci :

1. Créez un événement.

2. Créez un interrupteur en cliquant sur la commande d'événements *Control Switches.*

3. Cliquez sur *Single* et choisissez le numéro de l'interrupteur dans la liste (vide au départ). Prenons le premier numéro 0001.

4. Nommez-le clairement afin de pouvoir aisément retracer la raison d'être de l'interrupteur. Indiquez par exemple `Apparaître Monstre`.

5. Validez en cliquant sur *OK.*

6. Puisque nous voulons activer un événement, cliquez sur *ON* pour l'opération (normalement, cette option est déjà cochée).

La création et activation de l'interrupteur 0001 dans un événement

Le message a été rajouté mais est facultatif. Créons l'événement Monstre :

1. Créez un nouvel événement. Donnez-lui l'apparence d'un monstre si vous le souhaitez.

2. Dans les conditions de l'événement, cliquez sur *Switch*.

3. Choisissez dans la liste l'interrupteur que l'on a créé : *0001 : Apparaître Monstre.*

4. Dans la liste des commandes, vous pouvez indiquer un message.

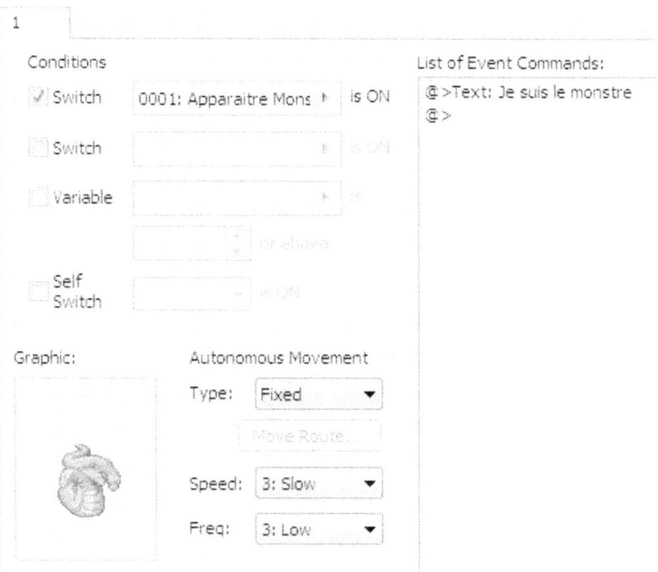

L'événement Monstre sera visible seulement si l'interrupteur 0001 est activé.

Ainsi, l'événement Monstre sera visible seulement si l'interrupteur créé est activé, en l'occurrence quand le héros parle au personnage.

Durant le jeu, le héros parle au personnage.

Le héros s'adresse au personnage et le message s'affiche. Après le message, l'interrupteur est activé. Puisque l'événement Monstre se déclenche seulement si l'interrupteur est activé, il devient alors visible :

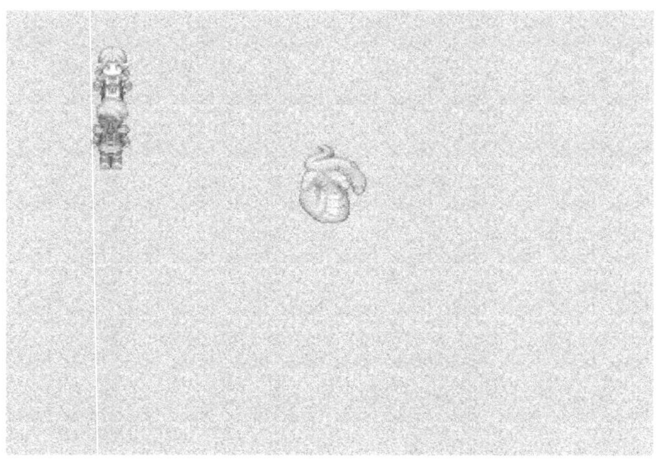

L'événement « Monstre » apparaît bien.

Réciproquement, dans la commande des interrupteurs, vous désactivez l'interrupteur en mettant l'opération sur *OFF*. Il vous est également possible d'activer et de désactiver un intervalle d'interrupteurs en cliquant sur *Batch*. Si, par exemple, vous mettez *Batch 4 ~ 7* sur *ON*, les interrupteurs 4, 5, 6 et 7 seront activés.

Les interrupteurs locaux

Les interrupteurs locaux fonctionnent sur le même principe que les interrupteurs que nous venons de voir, à ceci près qu'ils s'appliquent au même événement, et non à un autre. Ils se définissent via la commande *Self Switch*.

Mais prenons un exemple. Imaginons deux personnages, le premier nommé Sam et le deuxième Jim. Le héros s'adresse à Sam et lui dit « Le temps est calme ». Quand le héros reparle à Sam, il lui dit « Même trop calme ! ». La première fois que le héros parle à Jim, ce dernier lui dira « Sam est bizarre » et la deuxième fois « Sam rend fou ». Voici comment créer ceci.

1. Créez un événement avec l'apparence de votre choix.
2. Saisissez le message « Le temps est calme ».
3. Cliquez sur la commande *Self Switch*. Choisissez la lettre *A* et réglez l'opération sur *ON*.
4. Validez en cliquant sur *OK*.

5. Créez une nouvelle page (*New Event Page*) et réutilisez la même apparence.

6. Dans les conditions de l'événement (toujours sur la deuxième page), cliquez sur *Self Switch* et choisissez de nouveau la lettre A.

7. Insérez le message : « Même trop calme !».

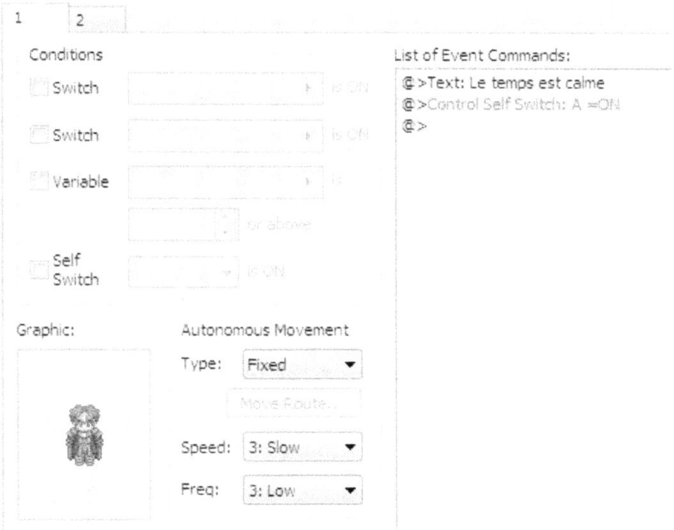

L'événement Sam où l'interrupteur local A est activé.

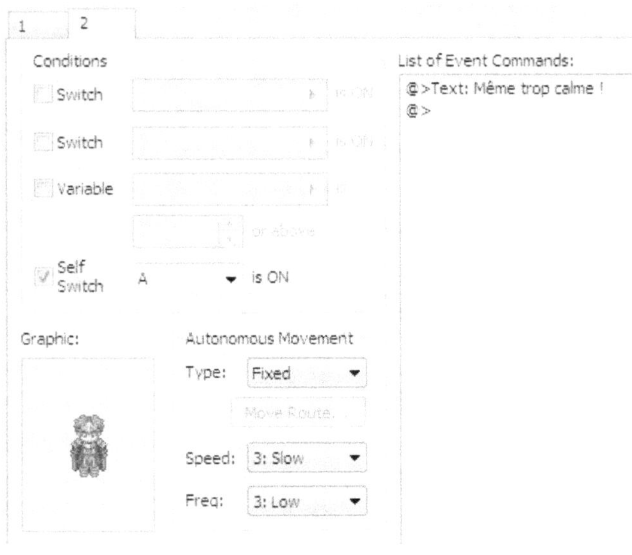

La page n° 2 de l'événement Sam

Répétez strictement ces étapes pour l'événement Jim en remplaçant l'apparence et les messages.

Testez votre jeu.

Le héros parle à Sam.

Le héros parle à Sam et le message s'affiche bien. Après le message, l'interrupteur local A s'active.

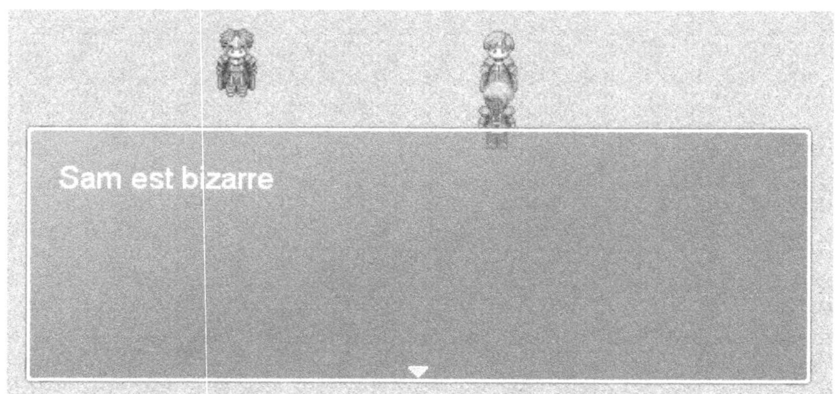

Le héros parle à Jim.

Vous remarquez que l'interrupteur local A de Sam n'active pas celui de Jim. On a le premier message de Jim.

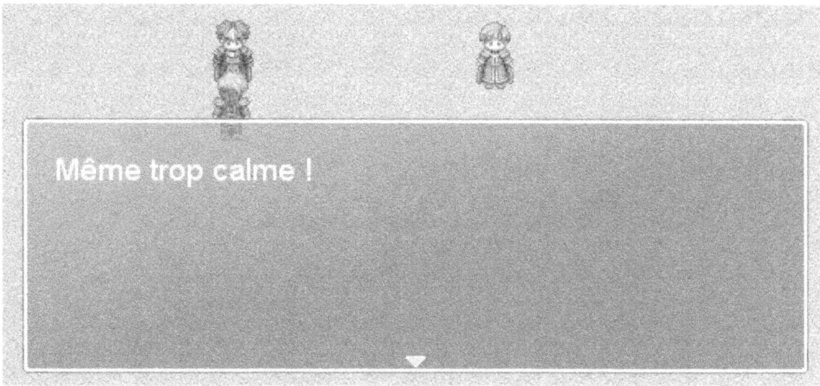

Le héros reparle à Sam.

En reparlant à Sam, on constate et conclut que l'interrupteur local *A* de l'événement Sam a été activé seulement pour lui.

Bien sûr, il est possible de passer par des interrupteurs classiques, mais il faudrait alors 2 interrupteurs, alors qu'avec cette méthode, vous ne créez qu'un seul interrupteur local. Imaginez que vous ayez 50 personnages : il vous faudrait 50 interrupteurs classiques mais seulement un interrupteur local.

Les conditions

Comme leur nom l'indique, les conditions servent à poser des conditions dans le jeu, c'est-à-dire à traduire des situations en équation du type : si... alors... sinon. Mais prenons un exemple : un personnage affiche un message si et seulement si le héros possède un objet bien précis. La phrase se traduira par « si objet X possédé alors afficher message ». Le mot clé sinon pourra être ajouté si nécessaire.

Réaliser ceci avec les commandes d'événements est très simple !

1. Créez un événement.
2. Cliquez sur la commande *Conditional Branch*.
3. Accédez au quatrième onglet, cochez *Item* et choisissez un objet.
4. Décochez *Set handling when conditions do not apply*.
5. Validez en cliquant sur *OK*.
6. Double-cliquez sur la ligne entre *Conditional Branch* et *Branch End*.

7. Insérez un message de votre choix.

Vous obtenez alors :

```
List of Event Commands:
@>Conditional Branch: [Chest Key] in inventory
  @>Text: Tu possèdes bien la clé ! Tu peux
   :       : rentrer alors !
  @>
 : Branch End
@>
```

La condition pour vérifier que le héros possède l'objet « Chest Key »

À présent, si vous voulez également afficher un message quand le héros ne possède pas l'objet :

1. Éditez la condition créée précédemment.

> EN PRATIQUE **Éditer la condition**
> Cliquez avec le bouton droit sur la condition, puis sélectionnez *Edit*.

2. Cochez *Set handling when conditions do not apply*.
3. Validez en cliquant sur *OK*.
4. Après le mot-clé *Else*, indiquez le message de votre choix.

```
List of Event Commands:
@>Conditional Branch: [Chest Key] in inventory
  @>Text: Tu possèdes bien la clé ! Tu peux
   :       : rentrer alors !
  @>
 : Else
  @>Text: Tu n'as pas la clé !
  @>
 : Branch End
@>
```

La condition avec le mot clé Sinon

Bien évidemment, il est possible d'intégrer des conditions dans une condition.

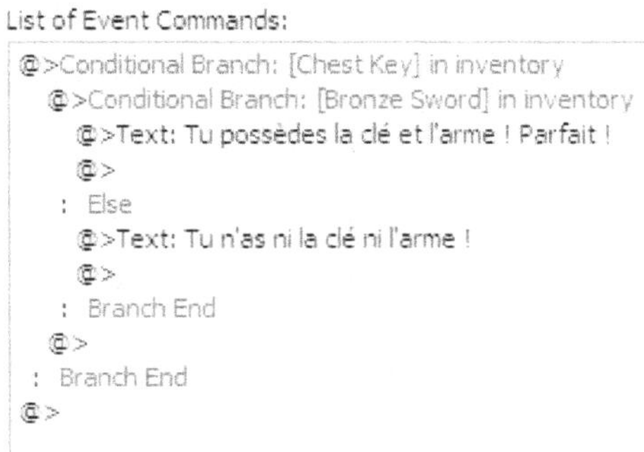

*Les conditions vérifient que le héros possède l'objet Chest Key
et l'arme Bronze Sword.*

La première condition vérifie que le héros possède l'objet nommé Chest Key. Si c'est le cas, une deuxième condition intervient pour vérifier si le héros a l'arme Bronze Sword. Les messages adéquats s'affichent alors.

Maintenant que vous connaissez le principe, le tableau 5-1 présente les conditions que vous pouvez alors créer.

TABLEAU 5-1 *Détails des conditions*

Condition	Explication
Switch	La condition se déclenche lorsque un interrupteur choisi est activé ou désactivé.
Variable	La condition se déclenche lorsque la valeur d'une variable choisie est égale, inférieure, supérieure, etc. à une valeur définie ou à une valeur d'une autre variable.
Self Switch	La condition se déclenche lorsqu'un interrupteur local choisi est activé ou désactivé.
Timer	La condition se déclenche lorsque le chronomètre est supérieur et égal ou inférieur et égal à un temps défini.
Actor	La condition se déclenche lorsqu'un héros choisit : *In the Party* : est dans l'équipe. *Name* : a un nom prédéfini. *Skill* : possède la compétence sélectionnée. *Weapons* : possède l'arme sélectionnée. *Armor* : possède l'armure sélectionnée. *State* : est sous l'effet d'un statut sélectionné.

TABLEAU 5-1 *Détails des conditions (suite)*

Condition	Explication
Enemy	La condition se déclenche lorsqu'un ennemi choisi sera présent dans le combat, donc non caché (*Appeared*), ou sous l'effet d'un statut prédéfini (*State*) dans le combat. Cette condition est utilisée dans les événements des combats.
Character	La condition se déclenche lorsqu'un événement choisi ou le héros est dirigé vers une direction (haut, bas, droite et gauche).
Vehicle (seulement sur VX)	La condition se déclenche quand un véhicule (bateau, gros bateau, véhicule volant) est conduit.
Gold	La condition se déclenche lorsque la somme d'argent possédée par le héros sera supérieure ou inférieure ou égale à une valeur (montant) définie.
Item	La condition se déclenche lorsque le héros possèdera l'objet sélectionné dans son inventaire.
Weapon	Même principe que la condition *Item* mais appliqué aux armes.
Armor	Même principe que la condition *Item* mais appliqué aux armures.
Button	La condition se déclenche lorsque le joueur appuiera sur une touche prédéfinie.
Script	La condition se déclenche si le code rentré renvoie la valeur « Vrai ».
Set handling when conditions do not apply	En cochant, cette option vous ajouterez une nouvelle branche afin de saisir des instructions quand la condition n'est pas vérifiée. C'est le fameux mot-clé « Sinon ».

RPG MAKER VX **La condition est équipée**

En cochant *Include Equipment*, vous vérifiez que le héros est équipé de l'armure ou de l'arme, et qu'elle ne figure pas juste dans l'inventaire.

POUR ALLER PLUS LOIN **Algorithme**

Une condition en algorithme renvoie soit `Vrai`, soit `Faux`. En fin de compte, le code n'est qu'une simple condition en Ruby. Voyez à ce sujet l'annexe A « L'essentiel de Ruby ».

Varier le déclenchement des événements avec les variables

Les variables ressemblent aux interrupteurs. Cependant, alors que vous activez ou désactivez les interrupteurs, vous donnez une valeur numérique aux variables. Cette valeur est comparable à un autre nombre via la commande d'événement des conditions.

La valeur peut être variable ou constante. Si vous prenez la position X du héros, la valeur change quand le héros bouge. Par contre, si le héros doit trouver 3 objets dans le jeu, le nombre 3 est fixe.

MÉMENTO **La variable**

- La variable possède une seule valeur.
- Elle peut prendre la valeur d'une autre variable.
- La valeur est toujours un nombre.

Il est possible d'effectuer différentes opérations sur la variable : ajouter/ soustraire/diviser/etc. la valeur d'une autre variable à cette variable.

Par exemple, le héros doit chercher 3 clés pour se rendre dans un lieu. Lorsque le héros trouve ces 3 clés, un coffre apparaît. Voici la procédure pour réaliser ceci :

1. Créez un événement avec l'apparence d'une clé ou bien d'un coffre.
2. Cliquez sur la commande d'événements *Control Variables*.
3. Sur *Single*, comme les interrupteurs, choisissez un numéro pour la variable avec son nom. Prenez le premier *0001* et donnez-lui le nom Clé.
4. Dans l'opération, indiquez *Add.*
5. Dans *Operand*, choisissez *Constant* et mettez 1.
6. Validez en cliquant sur *OK.*

Répétez la procédure pour les deux autres événements Clé.

Ajoute 1 à la variable Clé.

Ainsi, quand le héros interagit avec l'événement Clé, la variable augmente de 1. Passons maintenant au coffre qui apparaîtra lorsque le héros sera en possession des 3 clés.

1. Créez un nouvel événement avec l'apparence d'un coffre.

2. Dans les conditions de l'événement, cochez *Variable* et indiquez la variable `0001 : clé` que vous avez créée. Précisez la valeur 3.

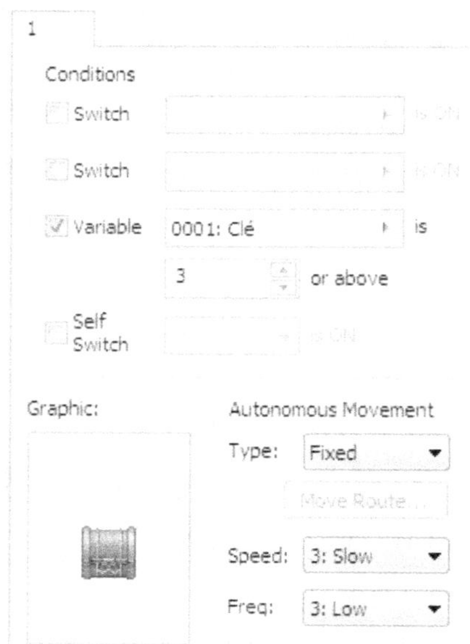

Le coffre apparaîtra seulement si la valeur de la variable Clé est supérieure ou égale à 3.

Ainsi, cet événement se déclenche quand la valeur de la variable Clé est supérieure ou égale à 3.

Durant le jeu, en ouvrant deux coffres, la valeur de la variable Clé vaut 2.

*Après avoir ouvert le troisième coffre, la valeur de la variable Clé vaut 3
et fait donc apparaître le coffre principal.*

Voici tout ce que vous pouvez réaliser avec la commande *Control Variables*.

- *Single* : choisit le numéro de la variable et permet de lui donner un nom.
- *Batch* : donne une valeur à un intervalle de variables (comme les interrupteurs).
- *Operation* :
  - *Set* : assigne une valeur.
  - *Add* : ajoute une valeur.
  - *Sub* : enlève une valeur.
  - *Mul* : multiplie la valeur de la variable par une autre valeur.
  - *Div* : divise la valeur de la variable par une autre valeur.
  - *Mod* : prend le modulo de la valeur donnée.

DÉFINITION **Modulo**

Le modulo est le reste d'une division. Le symbole utilisé est le pourcentage (%). On écrit que le reste de la division de 5 par 2 est 1 ainsi : 5 % 2 = 1

Il y a plusieurs opérandes :

DÉFINITION **Opérande**

L'opérande est une valeur intervenant dans une opération mathématique. Ainsi, dans le calcul « 3 + 2 », les chiffres 3 et 2 sont des opérandes.

- *Constant* : la valeur est fixe.
- *Random* : la valeur est aléatoire entre un intervalle.
- *Item* : la valeur indique le nombre d'objets sélectionnés que possède le héros dans l'inventaire.
- *Actor* : la valeur est une caractéristique d'un héros sélectionné.
- *Enemy* : la valeur est une caractéristique d'un ennemi sélectionné. Cette opérande est utilisée dans les événements des combats.
- *Character* : la valeur prend une position du héros, de l'événement actuel ou bien d'un autre événement.
  - *Map X* : la position X (en carreaux) sur la carte.
  - *Map Y* : la position Y (en carreaux) sur la carte.
  - *Direction* : sa direction.
  - *Screen X* : la position X (en pixels) sur la carte.
  - *Screen Y* : la position Y (en pixels) sur la carte.
  - *Terrain Tag* (seulement sur XP) : l'identifiant du carreau.
- *Other* : la valeur prend celle d'autres paramètres :
  - *Map ID* : le numéro de la carte.
  - *Party Members* : le nombre de héros dans l'équipe.
  - *Gold* : la quantité d'argent.
  - *Steps* : le nombre de pas effectués par le héros.
  - *Play Time* : le temps joué en secondes.

– *Timer* : le temps restant du chronomètre.

– *Save Count* : le nombre de sauvegardes effectuées.

RAPPEL **ID d'un carreau**

Vous pouvez attribuer un numéro ou identifiant (ID) à un carreau dans le Tileset de la base de données. Voir la fin du chapitre 3.

PRÉCISION **Le chiffrage de la direction d'un événement ou héros**

Les valeurs des directions sont les suivantes :

1   2   3
4   H   6
7   8   9

Le H est le héros ou l'événement. Ainsi, nous avons :

• Haut : 2

• Gauche : 4

• Droite : 6

• Bas : 8

En résumé

Les événements jouent un rôle clé dans la conception dans RPG Maker : ils permettent de simuler une action, le mouvement d'un personnage mais aussi de donner juste un aspect graphique. RPG Maker inclut une multitude de commandes d'événements pour construire les instructions de l'événement et définir la trame du jeu. Indispensables, les interrupteurs et les variables servent à déclencher des événements à des moments bien précis du jeu.

chapitre

6

Le monde, les villes et les éléments d'ambiance

Le monde dans lequel se déroule votre RPG doit être complet. Concevoir des villes aux systèmes complexes contribue au réalisme et à l'ambiance de votre jeu.

Ce chapitre explique comment relier vos cartes pour former un monde, créer un magasin ou bien une auberge, en passant par la réalisation d'une banque et l'amélioration de phases de dialogue, etc., autant d'éléments que l'on nomme « systèmes », dans le monde de la création de jeu vidéo.

Relier les cartes pour créer un monde

Dans votre RPG, le héros s'aventure de cartes en cartes. Pour donner l'impression d'un monde unique, il est donc impératif de joindre les différentes cartes.

Passer d'une carte à une autre

Voyons la procédure à suivre pour faire passer le héros d'une carte à une autre.

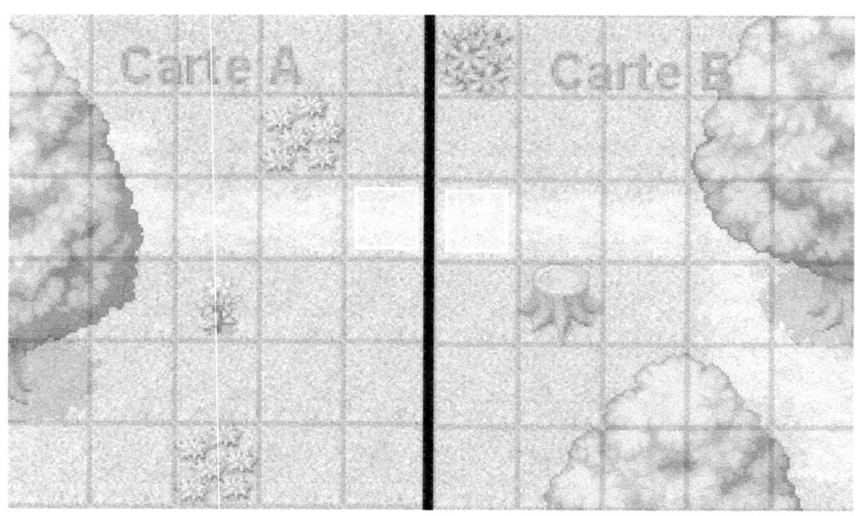

Le héros se téléporte de la carte A à la carte B.

Sur l'image 7-1, un événement est placé sur le côté droit de la carte. Sur la deuxième carte, nous avons la même chose, mais l'événement est cette fois sur le côté gauche. Quand le héros touche l'événement, il se téléporte sur la carte B et, réciproquement, sur la carte A s'il se trouve sur la carte B.

1. Créez un événement (vérifiez que vous êtes bien sur la couche d'événement) et placez-le à l'extrémité de la carte.

2. Cochez *Player Touch* dans les conditions de déclenchement de l'événement (*Trigger*).

3. Dans la liste des commandes d'événements, choisissez la commande *Transfer Player*.

4. Dans la nouvelle fenêtre, cochez *Direct Appointment* et choisissez la carte sur laquelle transférer le héros (ici, la carte B). Laissez les autres options par défaut.

5. Reproduisez les étapes 1 à 4 pour la carte B.

Améliorer le réalisme du changement de carte

Pour que le héros change de carte, il suffit d'employer la commande d'événements *Transfer Player*. Le héros se téléporte alors vers un carreau donné d'une autre carte ou de la carte actuelle. Mais, imaginons maintenant que vous souhaitiez disposer de plusieurs points d'arrivée pour la téléportation :

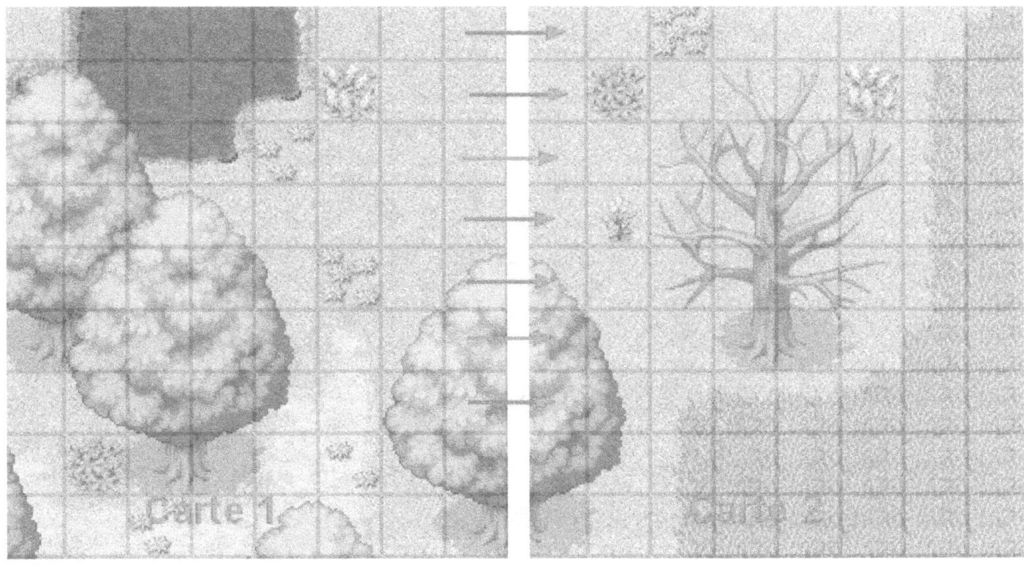

Au lieu d'aller à un point fixe, le héros se téléporte
d'un point A vers un point B variable.

Sur l'image ci-dessus, le héros veut se rendre d'un point A de la carte 1 vers un point B de la carte 2, mais à l'arrivée la position Y sera la même d'une carte à l'autre. Le premier réflexe serait de créer un événement avec la commande *Transfer Player* sur chaque carreau amenant le héros vers un point B différent. Mais, attention, si vous souhaitez changer les caractéristiques de la carte, ou bien si la carte est très grande, ce travail se révèle très contraignant, d'autant plus que vous surchargez votre carte d'événements !

La solution consiste à placer un unique événement, qui vérifie la position du héros sur la ligne de téléportation. Il suffit alors de téléporter le héros à la position Y de la dernière carte.

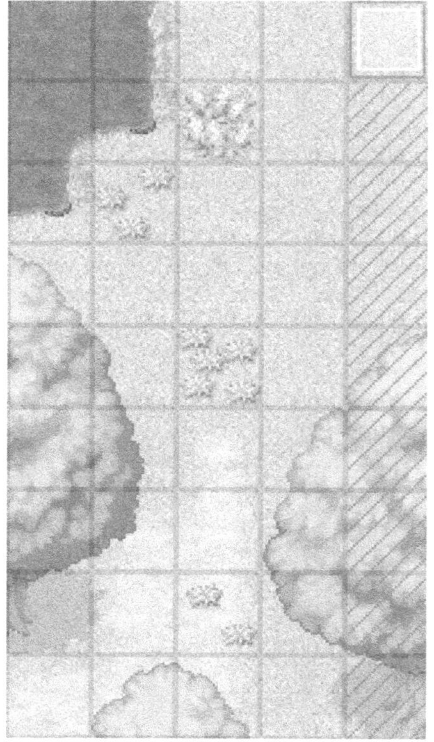

L'événement vérifie si le héros se trouve bien sur l'alignement vertical.

1. Créez un événement commun pour les positions du héros.

2. Dans l'événement commun, créez une nouvelle variable avec *Control Variables*. Dans l'exemple, la variable se nomme *Position X héros* et son numéro est *0001*. L'opération est *Set* puisque vous lui assignez une valeur. Utilisez l'opérande *Character Player's Map X*.

3. Créez une nouvelle variable (*0002 : Position Y héros* dans notre exemple), mais cette fois-ci en lui assignant la position Y du héros : *Character Player's Map Y*.

4. Sortez de la base de données et rendez-vous sur la carte concernée pour la téléportation améliorée. Créez un nouvel événement sur la ligne de téléportation voulue (comme sur l'image ci-dessus).

5. La condition de déclenchement de l'événement est *Parallel Process* puisque l'événement vérifie la position du héros à chaque moment.

6. Avec la commande *Call Common Event*, appelez l'événement commun créé.

7. À présent, prenez la position X de l'événement pour connaître la ligne de téléportation. Créez une nouvelle variable (*0013 Position X this event* dans notre exemple), pour l'opération ajoutez *Set* et pour l'opérande, assignez *Character This Event's Map X*.

8. Vérifiez si le héros se trouve bien sur la ligne de téléportation. Pour cela, créez une condition avec la commande *Conditional Branch*. Il faut vérifier si la position X du héros est égale à la position X de l'événement. Si c'est le cas, le héros est bien sur la ligne de téléportation. Cochez *Variable* et indiquez :

    Variable 0001 : Position X héros

    Equal to

    Variable 0013 : Position X this event

9. Décochez *Set handling when conditions do not apply* dans la condition, vous n'en avez pas besoin. Par la suite, placez les commandes dans la condition. Si le héros se trouve sur la ligne de téléportation, il se téléportera sur la prochaine carte, avec la même position Y.

10. Créez une variable avec la commande *Control Variable*. Elle signale le numéro de la carte sur laquelle le personnage se téléporte. Dans la commande *Transfer Player*, utilisez les variables pour la télé-portation. Cette commande demande donc les positions X et Y du héros, mais aussi l'identifiant de la carte cible. Nommez la variable *0011 : Map ID*. Son opération est *Set* puisque nous lui donnons une valeur. L'opérande est une constante qui n'est autre que l'identifiant de la carte sur laquelle le héros se téléporte. Dans l'exemple choisi, c'est 2.

11. Pour la commande *Transfer Player*, il faut aussi la position X du point B. Si le héros part du point A vers la droite et arrive au point B sur la gauche, alors la position X sur la carte 2 sera 0. Créez donc une variable nommée *0012 : Map X* et assignez-lui avec *Set* la constante 0.

12. Téléportez le héros vers la carte 2 avec la commande *Transfer Player*. Cochez *Appoint with variables* et précisez.

> *Map ID* : 0011 : MapID
>
> *Map X* : 0012 : Map X
>
> *Map Y* : 0002 : Position Y héros

Vous obtenez donc :

```
@>Call Common Event: Position héros
@>Control Variables: [0013: Position X this event] = This event's Map X
@>Conditional Branch: Variable [0001: Position X héros] == Variable [0013: Pc
  @>Control Variables: [0011: Map ID] = 2
  @>Control Variables: [0012: Map X] = 0
  @>Transfer Player:Variable [0011][0012][0002]
  @>
 : Branch End
@>
```

Liste des commandes d'événements

EN PRATIQUE **En sens inverse**

Si l'on reprend la démarche, mais cette fois pour téléporter le héros de la carte 2 vers la carte 1, il suffit de changer l'identifiant de la carte de destination et changer la valeur la position X d'arrivée (*variable « 0012: Map X* dans notre exemple). Si la taille de la carte est de 20 × 15 carreaux, indiquez 19 comme position X d'arrivée, car c'est la dernière valeur de l'abscisse de la carte.

QUESTION **Comment connaître la taille d'une carte en événements ?**

Aucune commande ne permet de déterminer la taille d'une carte en événements. Il faut recourir à la portion de code suivante, à placer au-dessus du script Main dans l'éditeur de scripts :

```
# Renvoie la longueur d'une carte
def mapWidth(map_id)
   return openMap(map_id).width-1
```

```
end
# Renvoie la hauteur d'une carte
def mapHeight
   return openMap(map_id).height-1
end
# Charge la carte demandée
def openMap(map_id)
 return load_data(sprintf("Data/Map%03d.rxdata",
 map_id))
end
```

Dans l'événement, avec la commande `Script`, vous pouvez stocker la largeur ou la hauteur de la carte dans une variable (*0012* dans notre exemple) avec le code suivant :

```
$game_variables[VARIABLE_ID] = mapWidth(MAP_ID)
```

En remplaçant `VARIABLE_ID` par le numéro de variable pour mettre la longueur de la carte (12, ici), et `MAP_ID` par le numéro de la carte pour prendre sa longueur. Pour la hauteur, remplacez `mapWidth` par `mapHeight`.

Reportez-vous à l'annexe A pour plus de détails sur le code Ruby.

QUESTION **Comment connaître le numéro de la carte et les positions d'un carreau ?**

Cliquez sur une carte de votre choix. En bas à droite de l'interface principale, vous trouvez des renseignements sur la carte sélectionnée :

074: Nom de la Carte (25 x 36)   005,006

Information sur la carte sélectionnée

En partant de gauche à droite, vous avez :

- le numéro (ID) de la carte (074, ici) ;
- le nom de la carte ;
- la taille de la carte (longueur*hauteur) ;
- les positions d'un carreau sélectionné (005 est, ici, la position `X` et 006 la position `Y`).

Améliorer les dialogues des villageois

C'est en discutant avec les habitants des différentes villes que les héros découvrent de nouveaux indices liés à l'intrigue. Il est donc important de soigner cet aspect, et de rendre chaque dialogue vivant par leur contenu. Vous connaissez déjà le principe d'affichage, et la commande *Show Text* qui affiche un message à l'écran. Mais comment ajouter des couleurs, afficher une valeur de variable, etc. ?

Pour afficher certains éléments du message en couleur, il suffit de recourir à `\C[ID]`. Dans cette commande, `ID` est l'identifiant d'une couleur. Le tableau 6-1 récapitule les identifiants disponibles.

TABLEAU 6-1 *Identifiants de couleur*

Identifiant	Couleur
0	Blanc
1	Bleu foncé
2	Rouge
3	Vert
4	Bleu clair
5	Violet
6	Jaune
7	Gris

- L'affichage d'une valeur de variable dans le message passe par `\V[ID]` où `ID` est l'identifiant de la variable.

De la même manière, vous affichez le nom d'un héros avec `\N[ID]` où `ID` est l'identifiant du héros.

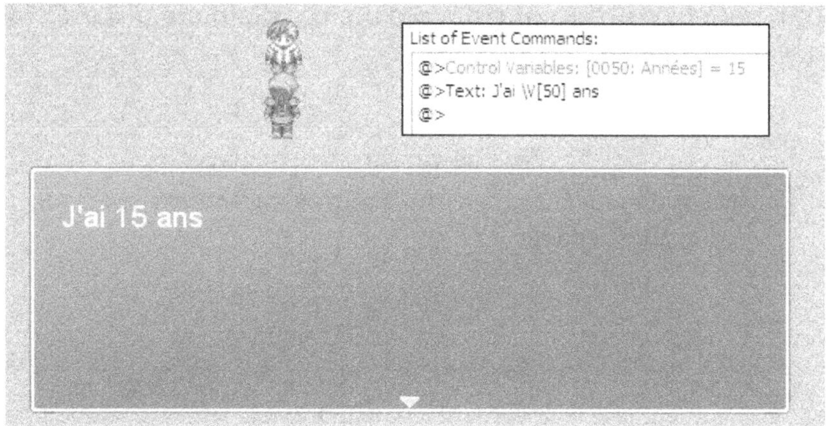

Une variable dans un texte

Pour rappeler la quantité d'argent que possède actuellement le héros dans une petite fenêtre en haut à droite de l'écran, indiquez \G n'importe où dans le message.

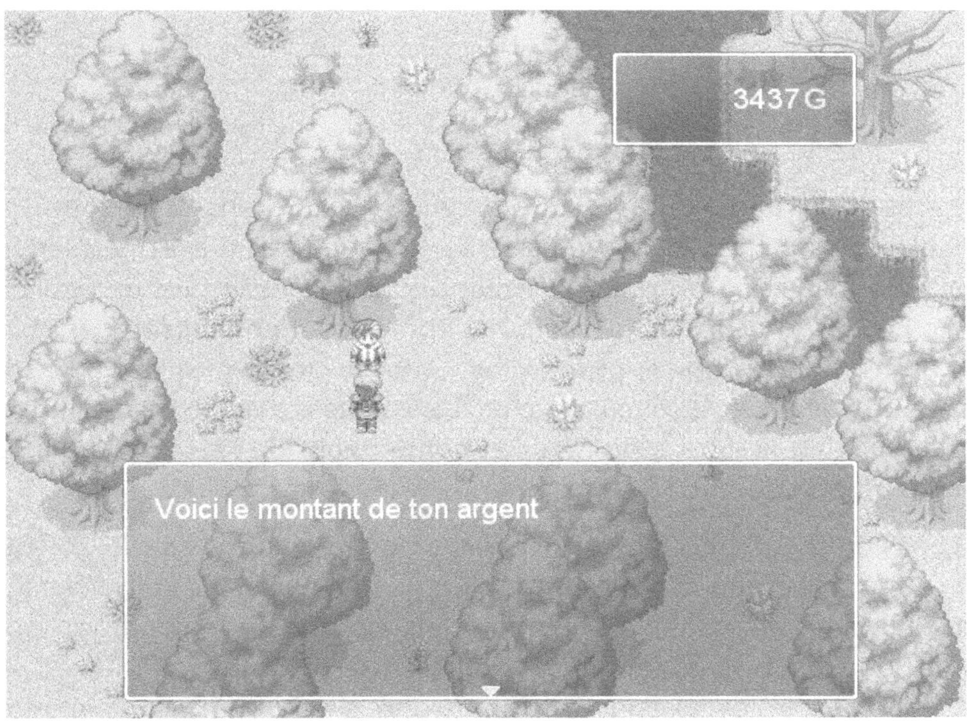

Une boîte de dialogue avec la quantité d'argent du héros
s'affiche en haut à droite de l'écran.

Enfin, pour bénéficier d'un antislash dans un dialogue, il faut insérer un autre antislash devant de cette façon : \\.

RPG Maker VX **Plus de caractères spéciaux**

Le tableau 6-2 présente d'autres caractères spéciaux présents dans RPG Maker VX.

Tableau 6-2 *Caractères spéciaux dans RPG Maker VX*

Caractère	Signification
\ .	Insère une pause brève (15 frames).
\ |	Insère une pause plus longue (60 frames).
\ !	Le joueur peut taper sur *Entrée* pour passer à la suite du texte.
\ ^	Ferme automatiquement la boîte de dialogue à la fin du message.

Programmer le gain d'objet

Le héros gagne un objet de diverses manières : en combattant, donné par un autre personnage, en le trouvant au sol, etc. Mais il existe également une autre manière à laquelle nous allons nous intéresser plus particulièrement. Éléments récurrents des RPG, les coffres contiennent soit des objets communs, soit des objets primordiaux pour la quête principale. Ils sont cachés dans le jeu et le joueur les cherche en quête annexe via des indices. D'autres sont à la portée du héros et contiennent de l'argent ou bien de simples objets courants.

Voyons comment créer un coffre réaliste. Le principe est simple. Lorsqu'il interagit avec l'événement nommé Coffre, le héros ouvre le coffre et gagne son contenu. Pour plus de réalisme, nous ajoutons une condition pour vérifier que le héros ouvre bien le coffre en se plaçant face à lui, et non derrière ou sur les côtés. Enfin, nous nous allons mettre en œuvre un interrupteur local qui permettra d'ouvrir le coffre une fois pour toute dans le jeu.

Le coffre contient un objet ou de l'argent.

1. Créez un événement avec l'apparence d'un coffre fermé.

2. Dès à présent, il faut vérifier la direction du héros pour exécuter les autres commandes d'événements. Elle est tributaire de la direction du coffre. Si la direction de votre coffre est vers le bas, alors le héros devra se diriger vers le haut pour l'ouvrir. Dans ce cas, créez une condition avec la commande d'événements *Conditional Branch* et cochez *Character*. Configurez de la manière suivante : *Character* Player *is* Facing Up.

Toutes les commandes qui suivent sont à placer dans la condition créée.

3. Ajoutez un son d'ouverture de coffre avec *Play SE* et sélectionnez le son désiré.

4. Nous allons insérer une animation d'ouverture. Pour cela, cliquez sur la commande *Set Move Route* et décochez les options.

L'apparence du coffre change selon sa direction. Sur l'image ci-dessus, pour le coffre marron, le ➊ est l'apparence de départ (direction du coffre vers le bas). Quand l'événement est dirigé vers la gauche, le coffre a l'apparence ➋. Quand il est dirigé vers la droite, on aura le ➌. Enfin, quand il est dirigé vers le haut, nous aurons le ➍. En fait, il suffira donc de changer la direction de l'événement pour l'animer.

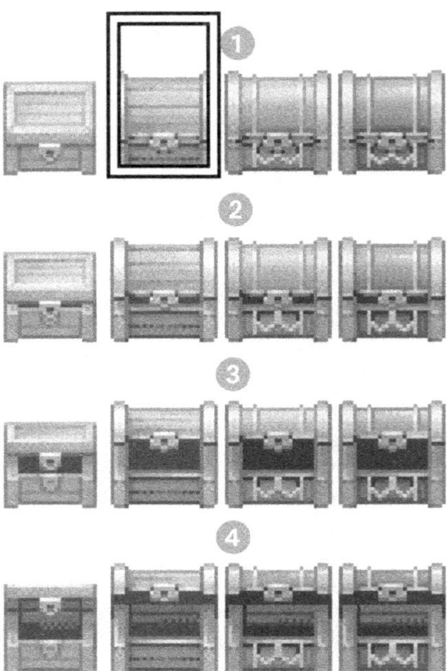

L'image du coffre propose déjà une animation.

Appliquez les options suivantes de mouvement à cet événement via *This event* pour animer le coffre selon le principe ci-dessus :

Turn Left

Wait : 3 frames

Turn Right

Ainsi, notre événement est dirigé vers la gauche, il attendra 3 frames afin d'éviter un changement de direction trop brusque et « regardera » finalement vers la droite. Validez le mouvement.

5. Cliquez sur la commande *Wait for Move's Completion*. Cela permet d'attendre la fin de l'animation d'ouverture du coffre avant de continuer.

6. Activez l'interrupteur local *A* avec la commande *Control Self Switch*.

7. Ajoutez un objet avec la commande *Change Items*.

8. Si vous souhaitez insérer le message pour informer le joueur du gain au milieu de l'écran, cliquez sur la commande *Change Text Options* et réglez la position sur *Middle*. Saisissez ensuite le texte du message (par exemple « Vous gagnez une potion »).

9. Remettez la position du message en bas de l'écran pour les autres événements avec la commande *Change Text Options*.

10. Créons maintenant une deuxième page pour l'événement avec l'apparence du même coffre, mais entièrement ouvert. Cochez *Self Switch* dans les conditions de l'événement (toujours sur la deuxième page) et assignez la lettre A.

11. Dans la liste des commandes d'événements, sélectionnez si vous le désirez un son qui indiquera qu'on ne peut plus ouvrir le coffre.

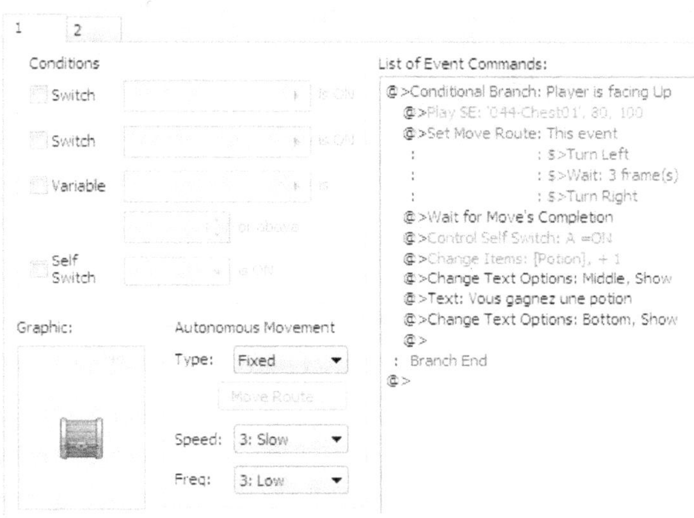

Liste des commandes d'événements pour un coffre (page 1)

Le coffre est ouvert (page 2).

RPG MAKER VX **Créer un coffre en 5 secondes chrono**

Dans RPG Maker VX, il existe un moyen de créer un événement très rapidement. Par extension, il permet également de créer un coffre.

1. Cliquez avec le bouton droit sur la carte (en couche événement).

2. Sélectionnez *Treasure Chest* dans *Quick Event Creation.* Une fenêtre apparaît alors pour paramétrer le coffre :

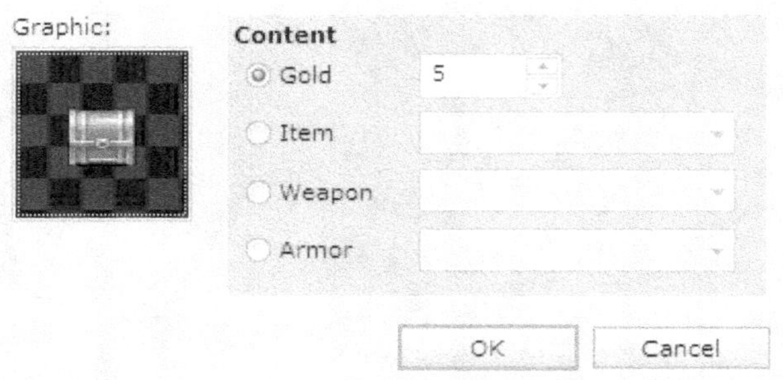

En deux clics, sélectionnez l'image du coffre
et son contenu (gain d'argent, objets…).

3. Précisez alors l'apparence du coffre en double-cliquant sur *Graphic* ainsi que le gain d'argent, d'objet, d'arme ou d'armure.

Vous obtenez alors presque le même événement que celui que nous venons de créer, exception faite de la condition pour tester la direction du héros.

Magasins et boutiques : créer le système d'achat

Le magasin est primordial dans un RPG car il permet au joueur d'acheter des objets et équipement pour personnaliser le héros. Plusieurs méthodes s'offrent à vous pour créer un système d'achat.

Avec la commande d'événements

Vous avez vu à la section « Programmer les événements du jeu et les actions des personnages » que la commande d'événement *Shop processing* sert à créer un magasin. Voyons comment la mettre en pratique.

1. Créez un événement.
2. Spécifiez la commande d'événements *Shop Processing.*
3. Précisez ensuite les objets, armes et armures que les personnages pourront acheter.

La commande d'événements Shop Processing

En testant votre jeu, vous constatez qu'une fenêtre apparaît bien lorsque le héros parle au gérant de la boutique. Les objets accessibles dépendent de la quantité d'argent dont le héros dispose.

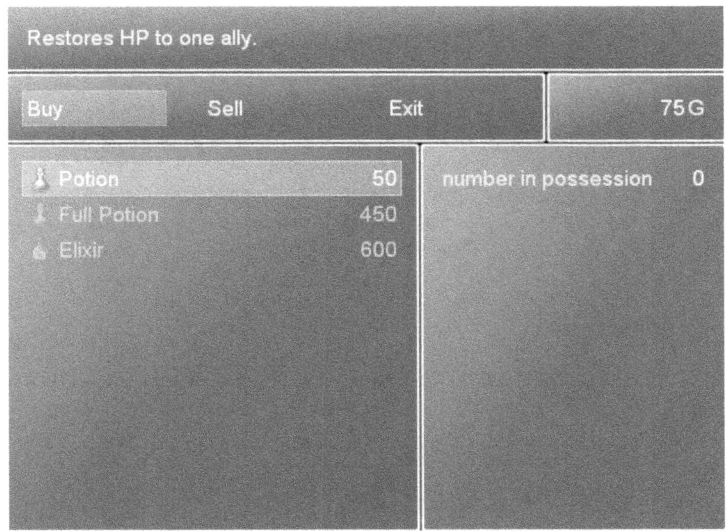

La fenêtre d'achat d'objets

Créer un système d'achat sans passer par la commande

Si la commande simplifie le travail, elle s'avère parfois inutile, car il arrive souvent que l'un personnage de la troupe demande de l'argent pour acheter un objet. Il faut alors vérifier grâce à une condition si le héros possède assez d'argent pour acheter l'objet. Ensuite, vous devez retirer le montant demandé au montant total du héros.

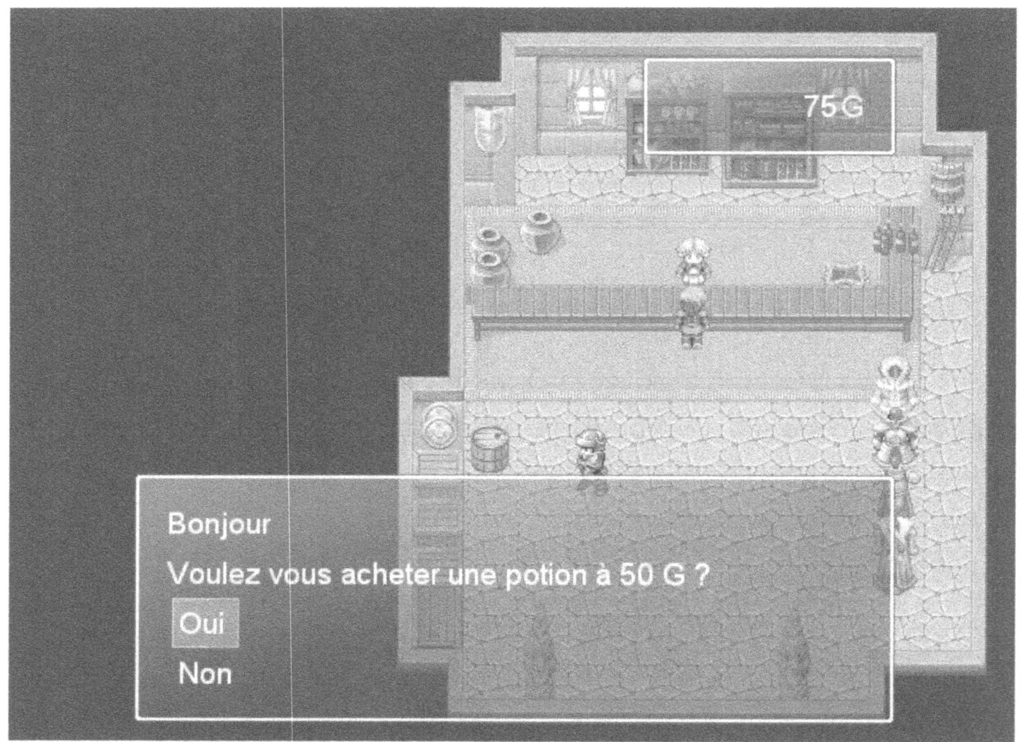

Acheter un objet

1. Créez un événement.

2. Insérez votre texte, par exemple « \G Bonjour. Voulez-vous acheter une potion à 50 G ? ».

> PRÉCISION **Prix**
>
> Le prix de l'objet est fixe. Dans cet exemple, 50 est le prix de l'objet Potion.

3. Invitez le joueur à choisir entre *Oui* et *Non* avec la commande *Show Choices*.

4. Il faut maintenant vérifier si le héros possède le montant requis. Cliquez sur la commande *Conditional Branch*. Dans le dernier onglet, cochez *Gold*. Nous vérifions si le héros possède 50 pièces d'or ou plus. Vous obtenez alors *Gold 50 or More*.

5. Cochez *Set handling when conditions do not apply* pour afficher un message si le héros ne possède pas le montant requis.

6. Dans la condition, indiquez la commande *Change Gold*, et l'opération *Decrease*. La constante est le montant, c'est-à-dire 50 dans notre cas.

7. Le héros reçoit l'objet grâce à la commande *Change Items* où l'objet (*Item*) est la potion dans notre exemple. L'opération est *Increase* et la constante est *1*.

8. Dans l'option *Else* de la condition, saisissez le message « Vous n'avez pas assez d'argent. »

La liste complète des commandes d'événements est la suivante pour cet exemple.

```
@>Text: \GBonjour
   :       : Voulez vous acheter une potion à 50 G ?
@>Show Choices: Oui, Non
  :  When [Oui]
    @>Conditional Branch: Gold 50 or more
      @>Text: Je vous remercie
      @>Change Gold: - 50
      @>Change Items: [Potion], + 1
      @>
    :  Else
      @>Text: Vous n'avez pas assez d'argent
      @>
    :  Branch End
    @>
  :  When [Non]
    @>
  :  Branch End
  @>
```

La liste des commandes d'événements pour concevoir un achat
sans utiliser la commande Shop Processing

Potions et auberges : le système de restauration de vie

Tout au long de l'aventure, il faut proposer régulièrement des moyens de restaurer les points de vie du héros pour qu'il puisse continuer l'aventure et combattre les différents ennemis. Ce rôle est dévolu à des objets comme les potions. Certaines actions peuvent également servir à recouvrir des points de vie. Un exemple typique est d'envoyer le héros se reposer à l'auberge. Étudions ce dernier cas.

Moyennant finances, notre héros dort et récupère ainsi points de vie et forces. La transition pendant le repos est très rapide. Un fondu noir intervient avec un son de quelques secondes (évoquant le repos), puis l'auberge réapparaît.

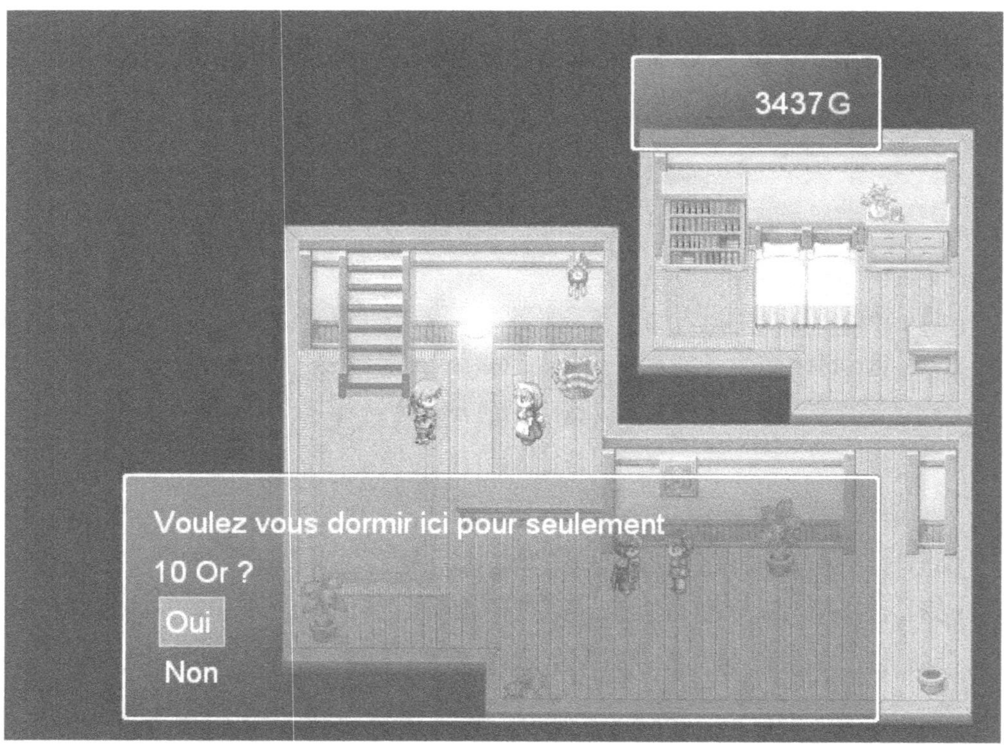

L'auberge où le héros restaure entièrement ses points de vie
en dépensant 10 Or (G) sur ses 3437 G qu'il possède.

1. Créez un événement.

2. Indiquez un message du type « \G Voulez-vous dormir ici pour seulement 10 G ? » avec *Show Text.*

3. Permettez au héros de répondre à cette question avec la commande *Show Choices.*

4. Dans le champ *When[Oui]*, répétez les mêmes étapes que pour le magasin : il faut en effet tester si le héros possède l'argent nécessaire avec la commande *Conditional Branch :Gold* 10 or More.

> PRÉCISION
>
> Les commandes suivantes s'opèrent dans la condition.

5. Retirez le montant demandé avec la commande *Change Gold.*

6. Il faut maintenant restaurer entièrement la vie de toute l'équipe. Pour cela, cliquez sur la commande d'événements *Recover All* dans le troisième onglet et sélectionnez *Entire Party.*

7. Insérez à présent le fondu noir. Cliquez sur la commande *Change Screen Color Tone et précisez la couleur noire.* Le temps de transition est de 35 frames.

> EN PRATIQUE
>
> Le noir s'obtient avec les codes suivants : *Red* : -255, *Green* : -255, *Blue* : -255.

8. Cliquez sur la commande *Wait* et indiquez le même temps que la transition, c'est-à-dire 35 frames. Cela permettra d'attendre avant de continuer les autres commandes d'événements et de ne pas bouger le héros pendant ce temps.

9. Lancez une musique évoquant le repos avec la commande *Play ME*. RPG Maker XP possède par défaut une musique nommée 014-Inn01 pour les auberges.

10. Attendez, encore une fois, avec *Wait* la fin de la musique avant de continuer. Avec la musique 014-Inn01, le temps d'attente est de 75 frames.

11. Rétablissez les couleurs de l'écran avec *Change Screen Color Tone*. Le temps de transition est le même que le fondu, c'est-à-dire 35 frames.

12. Avant de continuer, insérez encore un temps d'attente avec *Wait*, pour que le fondu soit complètement terminé. Nous avons donc 35 frames.

13. Si vous le désirez, affichez un message d'au revoir ou bien d'autres commandes à la fin de votre liste de commandes d'événements.

Voici donc le résultat final :

```
@>Text: \GVoulez vous dormir ici pour seulement
 :       : 10 Or ?
@>Show Choices: Oui, Non
 : When [Oui]
   @>Conditional Branch: Gold 10 or more
     @>Change Gold: - 10
     @>Recover All: Entire Party
     @>Change Screen Color Tone: (-255,-255,-255,0), @35
     @>Wait: 35 frame(s)
     @>Play ME: '014-Inn01', 100, 100
     @>Wait: 75 frame(s)
     @>Change Screen Color Tone: (0,0,0,0), @35
     @>Wait: 35 frame(s)
     @>Text: Merci, revenez quand vous le voulez !
     @>
    : Else
     @>Text: Vous n'avez pas assez d'argent, désolé
     @>
    : Branch End
   @>
 : When [Non]
   @>
  : Branch End
@>
```

La liste des commandes d'événements pour réaliser
un système de restauration de vie

La banque : création d'un système monétaire

Le héros a besoin d'une banque pour déposer son argent et en retirer au besoin. Penchons-nous donc à présent sur la création d'un établissement de ce type.

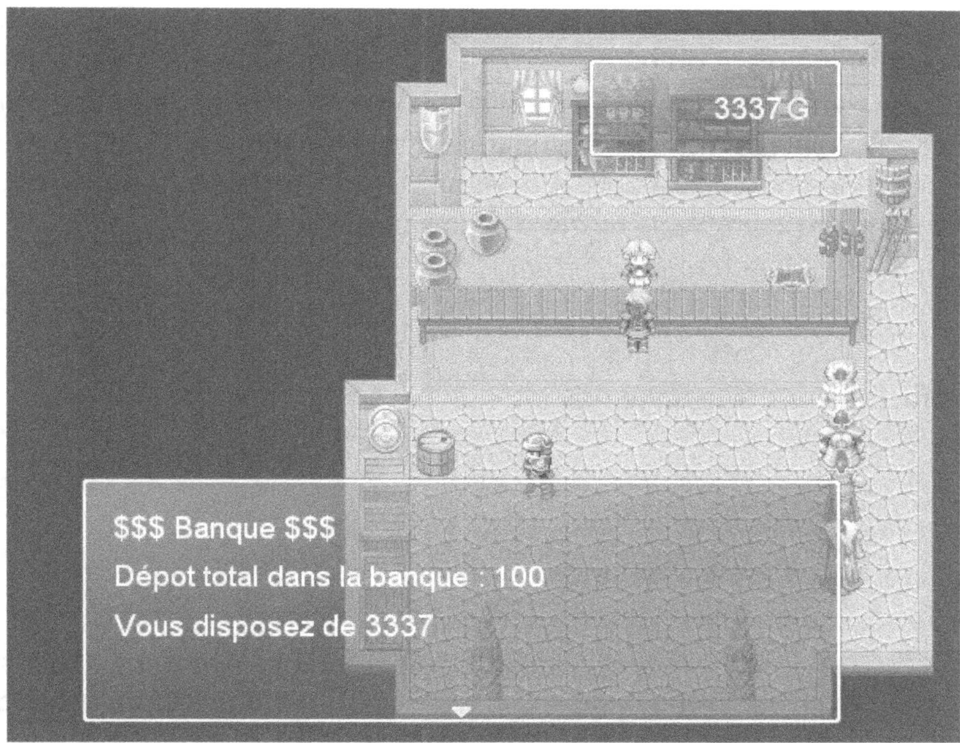

Système de banque

Le dépôt d'argent

En premier lieu, les instructions sont créées dans un événement commun, car dans notre monde, il existe logiquement plusieurs banques. Lorsque vous avez créé une banque, il suffit d'appeler l'événement commun.

1. Ouvrez la base données (*F9*) et cliquez sur l'onglet *Common Events.*
2. Ajoutez un événement commun dans la liste de gauche.

Nous avons besoin de 3 variables :

- une variable pour le montant actuel du héros ;
- une variable pour le montant déposé à la banque ;
- une variable pour le montant à déposer ou à retirer lors d'une action du héros.

Le principe est simple : le héros a le choix héros entre déposer ou retirer de l'argent. Dans les deux cas, le joueur est invité à saisir un montant. Il faut vérifier si ce nombre est exact, c'est-à-dire que le joueur ne dépose pas plus d'argent qu'il n'en possède. Enfin, il faut répercuter la modification du montant sur l'argent du héros.

3. Créez tout d'abord la variable indiquant le montant que possède actuellement le héros. Dans la commande d'événements *Control Variables*, créez une nouvelle variable et nommez-la *Montant actuel*, par exemple. Dans notre exemple, le numéro de la variable sera 0009 :

   Single : 0009 Montant Actuel

   Operation : Set

   Operand : Other Gold

4. Affichez ensuite le texte suivant :

   \G$$$ Banque $$$

   Dépôt total dans la banque : \V[8]

   Vous disposez de \V[9]

   La variable 8 est le montant actuellement déposé en banque.

5. Proposez un choix : Déposer, Retirer, Ne rien faire.

6. Dans *When Déposer*, nous demandons le montant à déposer. Cliquez sur la commande d'événements *Input Number*. Créez une nouvelle variable et nommez-la *Demande Banque*. Cette variable stocke le montant à déposer (ou à retirer pour plus tard).

7. Donnez la valeur 6 à *Digits*. C'est le nombre d'unités à saisir pour le montant.

Le montant est stocké dans la variable 0007 : Demande Banque

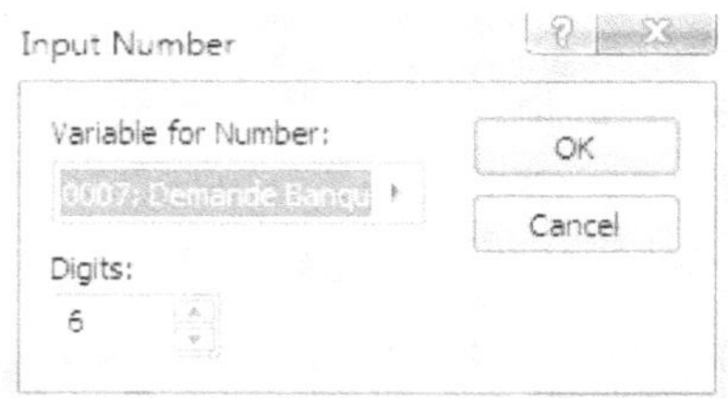

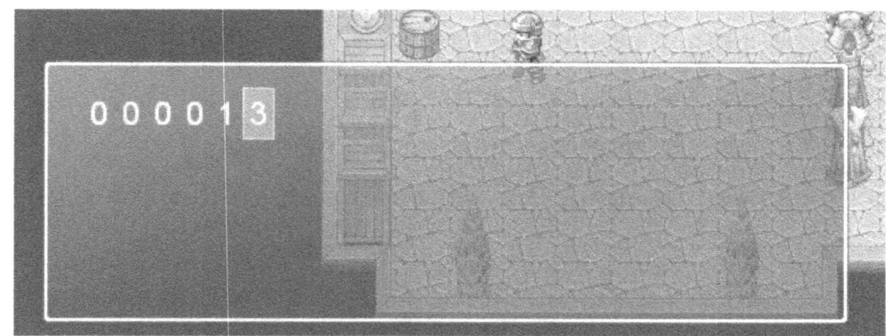

Durant le jeu, un message invite le héros à saisir le montant.

8. À présent, posez les conditions. La première consiste à vérifier que le montant à déposer est différent de 0. Inutile de ne rien déposer, non ? Cliquez sur la commande *Conditionnal Branch* et paramétrez les différents champs ainsi :

   Variable 0007 (numéro de notre exemple) : Demande Banque

   Not Equal To

   Constant 0

   Cochez *Set handling when conditions do not apply* pour afficher un message indiquant que le montant saisi est incorrect.

9. La deuxième condition est la plus importante. Elle vérifie que le montant actuel est supérieur au montant que le héros veut déposer. Créez une nouvelle condition avec les paramètres suivants :

   Variable 0009 : Montant actuel

   Greater than or Equal to

   Variable 0007 : Demande Banque

10. Il est maintenant possible de changer les montants précisés dans la condition. Ajoutez dans la variable *Total Banque* (que vous créez en même temps) le montant déposé. Avec la commande *Control Variables* créez une variable nommée *Total Banque* (dans notre exemple, son numéro est *0008*) :

    Single : 0008 Total Banque

    Operation : Add

    Operand : Variable 0007 : Demande Banque.

11. Il faut changer la quantité d'argent du héros : puisqu'il a déposé de l'argent à la banque, il doit en avoir moins ! Cliquez sur la commande *Change Gold* et indiquez comme *Operation : Decrease* pour réduire son montant.

12. Toujours dans la commande *Change Gold*, précisez l'opérande *Variable*. La variable est évidemment *0007 : Demande Banque*. Ainsi, le montant total du héros est déduit du montant saisi et stocké dans cette variable.

13. En conclusion de la transaction, affichez un texte récapitulatif, du type « Vous avez déposé \V[7] à la banque ».

Le retrait

Pour retirer de l'argent, le principe est le même que pour le dépôt, mais est inversé : au lieu de retirer de l'argent au héros, il faut lui en ajouter. Le montant déposé à la banque est réduit. Seule la condition diffère par rapport à ce que nous venons de voir. Les instructions à ajouter se trouvent dans *When [Retirer]* :

- *Variable* 0008 : Total Banque
- Greater than or Equal to
- *Variable* 0007 : Demande Banque

Voici l'événement finalisé :

```
@>Control Variables: [0009: Montant actuel] = Gold
@>Text: \G$$$ Banque $$$
   :       : Dépot total dans la banque : \V[8]
   :       : Vous disposez de \V[9]
@>Show Choices: Déposer, Retirer, Ne rien faire
 :  When [Déposer]
   @>Input Number: [0007: Demande Banque], 6 digit(s)
   @>Conditional Branch: Variable [0007: Demande Banque] != 0
     @>Conditional Branch: Variable [0009: Montant actuel] >= Variable [0
        @>Control Variables: [0008: Total banque] += Variable [0007: Dem
        @>Change Gold: - Variable [0007: Demande Banque]
        @>Text: Vous avez mis \V[7] à la banque
        @>
      :  Else
        @>Text: Vous n'avez pas le montant d'argent !
        @>
      :  Branch End
     @>
    :  Else
      @>Text: Mettez un montant valide.
      @>
    :  Branch End
   @>
 :  When [Retirer]
   @>Input Number: [0007: Demande Banque], 6 digit(s)
   @>Conditional Branch: Variable [0007: Demande Banque] != 0
     @>Conditional Branch: Variable [0008: Total banque] >= Variable [00
        @>Control Variables: [0008: Total banque] -= Variable [0007: Dem
        @>Change Gold: + Variable [0007: Demande Banque]
        @>Text: Vous avez retirer \V[7] de à la banque
        @>
      :  Else
        @>Text: Vous n'avez pas le montant d'argent !
        @>
      :  Branch End
     @>
    :  Else
      @>Text: Mettez un montant valide.
      @>
    :  Branch End
   @>
 :  When [Ne rien faire]
   @>
 :  Branch End
 @>
```

Liste des commandes d'événements pour le système de banque

L'enchaînement des jours et des nuits

Exactement comme dans la vraie vie, votre monde doit être pourvu d'un système de jours et de nuits. Ainsi à un certain moment, la nuit tombe sur la carte, puis le jour revient. Voyons comment mettre en place ce système très simple.

1. Créez un événement avec le *Parallel Process* comme déclenchement. Il contient 2 pages : la première pour faire tomber la nuit ; la seconde concerne le jour.

2. Laissez un temps d'attente pour la journée avec la commande *Wait*. La durée étant longue, indiquez 9600 frames (ce qui correspond environ à 4 minutes de jeu).

> ASTUCE **Au-delà de 999 frames**
>
> La commande *Wait* limite le nombre de frames à 999. Dans ce cas, appliquez plusieurs fois la commande *Wait* (9 fois avec 999 frames et 1 fois avec 609 pour obtenir 9600 frames).

3. Changez la tonalité de l'écran avec la commande *Change Screen Tone*. Réglez les couleurs sur -187 (sauf *Gray*). Le temps de transition sera suffisant pour éviter que la nuit ne tombe trop brusquement. 100 frames suffisent.

4. Avec la commande *Wait*, assignez un nombre de frames équivalent au temps de transition de l'étape 3.

5. Activez un interrupteur simple nommé *Nuit* (n° 0007, ici) avec la commande *Control Switches*. Indiquez que cela correspond à la nuit.

6. Sur la seconde page, placer l'interrupteur *Nuit* en condition de déclenchement. Le déclenchement est identique à celui de la première page, c'est-à-dire, en *Parallel Process.*

7. Reproduisez l'étape 3 mais réglez le temps de transition sur 0. Ainsi, la carte deviendra subitement sombre quand le héros sortira d'une maison éclairée.

8. Reproduisez l'étape 2 pour la durée de la nuit.

9. Changez à nouveau la tonalité de l'écran mais cette fois-ci, remettez toutes les valeurs des couleurs à 0 avec un temps de transition relativement long (100 frames par exemple).

10. Comme à l'étape 4, assignez un nombre de frames équivalent au temps de transition de l'étape précédente avec la commande *Wait*.

11. Désactivez l'interrupteur *Nuit* avec la commande *Control Switches.*

Il reste encore un détail à régler : lorsque le héros pénètre dans une maison éclairée, la tonalité de l'écran doit être normale.

12. Dans la carte adéquate (une maison, par exemple), créez un événement avec l'interrupteur *Nuit* en condition de déclenchement, et cochez *Autorun* en déclenchement.

13. Reproduisez l'étape 9 mais avec 0 frames en temps de transition, pour un éclairage brusque quand un personnage entre dans la maison.

14. Effacez cet événement avec la commande *Erase Event.*

Ajouter des mini-jeux : programmer une course avec obstacles

Il est important d'agrémenter la quête principale d'épreuves ou de mini-jeux facultatifs. En plus d'apporter un peu de diversité dans le jeu, le joueur gagnera autrement que par des combats ou des phases d'exploration une récompense utile pour l'aventure. Il existe plusieurs types de mini-jeux, nous allons créer une course avec les particularités suivantes :

- La course est chronométrée. Le héros doit arriver à l'arrivée en un temps limité.
- Des obstacles sont disséminés sur le parcours. Le héros doit les éviter en sautant par-dessus ou en les contournant.
- Le héros peut utiliser le turbo 2 fois maximum sur le parcours. Sa vitesse augmentera pendant un certain temps.

Voici notre parcours exemple :

- En ❶, nous avons disposé des trous dans le sol. Des événements les jouxtent pour permettre au joueur de sauter par-dessus lorsqu'il appuie sur *Espace.*
- En ❷, des obstacles mobiles bougent de droite à gauche.
- En ❸, les mêmes obstacles que ❷ mais avec un mouvement différent. En effet, le joueur doit faire le tour avec une vitesse supérieure.
- En ❹, les lignes de départ et d'arrivée.
- En ❺, des événements invisibles affichent le chronomètre ou la gestion du turbo en processus parallèle.

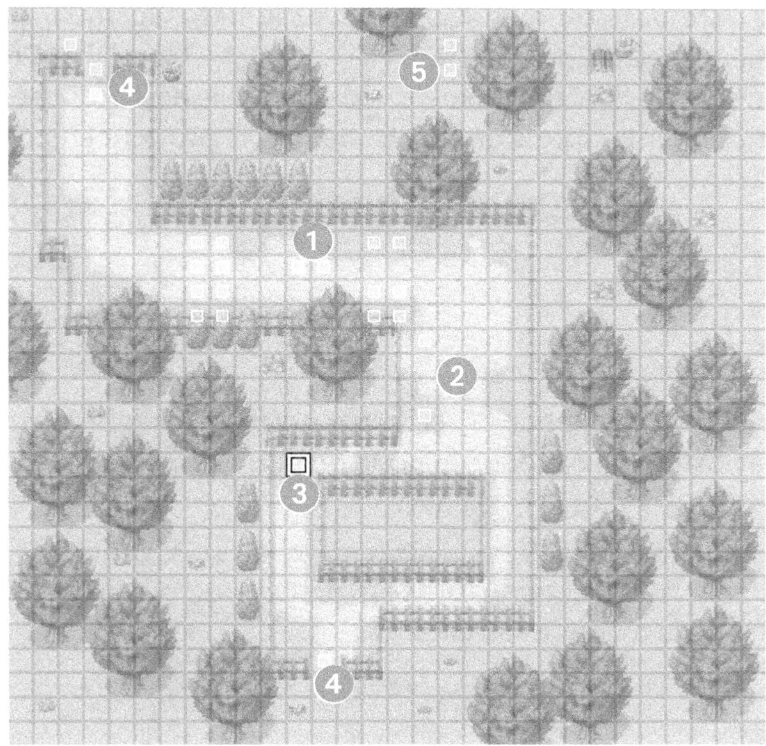

Le parcours de la course

Les obstacles

Commençons par disposer les obstacles :

1. Créez un événement avec l'apparence d'un trou (vous pouvez utiliser un carreau du Tileset). Il n'aura aucune commande.

2. Créez un événement à côté du trou. Si le héros arrive par la droite du trou, l'événement doit être à gauche du trou pour la gestion du saut.

3. Dans cet événement, appliquez un saut au héros avec la commande *Set Move Route*. Dans la fenêtre de cette commande, jouez un son avec la commande *Play SE* et utilisez la commande *Jump* pour le saut. Donnez la valeur *2* à *X+* pour que héros saute de 2 carreaux sur la droite.

4. Créez un nouvel événement pour l'obstacle mobile. Quand le héros touche cet obstacle, il recule de 2 carreaux. Le déclenchement de l'événement est donc *Event Touch*. Appliquez un mouvement avec le type *Custom* dans *Move Route*. Laissez *Repeat Action* coché. Le mouvement à l'aller doit être identique au retour. Ainsi, si, par exemple, l'événement fait 3 pas vers la droite, il doit faire également 3 pas vers la gauche.

5. Dans la liste des commandes, déplacez le héros lorsqu'il touche cet événement avec la commande *Set Move Route*. Nous allons également créer un saut. La direction doit être fixe : quand le héros touche l'obstacle, on doit donner l'impression que ce dernier le projette en arrière. Voici le déplacement :

   Direction Fix ON

   SE : ----

   Jump +0, -2

   Direction Fix OFF

   Le saut a la valeur *-2* pour *Y+*, car, dans notre exemple, le héros descend contre l'obstacle, il est donc logique qu'il soit projeté dans la direction opposée, c'est-à-dire vers le haut.

6. Pour le dernier obstacle ❸, la démarche est identique à l'étape 3. Cependant, la projection du héros dépend de sa direction. Fixez sa direction de la manière suivante :

   Direction Fix ON

   SE : ----

7. Créez une condition pour tester la direction du héros : *Character* Player *is* Down

8. Gardez la case *Set Handling when conditions do not apply* cochée.

9. Si le héros se dirige vers la bas, il faut le faire sauter vers le haut. Dans ce cas, spécifiez la condition comme ceci : *Jump* +0, -2

10. Répétez les étapes 7 à 9 pour une autre direction dans l'option *Else* de la condition précédente.

11. À la suite et en dehors des conditions, ajoutez la commande *Wait for Move's Completion* pour attendre la fin du mouvement. Remettez la direction fixe sur *ON* pour le héros avec la commande *Set Move Route* : *Direction Fix ON*.

Paramétrer le mode turbo

Passons maintenant à la réalisation du turbo.

1. Créez un événement invisible, qui comprend 2 pages : la première pour initialiser les variables et la seconde consacrée à la gestion de la course.

2. Assignez le déclenchement *Autorun* à la première page. La condition de déclenchement est un interrupteur. Dans notre exemple, c'est le n° 0006, nommé *Commencer Course*. Ainsi, cette page ne s'exécute que si l'interrupteur est activé.

3. Ajoutez une musique d'ambiance avec la commande *Play BGM*.

4. Créez une nouvelle variable et spécifiez le nombre maximal de turbos que peut effectuer le héros :

   > *Single* : 0025 : Turbo
   >
   > *Operand* : Set
   >
   > *Operation* : Constant 2

5. Activez l'interrupteur local *A* avec la commande *Control Self Switch* en le mettant sur *ON*.

6. Rendez-vous sur la seconde page. Placez l'interrupteur local A en condition de déclenchement et le déclenchement sur *Parallel Process*.

La condition de déclenchement du turbo est le suivant : si le héros a la possibilité de déclencher le turbo, que le joueur appuie sur la touche A (qui est celle du turbo) et que le héros n'est pas déjà en train de faire un turbo, alors le turbo est possible. Nous allons transposer ce principe avec diverses conditions.

7. La première condition consiste à vérifier si le héros peut lancer un turbo :

   > *Variable* 0025 : Turbo
   >
   > Greater than
   >
   > *Constant* 0

8. La deuxième condition est imbriquée dans la première. Elle vérifie si le joueur appuie sur la touche de turbo : *Button* A *has Been Pressed*.

9. La troisième condition se trouve dans la deuxième. Elle vérifie si le héros n'est pas déjà en train d'effectuer un turbo. Pour cela, mettez en place un interrupteur nommé *Turbo* (dans notre exemple, c'est le numéro *0005*). S'il est désactivé, cela signifie que le héros peut lancer un turbo : *Switch* : 0005 : Turbo *is* OFF.

10. Dans la condition, enlevez la valeur *1* à la variable *Turbo* pour signaler qu'il a utilisé une fois de plus le turbo :

    > *Single* : 0025 : Turbo
    >
    > *Operand* : Sub
    >
    > *Operation* : Constant 1

11. Avec la commande *Control Switches*, activez l'interrupteur *Turbo* pour montrer que le héros utilise actuellement le turbo. L'activation de cet interrupteur permet de déclencher un autre événement qui gère l'augmentation de la vitesse.

12. Terminons par le dernier événement invisible pour le turbo. Il se déclenche dès que l'interrupteur *Turbo* est activé. La vitesse du héros augmente pendant une durée définie. Créez un événement et mettez le déclenchement sur *Parallel Process* et l'interrupteur *Turbo* (n° *0005*, ici) dans la condition de déclenchement.

13. Associez un son symbolisant le turbo.

14. Changez la vitesse du héros avec la commande *Set Move Route* puis *Change Speed* (sur niveau 5).

15. Laissez un temps d'attente de 40 frames avec la commande *Wait*.

16. Remettez la vitesse normale (niveau 4), de nouveau avec la commande *Set Move Route* (étape 20).

17. Terminez le turbo en désactivant l'interrupteur *Turbo*.

Réaliser le chronomètre

1. Dans *Control Timer*, cochez *Start* et précisez 10 secondes. Le chronomètre s'affiche automatiquement dans le coin supérieur droit de l'écran avec un compte à rebours de 10 secondes.

2. Testez si le chronomètre est à zéro ou non. Pour cela, créez une condition : *Timer* 0min 0 sec or Less

3. Si le compte à rebours est tombé à 0 (ou moins), affichez un texte expliquant que le héros a perdu.

4. Désactivez cet événement pour indiquer que la course est terminée. Pour cela, désactivez l'interrupteur *Commencer course* (n° *0006*, ici).

5. Cochez *Stop* dans la commande *Control Timer* pour annuler l'affichage du chronomètre.

6. Avec la commande *Transfer Player*, téléportez le héros au début du parcours.

7. Désactivez l'interrupteur local *A* pour réinitialiser les variables si le héros retente sa chance.

```
@>Conditional Branch: Variable [0025: Turbo] > 0
  @>Conditional Branch: The A button is being pressed
    @>Conditional Branch: Switch [0005: Turbo] == OFF
      @>Control Variables: [0025: Turbo] -= 1
      @>Control Switches: [0005: Turbo] = ON
      @>
     : Branch End
    @>
   : Branch End
  @>
 : Branch End
@>Conditional Branch: Timer 0 min 0 sec or less
  @>Text: Vous avez perdu !
  @>Control Timer: Stop
  @>Control Switches: [0006: Commencer Course] = OFF
  @>Transfer Player:[027: mini-jeu], (003,001), Down
  @>Control Self Switch: A =OFF
  @>
 : Branch End
@>
```

Liste des commandes d'événements pour la gestion de la course

Sur la ligne d'arrivée

Notre mini-jeu est terminé, mais il reste encore un élément important : comment savoir si le héros a franchi la ligne d'arrivée ?

1. Créez un événement sur la ligne d'arrivée avec *Event Touch* comme déclenchement.

2. Désactivez les interrupteurs ainsi que le chronomètre.

3. Pour éviter que le héros ne revienne sur ses pas et ne sorte de la course, insérez sur la ligne de départ un événement en *Event Touch* comme déclenchement.

4. Déplacez le héros d'un carreau, avec la commande *Set Move Route*, dans la direction du parcours.

En résumé

Prenez tout le temps nécessaire pour mettre en place les différents systèmes possibles dans votre RPG. Grâce à eux, vous améliorez l'ambiance des villes en les agrémentant d'auberges, de banques, etc. Soignez également les phases de dialogue entre les différents personnages, car elles guideront le héros dans sa quête ou bien la découverte du monde qui l'entoure.

L'introduction du jeu

L'introduction est un moment capital.
Premier contact avec le jeu, c'est
à ce moment précis que le joueur
personnalise son héros et découvre
le prologue du jeu.

Ce chapitre concerne toute la partie préliminaire du jeu. Nous aborderons la personnalisation du héros (son apparence et ses caractéristiques) et la réalisation du prologue du scénario, afin d'enrichir l'introduction du jeu.

Construire le prologue

Il est important de soigner l'introduction du jeu, car c'est à ce moment précis que le joueur découvre le prologue de l'intrigue du jeu. En règle générale, elle comprend un texte pour annoncer l'histoire et une cinématique relatant un événement passé.

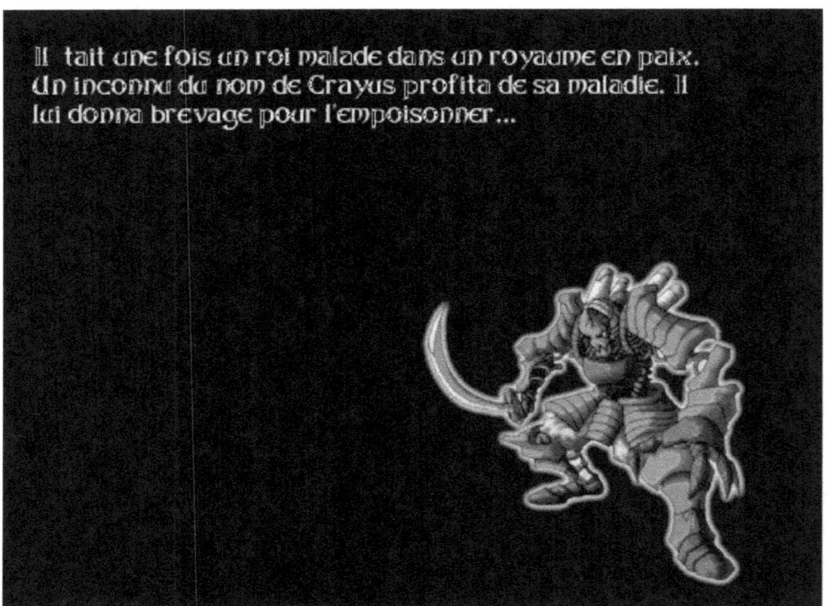

Une introduction avant le jeu pour annoncer le prologue

Commençons par nous occuper de la création de l'écran d'accueil.

1. Au préalable, réalisez une image comme celle ci-dessus et comportant du texte.
2. Créez une carte vierge (peu importe le Tileset).
3. Créez un événement invisible, avec le déclenchement *Autorun* pour qu'il s'exécute automatiquement.
4. Afin de ne pas voir le héros dès le début du jeu, changez son opacité avec la commande *Change Transparency* (réglez sur *Transparence*).

5. Affichez l'image avec la commande *Show Picture*. Le numéro est 1. Conservez les autres paramètres par défaut.

6. Insérez un temps d'attente avec la commande *Wait*. Déterminez le nombre de frames selon le temps de lecture.

7. Affichez ensuite une autre image de votre galerie. Reproduisez les étapes 5 et 6. Conservez le même numéro pour l'image. Ainsi, elle remplacera la dernière image affichée.

8. Avec la commande *Transfer Player*, téléportez le héros sur la carte où il débutera l'aventure.

9. Restaurez la transparence du héros sur *Normal* (commande *Change Transparency*).

Maintenant que le héros se trouve sur la carte, voyons comment raconter un événement passé. Un écran en noir et blanc nous aidera à donner cette sensation.

1. Créez un événement avec le déclenchement *Autorun*.

2. Cliquez sur la commande *Change Screen Color Tone* et réglez la valeur de *Gray* sur 255. Le temps de transition est de 0 frame.

L'introduction en noir et blanc

3. Avec la commande *Show Text*, insérez à la suite des messages ou d'autres éléments de votre choix pour composer le prologue.

4. Téléportez le héros sur une nouvelle carte ou bien, si vous souhaitez rester sur la carte actuelle, activez un interrupteur local pour déclencher la deuxième page, qui sera vierge. N'oubliez pas de restaurer les couleurs initiales de l'écran.

La cinématique

La cinématique est caractérisée par un effet 16/9. Le joueur ne peut plus interagir avec le héros et un événement est en train de se dérouler.

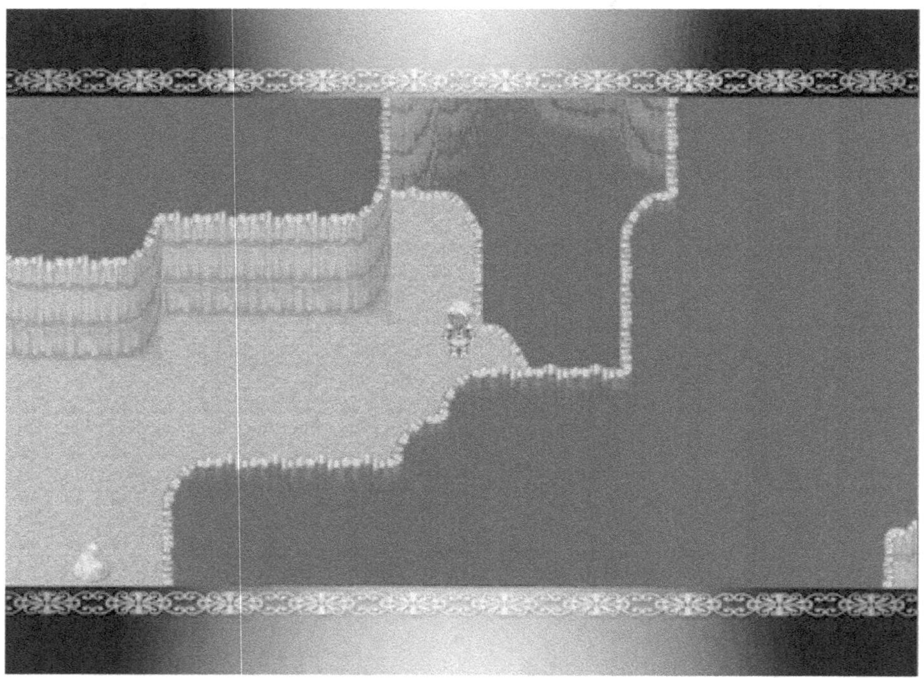

Un effet 16/9 pour la cinématique

SPÉCIFICITÉ **Défilement des bandeaux**

La particularité de la cinématique est que les bandeaux supérieur et inférieur n'apparaissent pas subitement à l'écran, mais par défilement.

1. Au préalable, munissez-vous de deux bandeaux (un pour le bas et l'autre pour le haut) de même largeur que l'écran. Importez-les dans *Graphics/Pictures*.

2. Créez deux événements communs. Le premier sert à afficher les bandeaux, le second à les enlever à la fin de la cinématique. Le déclenchement est opéré uniquement par appel.

3. Dans l'événement commun d'affichage des bandeaux, affichez l'image supérieure avec la commande *Show Picture*. Le numéro de l'image est 1. Au départ, les bandeaux ne sont pas visibles : il faut les placer à l'extérieur de l'écran pour ensuite les faire défiler. Réglez la position `Y` sur `-(hauteur de l'image)`. Par exemple, si la hauteur de l'image mesure 70 px, sa position `Y` sera alors `-70`.

4. Affichez le deuxième bandeau avec la commande *Show Picture*. Donnez-lui le numéro 2. Sa position `Y` est `480` (pour XP) ou `416` (pour VX).

> ATTENTION **Numéro unique**
> Le numéro de l'image doit être unique.

> EN PRATIQUE **Sonoriser le défilement**
> Vous pouvez ajouter un son qui donne l'illusion d'un défilement pour l'affichage des bandeaux. Pour cela, cliquez sur la commande *Playe SE* et assignez le son.

5. Déplacez l'image n° 1 (soit le bandeau supérieur) avec la commande *Move Picture* : réglez le temps sur 10 frames et la position Y sur 0.

6. De même, déplacez l'image n° 2 (soit le bandeau inférieur) toujours avec la commande *Move Picture*. Le temps est également de 10 frames et la position `Y` `480` (hauteur de l'image). Par exemple, si la hauteur est de 64 px, sa position `Y` est alors `416`.

7. Assignez un temps d'attente de 18 frames avec la commande *Wait* pour laisser les images défiler.

```
@>Show Picture: 1, 'bande_haut', Upper Left (0,-70), (100%,100%), 255, No
@>Show Picture: 2, 'bande_bas', Upper Left (0,480), (100%,100%), 255, Nor
@>Play SE: '017-Jump03', 80, 115
@>Move Picture: 1, @10, Upper Left (0,0), (100%,100%), 255, Normal
@>Move Picture: 2, @10, Upper Left (0,416), (100%,100%), 255, Normal
@>Wait: 18 frame(s)
@>
```

Liste des commandes d'événements pour afficher les bandeaux

8. Dans le deuxième événement commun, nous allons enlever les bandeaux. Vous pouvez d'abord affecter son pour annoncer le retrait des images.

9. Avec la commande *Move Picture*, restaurez la position initiale des bandeaux. Ainsi la position Y de l'image n° 1 est -(hauteur de l'image), avec un temps de 10 frames.

10. De même, pour l'image n° 2, la position Y est 480 et le temps est également de 10 frames.

11. Avec la commande *Wait*, précisez 10 frames pour laisser le défilement se dérouler.

12. Supprimez l'image n° 1 et l'image n° 2 avec la commande *Erase Picture*.

```
@>Play SE: '016-Jump02', 80, 125
@>Move Picture: 1, @10, Upper Left (0,-70), (100%,100%), 255, Normal
@>Move Picture: 2, @10, Upper Left (0,480), (100%,100%), 255, Normal
@>Wait: 10 frame(s)
@>Erase Picture: 1
@>Erase Picture: 2
@>
```

Liste des commandes d'événements pour terminer la cinématique

Voyons maintenant comment afficher la cinématique durant le jeu.

1. Appelez-la avec la commande *Call Common Event* dans un événement simple.

2. Insérez ensuite la liste des commandes de votre choix.

3. Appelez le deuxième événement commun à la fin de la liste des commandes.

Personnaliser le héros en début de partie

Le joueur choisit son propre héros parmi une liste proposée. Cela permet donc de donner plus d'interactivité au jeu, puisque le joueur change l'apparence du héros et ses caractéristiques (attaque, défense, etc.) comme il l'entend.

L'apparence du héros

Au début du jeu, le joueur choisit l'apparence de son héros. Pour lui donner cette possibilité, nous allons créer un système reposant entièrement sur les événements.

1. Placez 6 événements sur la carte, comprenant chacun l'apparence des différents héros possibles dans votre jeu.

2. Positionnez un autre événement avec l'apparence du curseur à côté du premier choix.

3. Créez un événement invisible. Il possèdera 2 pages : une pour initialiser les variables et l'autre pour la gestion de choix de l'apparence.

4. Le déclenchement de la première page est *Autorun*.

5. Créez une variable nommée « Index » et initialisez-la à 1. Il s'agit de la position du curseur.

> EXEMPLE **Valeur de la variable et numéro du héros**
>
> Si le joueur sélectionne le troisième héros, la variable vaudra 3. S'il opte pour le cinquième héros, elle vaudra 5, et ainsi de suite.

6. Changez l'opacité du héros pour le rendre invisible avec la commande *Change Transparent Flag*.

7. Activez l'interrupteur local A, avec la commande *Control Self Switch*, pour aller sur la deuxième page.

8. Sur la deuxième page, réglez le déclenchement sur *Parallel Process* et l'interrupteur local A en condition de déclenchement.

9. Nous allons maintenant changer l'index selon la position du curseur. Il faut insérer une condition vérifiant si la touche *Haut* ou *Bas* est actionnée.

Créez cette condition avec la commande *Conditionnal Branch* : *Button* Up *is Being Pressed*

10. Laissez l'option *Set handling when conditions do not apply* cochée.

> EN PRATIQUE **Sonorisation du curseur**
>
> Dans la condition, vous avez la possibilité de définir un son pour simuler le déplacement du curseur.

11. Retirez ensuite la valeur 1 à la variable *Index* (on la soustrait puisque le curseur se déplace vers le haut) avec la commande *Control Variables.*

    Single 0026 : Index

    Operation : Sub

    Operand : Constant 1

12. Dans l'option *Else* de la condition, reproduisez les étapes 9 et 11, mais cette fois pour la touche *Bas*. Créez une nouvelle condition : *Button* Down *is Being Pressed*

13. Ajoutez un son avec la commande *Play SE* pour simuler le déplacement du curseur vers le bas.

14. Ajoutez la valeur 1 à la variable *Index* :

    Single 0026 : Index

    Operation : Add

    Operand : Constant 1

Outre les conditions, nous allons tester les effets de bord. Dans les deux cas, lorsque le curseur est sur le premier et sur le dernier choix, il faut le faire revenir à sa position initiale ou finale.

> DÉFINITION **Effets de bord**
>
> On appelle effets de bord ce qui se produit lorsque le joueur appuie par exemple sur la touche *Bas* quand le curseur est placé sur le dernier héros, et inversement.

1. Créez une nouvelle condition :

    Variables 0026 : Index

    Less than

    Constant 1

2. Si le joueur appuie sur la touche *Haut* alors que le curseur est placé sur le premier héros, il faut mettre la valeur de la variable *Index* sur la position du dernier héros, soit 6 :

> *Single* 0026 : Index
>
> *Operation* : Set
>
> *Operand* : Constant 6

3. De la même manière, lorsque le joueur appuie sur la touche *Bas* et que le curseur est placé sur le dernier héros, la variable *Index* vaut 1 :

> *Single* 0026 : Index
>
> *Operation* : Set
>
> *Operand* : Constant 1

4. La variable *Index* sert à positionner le curseur. Créez une nouvelle condition :

> *Variables* 0026 : Index
>
> Equal to
>
> *Constant* 1

5. Conservez l'option *Set handling when conditions do not apply* cochée.

6. Avec la commande *Set Event Location*, placez l'événement Curseur à côté du premier héros dans *Direct Appointment*.

7. Changez l'apparence du héros avec la commande *Change Actor Graphic*. Assignez la même apparence que le choix n° 1, ainsi que l'apparence en combat adéquate.

> EN PRATIQUE
>
> Le changement d'apparence ne se verra pas à l'écran, car le héros est en ce moment transparent.

8. Dans l'option *Else*, reproduisez 6 fois (puisque nous avons ici 6 héros au choix) les étapes 4 à 7, en changeant le numéro de l'index à tester dans la condition, la position du curseur et l'apparence du héros en fonction du choix.

En plus de toutes les conditions, testez à présent si le joueur valide son choix en appuyant sur la touche *Entrée* :

1. Créez la condition *Button* C *is Being Pressed*.

EN PRATIQUE **Sonoriser la validation**
Vous pouvez ajouter un son de validation et un texte avec la commande *Play SE*.

2. Insérez dans la commande *Show Choices* les choix Oui et Non.

3. Pour le choix Oui, préparez une transition avec la commande *Prepare Transition* et exécutez-la avec *Execute Transition*. Vous obtiendrez alors un effet ou un fondu lorsque le héros sera téléporté vers une autre carte.

4. Restaurez l'opacité du héros sur *Normal* dans la commande *Change Transparent Flag*.

5. Téléportez le héros sur la carte où commence le jeu avec la commande *Transfer Player*.

6. Indiquez un temps d'attente de 2 frames avec la commande *Wait* pour que le changement de position du curseur ne soit trop rapide. Normalement, le déplacement du curseur sera fluide.

Les caractéristiques du héros

Le joueur possède un capital de points qu'il répartit entre les différentes caractéristiques de son héros, afin de le personnaliser.

EXEMPLE **Impact des caractéristiques**
Imaginons qu'un joueur ait un total de 7 points et que la force et la dextérité soient les deux caractéristiques disponibles dans le jeu. Le joueur peut attribuer 5 points de force et 2 points de dextérité, pour renforcer son héros. En faisant l'inverse, il rend son héros habile. Avec une répartition égale entre les deux caractéristiques, le héros aura un profil équilibré.

1. Créez un événement avec le déclenchement *Autorun*. Il comprendra 2 pages : la première pour initialiser les variables, la seconde pour le système.

2. Sur la première page, créez une variable définissant le nombre de points maximum.

Single : 0033 : points caractéristiques

    Operand : Set

    Operation : Constant 7

3. Ajoutez une nouvelle variable. Elle représente le nombre de points pour la force. Initialisez-la à 0.

    Single : 0086 : Points Force

    Operand : Set

    Operation : Constant 0

4. Reproduisez l'étape précédente pour notre seconde caractéristique, la dextérité. Elle est représentée par la variable n° 0087, nommée *Points Dex*.

5. Activez un interrupteur local A avec la commande *Control Self Switch* pour aller sur la deuxième page.

6. Sur la deuxième page, placez l'interrupteur local A en condition de déclenchement.

> RAPPEL **Commande de déclenchement**
>
> Le déclenchement est toujours en *Autorun*.

7. Créez une étiquette avec la commande *Label*. Baptisez-la « Choices Carac ». Elle sert à faire revenir le joueur au début de la liste des commandes d'événements. Par conséquent, le joueur pourra à nouveau choisir des caractéristiques, s'il le souhaite.

8. Proposez un choix au joueur avec la commande *Show Choices* en remplissant le champ *Force* avec la valeur *[\V[86]]* et le champ *Dextérité* avec la valeur *[\V[87]]*. Validez.

9. Cochez l'option *Disallow*, le joueur sera ainsi obligé de choisir. Ici, nous affichons, entre crochets, la variable correspondant à la caractéristique. Si le joueur assigne 2 points à la force, nous aurons donc « Force [2] ».

10. Dans le premier choix, nous attribuons un identifiant à la caractéristique. Il nous servira par la suite pour déterminer à quelle caractéristique l'ajout ou le retrait s'applique. Stockez dans une nouvelle variable la constante 1.

    Single : 0038 : Type

    Operand : Set

    Operation : Constant 1

11. Reproduisez la même démarche pour créer le deuxième choix, mais en donnant cette fois à la variable créée la valeur 2.

12. Dans le dernier choix Valider, on téléporte le héros sur une carte du jeu. Pour cela, utilisez la commande *Transfer Player* et sélectionnez l'emplacement du héros.

13. Toujours dans le dernier choix, précisez la commande *Exit Event Processing* pour éviter que le système ne continue en boucle après la téléportation.

14. À l'extérieur de la liste de choix, ajoutez une étiquette que vous nommez *Choices Action* à l'aide de la commande *Label*. Cela permet de revenir à la seconde liste de choix quand les points saisis par le joueur ne sont pas valides.

15. Affichez encore une liste de choix avec les champs suivants :

    Ajouter des points

    Enlever des points

    Revenir

16. Dans le premier choix, activez un interrupteur local B (le A est déjà utilisé). Vous signalez ainsi que vous souhaitez ajouter des points.

17. Dans le second choix, désactivez l'interrupteur local B pour montrer que vous voulez retirer des points.

18. Dans le dernier choix, faites revenir le joueur vers une étiquette avec la commande *Jump to Label*. Dans la boîte de dialogue, saisissez `Choices Carac`. En optant pour ce choix, le joueur reviendra au début de la liste des commandes.

19. Avec la commande *Input Number*, demandez au joueur de saisir un nombre. Comme nous disposons d'une unité, indiquez la valeur 1 dans *Digits*. Le nombre saisi est enregistré dans une variable. Dans notre exemple, c'est la variable n° 0034, intitulée *Choix Points*.

Vérifiez à présent le nombre de points disponibles. Pour cela, il faut soustraire le nombre de points de caractéristiques au maximum. Par exemple, si le joueur assigne 5 points pour la force, le calcul est le suivant : Points maximum – Points Force – Points Dextérité = Points restants, soit 7 – 5 – 0 = 2.

1. Créez une variable pour effectuer ce calcul :

    Single : 0037 : Test Point

    Operand : Set

    Operation : Variable 0033 : Points Caractéristiques

2. Retirez à la variable précédente la valeur de la variable *Points Force* :

    Single : 0037 : Test Point

    Operand : Sub

    Operation : Variable 0086 : Points Force

3. Faites de même pour la variable Points Dex :

    Single : 0037 : Test Point

    Operand : Sub

    Operation : Variable 0087 : Points Dex

4. Créez une condition avec la commande *Conditionnal Branch.* Elle nous servira à savoir si le joueur veut ajouter ou enlever des points. Il suffit, pour cela, de tester si l'interrupteur local B est activé ou non : *Self Switch* B *is* ON

5. Conservez l'option *Set handling when conditions do not apply* cochée.

6. Dans la condition, testez si les points à ajouter sont compris entre 0 et le nombre de points disponibles. Il y a donc 2 conditions imbriquées :

    Variable 0034 : Choix Points *is*

    Greater than

    Constant 0

7. Dans la condition précédente, créez une nouvelle condition :

    *Variabl*e 0034 : Choix Points *is*

    Less Than or Equal to

    Variable 0037 : Test Point

8. Dans la condition précédente, créez de nouveau une condition pour déterminer quelle caractéristique modifier. Nous allons utiliser l'identifiant des étapes 11 et 12 ci-dessus :

    Variable 0038 : Type

    Equal to

    Constant 1

9. Laissez l'option *Set handling when conditions do not apply cochée.*

10. Dans cette condition, ajoutez la caractéristique de force au héros avec la commande *Change Parameters*. Le paramètre est *STR* (la force). L'opération est *Increase* pour augmenter. L'opérande est la variable *Choix Points* (n° 0034, ici).

11. Ajoutez le nombre saisi pour la variable *Points Force* :

    Single : 0086 : *Points Force*

    Operand : Add

    Operation :Variable 0034 : *Choix Points*

12. Dans l'option *Else*, reproduisez les étapes 8, 10 et 11, mais, cette fois, pour la dextérité. L'identifiant dans la condition est 2, le paramètre est *DEX* et la variable à modifier de l'étape n° 11 est « Points Dex » (n° 0087, ici).

Dans l'option *Else* de la toute première condition (étape n°4), nous allons procéder au retrait des points. Le principe est le même, mais inversé.

1. Créez une condition pour identifier la caractéristique (comme à l'étape n° 8) :

   Variable 0038 : Type

   Equal to

   Constant 1

2. Laissez l'option *Set handling when conditions do not apply cochée.*

3. Reproduisez l'étape 6 ci-dessus pour vous assurer que le total de points de la caractéristique ne sera pas négatif quand le joueur retirera des points.

Nous allons tester, pour la caractéristique de force, si le nombre de points à retirer est inférieur aux points déjà attribués à la caractéristique :

4. Dans la condition précédente, créez une nouvelle condition :

   Variable 0034 : Choix Points *is*

   Less Than or Equal to

   Variable 0086 : Points Force

5. Dans la condition, reproduisez l'étape 10 mais en cochant *Decrease,* afin de diminuer les points ajoutés.

6. Reproduisez l'étape 11, mais cochez *Sub* pour l'opérande.

7. Dans l'option *Else* de la condition de l'étape 1, suivez de nouveau la même démarche (étapes 1 et 3 à 5) mais en modifiant l'identifiant de la première condition à tester la variable *Points Dex* (dans l'étape 4) et à retirer les points à la caractéristique *DEX*.

POUR ALLER PLUS LOIN **Compléter**

Quand le joueur saisit des montants incorrects, prévenez- le en affichant un message dans les champs *Else* des conditions (de l'étape 7 par exemple). En effet, il ne peut pas dépasser le nombre de points dont il dispose. Ce nombre est traduit par *\V[X]* où *X* est le numéro de la variable *Test Point* (ici, cela serait « 37 »). Après l'affichage de la mise en garde, revenez grâce à la commande *Jump to Label*, à l'étiquette nommée *Choices Action*. Le joueur est alors de nouveau invité à faire un choix. Ce principe est le même que pour retirer les points.

Voici le résultat en deux parties :

```
@>Label: Choices Carac
@>Text: Il vous reste 7 points au total.
@>Show Choices: Force [\V[86]], Dextérité [\V[87]], Valider
 : When [Force [\V[86]]]
   @>Control Variables: [0038: Type] = 1
   @>
 : When [Dextérité [\V[87]]]
   @>Control Variables: [0038: Type] = 2
   @>
 : When [Valider]
   @>Transfer Player:[011: MAP011], (016,011)
   @>Exit Event Processing
   @>
 : Branch End
@>Label: Choices Action
@>Show Choices: Ajouter des points, Enlever des points, Revenir
 : When [Ajouter des points]
   @>Control Self Switch: B =ON
   @>
 : When [Enlever des points]
   @>Control Self Switch: B =OFF
   @>
 : When [Revenir]
   @>Jump to Label: Choices Carac
   @>
 : Branch End
@>Input Number: [0034: choix points], 1 digit(s)
@>Control Variables: [0037: Test Point] = Variable [0033: points caractéris
@>Control Variables: [0037: Test Point] -= Variable [0087: Points Dex]
@>Control Variables: [0037: Test Point] -= Variable [0086: Points Force]
@>Conditional Branch: Self Switch B == ON
   @>Conditional Branch: Variable [0034: choix points] > 0
     @>Conditional Branch: Variable [0034: choix points] <= Variable [003
       @>Conditional Branch: Variable [0038: Type] == 1
         @>Change Parameters: [Aluxes], STR + Variable [0034: choix po
         @>Control Variables: [0086: Points Force] += Variable [0034: ch
       @>
     : Else
```

Première partie de la liste de commandes
pour le choix des caractéristiques du héros

```
@>Conditional Branch: Variable [0038: Type] == 2
  @>Change Parameters: [Aluxes], DEX + Variable [0087: Poin
  @>Control Variables: [0087: Points Dex] += Variable [0034: c
  @>
 :  Branch End
 @>
 :  Branch End
@>
 :  Else
 @>Text: Vous ne pouvez pas dépasser les
 :        \V[37] points pour cette caractéristique.
 :        Recommencez !
 @>Jump to Label: Choices Action
 @>
 :  Branch End
@>
 :  Branch End
@>
 :  Else
@>Conditional Branch: Variable [0038: Type] == 1
  @>Conditional Branch: Variable [0034: choix points] > 0
    @>Conditional Branch: Variable [0034: choix points] <= Variable [0
      @>Change Parameters: [Aluxes], STR - Variable [0086: Points F
      @>Control Variables: [0086: Points Force] -= Variable [0034: ch
      @>
     :  Branch End
    @>
   :  Branch End
  @>
 :  Else
 @>Conditional Branch: Variable [0038: Type] == 2
   @>Conditional Branch: Variable [0034: choix points] > 0
     @>Conditional Branch: Variable [0034: choix points] <= Variable
       @>Change Parameters: [Aluxes], DEX - Variable [0087: Points
       @>Control Variables: [0087: Points Dex] -= Variable [0034: ch
       @>
      :  Branch End
     @>
    :  Branch End
   @>
  :  Else
  @>
 :  Branch End
 @>
 :  Branch End
@>
 :  Branch End
@>
```

Deuxième partie de la liste de commandes
pour le choix des caractéristiques du héros

En résumé

Le prologue, la cinématique, le choix de l'apparence et des caractéristiques du héros sont autant d'éléments qui introduisent le jeu et jettent les bases de votre RPG. Malgré toutes les techniques que nous avons expliquées pour concevoir ces systèmes, rien ne remplace la créativité et l'originalité, car c'est grâce à elles que vous accrocherez l'attention de votre joueur.

Les actions courantes des héros

Au cours de l'aventure, le héros accomplit tout un panel d'actions et combat un certain nombre d'ennemis lors de l'exploration des donjons. Voyons comment programmer ces actions courantes, qui sont autant d'articulations dans le scénario du jeu.

Ce chapitre explique comment attribuer des actions au héros principal. En effet, les actions (pousser un objet, interagir avec une source lumineuse, etc.) et les combats en temps réel (donner un coup d'épée) sont indispensables pour résoudre les énigmes d'un donjon. Nous verrons également comment contrôler un autre personnage de l'équipe ou faire en sorte que les différents héros se suivent sur la carte.

Pousser un objet

Pousser un objet est une action des plus courantes dans les RPG : le héros écarte une pierre pour, par exemple, dégager un passage et poursuivre sa route, ou alors pour résoudre une énigme dans un donjon (voir « Les énigmes d'un donjon » au chapitre 9).

Le principe est très simple, il suffit de déplacer un événement qui à l'apparence d'une pierre (ou autre, selon votre choix) d'un carreau dans la direction opposée :

1. Créez un événement avec l'apparence d'une pierre.

2. Dans la liste des commandes d'événements, cliquez sur *Set Move Route*.

3. Dans cette commande, appliquez le déplacement à l'événement actuel (*this event*).

4. Dans la liste des commandes de déplacement, assignez un son avec *Play SE*. Le son évoquera le raclement d'une pierre sur le sol.

> RPG Maker XP
>
> Le son *045-Push01* est particulièrement adapté à cette commande.

5. Pour que la pierre se déplace d'un pas dans la direction opposée du héros, cliquez sur la commande de déplacement *Move away from Player*.

6. Cochez l'option *Ignore If Can't Move*. Ainsi, quand la pierre butte contre un obstacle, l'option interrompt tout déplacement impossible. Sans cela, l'événement continuera en vain d'exécuter la commande de déplacement. L'objet sera donc bloqué et le héros ne pourra plus le pousser.

Donner un coup d'épée

En général, le héros se sert de son épée pour attaquer les ennemis. Les armes configurées dans la base de données ne se destinent qu'aux combats au tour par tour. Ici, nous souhaitons que le héros donne un coup d'épée sur la carte. Ainsi, quand le joueur appuie sur une touche (la touche A, dans notre exemple), l'animation du coup d'épée du héros se lancera.

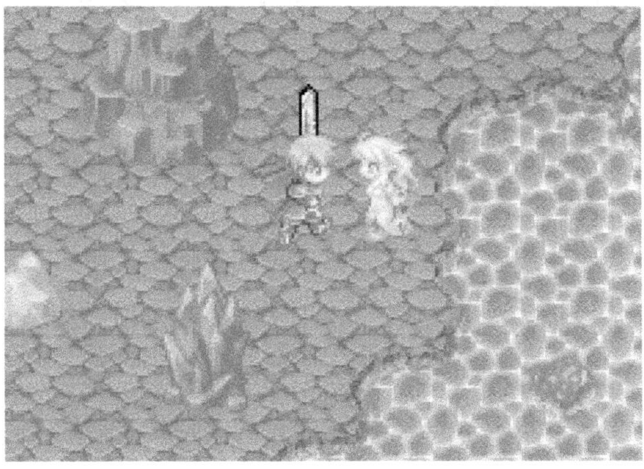

Un coup d'épée donné par le héros

Nous allons ici créer l'animation et l'appliquer sur la carte. L'interaction du coup d'épée sur un objet ou un ennemi sera expliquée au chapitre 10.

1. Vous devez disposer au préalable de l'animation du héros qui donne un coup d'épée. Vous pouvez soit la créer vous-même, soit télécharger la ressource graphique sur le Web. Ensuite, importez-la dans le dossier *Graphics/Animations*.

   URL **Sites de ressources**

   Sur Internet, nombreux sont les sites proposant des ressources intéressantes pour construire un RPG. Notons notamment :

   ▸ www.rpgcreative.net

   ▸ www.ninesages.org/XP_Album

2. Dans la base de données, accédez à l'onglet *Animation* et créez une nouvelle animation. Placez votre héros au centre de l'animation que vous créez. Reproduisez l'opération pour les autres directions. Vous

obtenez ainsi 4 animations. Il est également possible d'ajouter un son évoquant le coup d'épée.

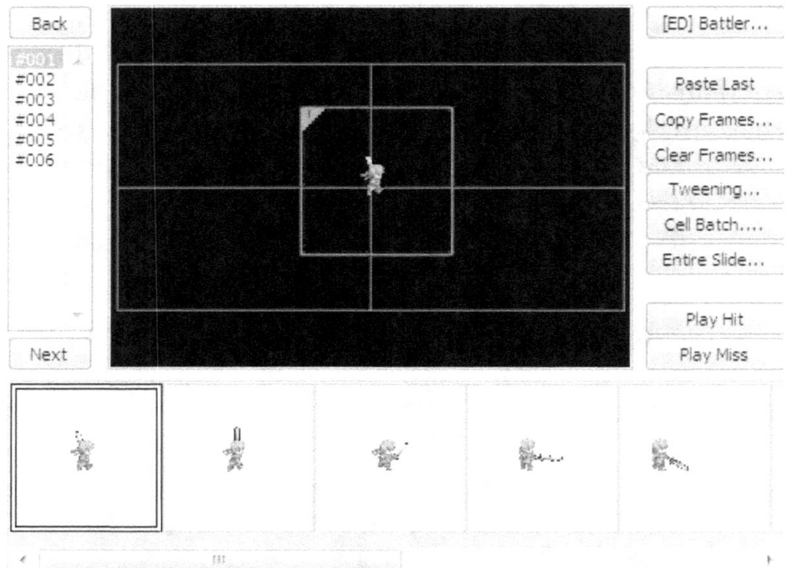

Les séquences d'animation du coup d'épée

Comme le héros ne porte pas forcément une épée durant toute l'aventure, l'événement commun que nous créons ne se déclenchera que si un interrupteur *Épée* est activé.

3. Créez un nouvel événement commun, réglez son déclenchement (*Trigger*) sur *Parallel* et la condition de déclenchement sur l'interrupteur *Épée* (n° 0025, dans notre exemple).

4. Dans la liste des commandes, créez une condition avec la commande *Conditional Branch* et cochez *Button* : *Button* A *is Being Pressed*

Appliquons à présent l'animation au héros. Mais préalablement, il faut cacher le héros afin d'éviter que l'image du héros normal ne se superpose à celle du héros en train de donner un coup d'épée.

5. Avec la commande *Change Transparent Flag*, passez le héros en mode *Transparent.*

6. Affichez maintenant l'animation selon la direction du héros. Avec la commande *Conditional Branch,* cochez *Character* : Character Player is Facing Down.

7. Conservez l'option *Set Handling when conditions do not apply cochée*.

8. Paramétrez ensuite l'animation pour cette direction (vers le bas, donc).

9. Dans l'option *Else* de cette condition, reproduisez les étapes 7, 8 et 9 mais pour une autre direction (haut, gauche ou droite).

Normalement, vous avez à présent créé les 4 directions avec 4 conditions imbriquées.

10. Après les conditions, insérez un temps d'attente avec la commande *Wait*.

> EN PRATIQUE **Durée de l'attente**
>
> Puisque notre animation dure 6 frames, nous précisons la valeur 6 dans la commande *Wait*.

11. Une fois l'animation terminée, restaurez la transparence du héros en mode *Normal* avec la commande *Change Transparent Flag*.

12. Pour éviter que le joueur ne puisse donner plusieurs coups en quelques dixièmes de secondes, laissez à nouveau un temps d'attente avec la commande *Wait*. Dans notre cas, 10 frames suffisent.

Voici le résultat final :

```
@>Conditional Branch: The A button is being pressed
  @>Change Transparent Flag: Transparency
  @>Conditional Branch: Player is facing Down
    @>Show Animation: Player, [Coup d'épée Bas]
    @>
   : Else
    @>Conditional Branch: Player is facing Left
      @>Show Animation: Player, [Coup d'épée Gauche]
      @>
     : Else
      @>Conditional Branch: Player is facing Right
        @>Show Animation: Player, [Coup d'épée Droite]
        @>
       : Else
        @>Conditional Branch: Player is facing Up
          @>Show Animation: Player, [Coup d'épée Haut]
          @>
         : Branch End
        @>
       : Branch End
      @>
     : Branch End
    @>
   : Branch End
  @>Wait: 6 frame(s)
  @>Change Transparent Flag: Normal
  @>Wait: 10 frame(s)
  @>
 : Branch End
@>
```

Liste des commandes d'événements pour le coup d'épée du héros

Creuser un trou

Que ce soit dans le cadre d'une chasse au trésor ou pour obtenir un objet important pour la quête, il arrive souvent que le héros doive creuser le sol à la recherche d'objets enfouis. Pour ce faire, il suffit de créer un événement dans le sol et de lui assigner l'obtention d'un objet ou d'une somme d'argent. Le gain sera aléatoire.

Le héros creuse un trou et trouve un objet

1. Créez un événement sans apparence, de 2 pages.

2. Dans la liste des commandes d'événements, activez l'interrupteur local A avec la commande *Control Self Switch*.

> PENSE-BÊTE **Activer l'interrupteur**
> N'oubliez pas de mettre la commande *Control Self Switch* sur *ON*.

3. Créez un événement commun et appelez-le dans l'événement simple. Nous nous intéresserons à l'événement commun par la suite.

4. Créez une nouvelle page. Attribuez l'apparence d'un trou à votre événement ; la condition de déclenchement *Self Switch* doit être cochée avec la lettre A.

En pratique **Empêcher le héros de creuser sans pelle**

Pour empêcher le héros de creuser sans pelle, insérez, pour l'événement simple « Trou », l'interrupteur créé en condition de déclenchement (sur la page 1). Ainsi, l'événement ne pourra être déclenché que si le héros possède une pelle.

L'événement concernant le trou est terminé. Ainsi, quand le héros déclenche l'événement, un trou apparaît et l'événement commun gouvernant le gain s'exécute.

1. Rendez-vous dans l'événement commun créé précédemment. Dans notre cas, nous l'avons intitulé « Objet trouvé ».

En pratique **Sonoriser l'action**

Vous pouvez jouer un son qui simule le bruit de quelqu'un qui creuse avec la commande *Play SE.*

À présent, occupons-nous de programmer le gain. Pour cela, nous allons créer une variable générant une valeur aléatoire entre 1 et 10. Nous désirons que le héros ait plus de chance d'obtenir de l'argent qu'un objet. Dans notre exemple, il aura 3 chances sur 10 d'obtenir un objet et 7 chances sur 10 de gagner de l'argent.

2. Créez une variable avec la commande *Control Variables* :

   Single 0030 : Aléatoire Objet/Argent

   Operation : Set

   Operand : Random 1~10

3. Créons une condition pour vérifier le taux de chances indiqué ci-dessus. Utilisez la commande *Conditional Branch* pour cela :

   Variable 0030 : Aléatoire Objet/Argent

   Greater than or Equal to

   Constant 3

Si notre héros a 7 chances sur 10 (la valeur de variable n° 0030 est comprise entre 3 et 10), il obtiendra de l'argent. La somme est elle aussi aléatoire, et sera comprise entre 10 et 200.

1. Créez à nouveau une variable avec la commande *Control Variables* :

   Single 0031 : Aléatoire Argent

   Operation : Set

   Operand : Random 10~200

2. Avec la commande *Change Gold*, cochez *Variable* et insérez la variable créée précédemment (n° 0031, « Aléatoire Argent »).

> BONNE PRATIQUE **Afficher le montant de la somme gagnée**
>
> Indiquez au joueur le montant que son héros a trouvé. Saisissez le message dans le champ *Show Message* : « Vous trouvez \V[31] pièces d'or. ».

3. L'option *Else* de la condition indique l'alternative au gain d'argent, à savoir le gain d'un objet. Nous préférons proposer un objet fixe et non aléatoire au héros. Choisissez l'objet avec la commande *Change Items*, et insérez un message d'information à destination du joueur.

```
@>Play SE: '129-Earth01', 80, 140
@>Control Variables: [0030: aléatoire Objet/Argent] = Random No. (1...10)
@>Conditional Branch: Variable [0030: aléatoire Objet/Argent] >= 3
  @>Control Variables: [0031: aléatoire argent] = Random No. (10...200)
  @>Change Gold: + Variable [0031: aléatoire argent]
  @>Text: Vous trouvez \V[31] Or
  @>
 : Else
  @>Change Items: [Potion], + 1
  @>Text: Vous trouvez une potion
  @>
 : Branch End
@>
```

Liste des commandes d'événements pour que le héros creuse

> EN PRATIQUE **Une pelle pour pouvoir creuser**
>
> Si besoin, dans la base de données, vous pouvez créer l'objet Pelle. Quand le héros achète ou gagne la pelle, activez un interrupteur avec la commande *Control Switches* afin de signaler que le héros possède la pelle et peut creuser un trou.

Allumer et éteindre une source de lumière

Voyons à présent quelles sont les manipulations à suivre pour faire en sorte que le héros puisse allumer et éteindre une lanterne. Un halo lumineux sera alors présent autour du personnage, lui permettant de s'orienter dans la pénombre.

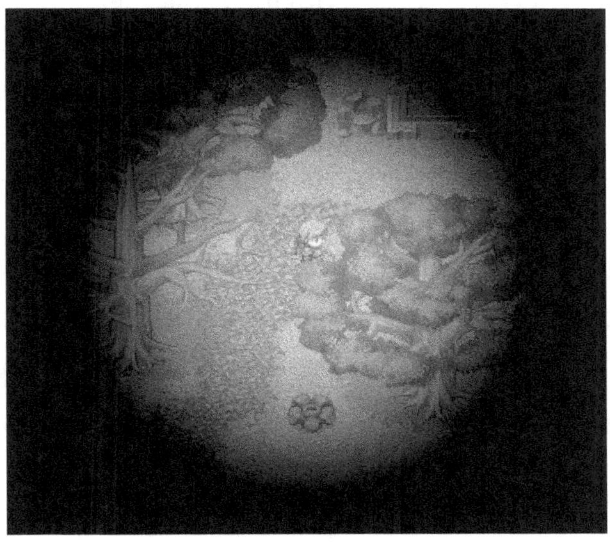

La lanterne est allumée

1. Préparez une image entièrement noire avec un cercle blanc en son centre. Pour XP, elle doit mesurer au moins 960 × 720 pixels, contre 816 × 624 pixels pour VX. Importez-la ensuite dans le dossier `Graphics/Pictures`.

2. Créez un nouvel événement commun, dont le déclenchement est *Parallel.* Insérez un nouvel interrupteur *Condition Switch*. Nommez-le « Possède la lanterne » (dans notre exemple, il s'agit du n° 0019).

À présent, fixez l'image sur le héros. Le positionnement de l'image se faisant par pixel et non par carreau, il faut donc se référer à la position du héros.

3. Créez une variable nommée « Lanterne X » avec la commande *Control Variables* :

   > *Single* : 0040: Lanterne X

   > *Opération* : Set

   > *Operand* : Character Player's Screen X

4. Créez une deuxième variable, cette fois pour la position Y relative à l'écran (*Screen Y*). Cette variable se nomme, dans notre exemple, « Lanterne Y » avec le n° 0041.

5. Affichez ensuite l'image avec la commande *Show Picture*. Le numéro (*Number*) de l'image est 1, dans notre exemple. Les positions X et Y sont celles des variables créées précédemment X : 0040 : Lanterne X et Y : 0041 : Lanterne Y. Le point d'origine est le milieu de l'image, puisque nous voulons afficher le héros au milieu du cercle. Cochez donc *Center*.

Quand le joueur appuie sur la touche A (pour notre exemple), la lanterne s'allume. S'il appuie de nouveau sur A, elle s'éteint. Puisque le ton de la carte où se trouve le héros est entièrement noir, allumer la lanterne se résume à restaurer le ton par défaut de l'écran.

6. Testez la pression de la touche adéquate avec la commande *Conditional Branch* et cochez *Button*. Indiquez la touche allumant la lanterne.

Pour savoir si le héros allume ou éteint la lanterne, utilisez un interrupteur local. Si ce dernier est sur *OFF,* alors il l'allume. Dans le cas contraire, il l'éteint. Puisque, par défaut, l'interrupteur local est sur *OFF*, la toute première action du héros consistera à allumer la lanterne.

7. Dans la condition créée précédemment, créez une nouvelle condition, toujours à l'aide de la même commande. Cochez *Self Switch*, laissez la lettre A et mettez-le sur *OFF*.

8. Gardez l'option *Set Handling when conditions do not apply* cochée.

9. Dans la condition que vous venez de créer, changez le ton de l'écran avec la commande *Change Screen Color Tone*. Tous les paramètres doivent être sur 0. Laissez le temps de transition sur 20 frames pour éviter une illumination soudaine, qui serait moins réaliste.

10. Activez l'interrupteur local A avec la commande *Control Self Switch* (n'oubliez pas de le mettre sur *ON*). Ceci indique que la lanterne est allumée et peut donc être éteinte.

11. L'option *Else* de la condition concerne l'extinction de la lanterne. Elle reprend les étapes 9 et 10, mais à l'envers. Changez le ton de l'écran et mettez tous les paramètres à -255 (sauf *Gray*).

12. Désactivez l'interrupteur local A.

13. Après cette condition (mais toujours dans la condition de pression de la touche), mettez un temps d'attente de 20 frames environ avec la commande *Wait*, pour éviter que la lanterne ne s'allume ou ne s'éteigne brusquement si la touche est pressée en permanence.

Voici le résultat final :

```
@>Control Variables: [0040: Lanterne X] = Player's Screen X
@>Control Variables: [0041: Lanterne Y] = Player's Screen Y
@>Show Picture: 1, 'pic_spot2', Center (Variable [0040][0041]), (100%, 100%
@>Conditional Branch: The A button is being pressed
  @>Conditional Branch: Self Switch A == OFF
    @>Play SE: '036-Switch05', 80, 100
    @>Change Screen Color Tone: (0,0,0,0), @20
    @>Control Self Switch: A =ON
    @>
  : Else
    @>Play SE: '033-Switch02', 80, 100
    @>Change Screen Color Tone: (-255,-255,-255,0), @20
    @>Control Self Switch: A =OFF
    @>
  : Branch End
  @>Wait: 20 frame(s)
  @>
 : Branch End
@>
```

Liste des commandes d'événements pour une lanterne

Ici, on a rajouté des sons : un pour l'allumage et un pour extinction, N'oubliez pas que l'interrupteur « Possède la lanterne » doit être activé pour appliquer la lanterne sur la carte. C'est particulièrement utile si le héros ne peut posséder la lanterne qu'à un moment de son aventure pour parcourir une zone sombre.

PENSE-BÊTE **Au préalable**

Pensez à obscurcir la carte avant que le héros n'y fasse son entrée :

1. Créez un événement simple sur la carte et mettez son déclenchement (*Trigger*) sur *Autorun,* afin qu'il s'exécute automatiquement.

2. Changez le ton de l'écran et placez tous les paramètres à -255 (*sauf Gray*).

3. Effacez l'événement avec la commande *Erase Event*. L'événement réapparaîtra si le héros revient sur cette carte.

Des héros qui se suivent

L'équipe comprend plusieurs héros. Admettons que pour le moment, un héros secondaire est présent dans l'équipe. Nous allons voir comment ce héros suit le héros principal dans son aventure. Si le héros secondaire est bloqué par un obstacle sur le chemin, il se téléportera auprès du héros.

Le héros secondaire (à droite) suit le héros principal (de gauche).

1. Créez un événement et donnez-lui l'apparence du héros secondaire.
2. Sa vitesse et sa fréquence doivent être identiques à celles du héros. Réglez la vitesse sur 4 (*Speed*) et la fréquence sur 6.
3. Placez le déclenchement de l'événement dans *Trigger* en processus parallèle pour que celui ci puisse se répéter indéfiniment.

Nous avons besoin de 6 variables, qui sont présentées dans le tableau 8-1.

EN PRATIQUE **Positions du héros principal**
Les positions du héros principal sont définies dans un événement commun, voué à être appelé.

Tableau 8-1 *Variables pour que les héros se suivent*

Position	Nom de la variable	Valeur dans notre exemple
Position X du héros secondaire	*Héros suit X*	Numéro 0014
Position Y du héros secondaire	*Héros suit Y*	Numéro 0015
Position X du héros principal	*Position X héros*	Numéro 0001
Position Y du héros principal	*Position Y héros*	Numéro 0002
Distance X entre les héros	*Distance X*	Numéro 0016
Distance Y entre les héros	*Distance Y*	Numéro 0017

4. Commencez par les positions X et Y de cet événement. Avec la commande *Control Variables,* assignez la position X :

   Single : 0014 : Héros suit X

   Operation : Set

   Character : This Event 's Map X

5. Reproduisez l'étape précédente avec la position Y pour la variable *Héros suit Y*.

6. Avec la commande *Call Common Event*, appelez l'événement commun qui initialise les positions du héros principal. Dans notre exemple, il s'agit des variables 0001 et 0002.

Nous prévoyons que le héros secondaire se déplace en fonction de sa position par rapport au héros principal. Ainsi, s'il se trouve sur la gauche et le héros principal sur la droite, le héros secondaire se déplacera vers la droite pour rejoindre son compagnon. Cela signifie que sa position X est inférieure à celle du héros principal.

7. Afin de vérifier ce comportement, créez une condition avec la commande *Conditional Branch* :

   Variable 0014 : Héros suit X

   Less than

   Variable 0001 : Position X héros

8. Gardez l'option *Set Handling when conditions do not apply* cochée.

9. Dans la condition, déplacez l'événement avec la commande *Set Move Route*. Dans la fenêtre de cette commande, cliquez sur *Move Right* pour un déplacement d'un carreau sur la droite. Cochez l'option *Ignore If Can't Move* pour éviter qu'un obstacle n'entrave complètement le déplacement.

10. Dans l'option *Else* de la condition, reproduisez les étapes 7 et 9 en changeant la direction. Ainsi, vous vérifiez si la position X du héros secondaire est supérieure à la position X du héros dans la condition (*Greater than*). Le héros secondaire se déplace vers la gauche (*Move Left*).

11. En dehors des conditions, reproduisez les étapes 7 à 10, mais cette fois, pour la position Y, en indiquant le bon déplacement dans *Set Move Route*.

Le héros secondaire suit bien la même trajectoire que le héros principal. Mais que se passera-t-il s'il rencontre un obstacle ? Sera-t-il bloqué ? Il est rare que cela arrive puisque la vitesse est la même pour les deux protagonistes. Mais nous allons tout de même parer à cette éventualité.

Le principe à suivre est simple : si le héros secondaire est trop loin du héros principal (c'est-à-dire si la distance entre les deux héros s'allonge), le personnage secondaire se téléporte sur le héros. Dans les faits, nous vérifions si la distance n'est pas supérieure à 2 carreaux. Appelons « Distance X », la distance entre nos deux héros. Pour la calculer, il faut soustraire la position X du héros principal à celle du héros secondaire.

1. Commencez par assigner la valeur de la position X du héros secondaire à la variable Distance X :

    Single : 0016 Distance X

    Operation : Set

    Operand : Variable 0014 : Héros suit X

2. Soustrayez la valeur de la position X du héros principal à la variable Distance X :

    Single : 0016 Distance X

    Operation : Sub

    Operand : Variable 0001 : Position X héros

Cependant, une distance ne peut jamais être négative. Ainsi, si la position du héros secondaire est 4 et que celle du héros principal vaut 10, on obtient une distance de -6 carreaux. En fait, il faut multiplier par -1 quand la distance calculée est négative.

3. Créez une condition avec les valeurs suivantes :

    Variable 0016 Distance X

    Less than

    Constant 0

4. Ainsi, si la distance est strictement inférieure à 0, multipliez-la par -1 :

    Single 0016 : Distance X

    Set : Mul

    Operand : Constant -1

5. Créez une nouvelle condition. Elle vous permettra de voir si la distance est supérieure à 2 carreaux :

    Variable 0016 Distance X

    Greater than

    Constant 2

6. Dans la condition, activez l'interrupteur local A avec la commande *Control Self Switch* (mettez-la sur *ON*). Elle permet de téléporter le héros secondaire.

7. Reproduisez les étapes 1 à 6 mais, cette fois, pour la distance Y.

À présent, voyons comment téléporter le héros secondaire vers le héros principal à l'aide d'une nouvelle condition. Pour simplifier notre travail, nous téléporterons le personnage secondaire aux mêmes coordonnées que le héros principal, et non à côté de lui.

1. Créez une nouvelle condition. Elle se déclenche quand l'interrupteur local A est activé, avec la commande *Conditional Branch* : *Self Switch* A is ON.

2. Avec la commande *Show Animation*, insérez dans la condition une animation représentant la téléportation.

3. Téléportez le héros secondaire avec la commande *Set Event Location*. L'événement est *This Event*. Les positions dans *Appoint with Variables* sont celles du héros principal : *Map X* : 0001 : Position X héros et *Map Y* : 0002 : Position Y héros.

4. Après la téléportation, basculez l'interrupteur local A sur *OFF*.

Voici le résultat final :

```
@>Control Variables: [0014: Héros suit X] = This event's Map X
@>Control Variables: [0015: Héros suit Y] = This event's Map Y
@>Call Common Event: Position héros
@>Conditional Branch: Variable [0014: Héros suit X] < Variable [0001: Posi
  @>Set Move Route: This event (Ignore If Can't Move)
  :                        : $>Move Right
  @>
 : Else
  @>Conditional Branch: Variable [0014: Héros suit X] > Variable [0001: Po
    @>Set Move Route: This event (Ignore If Can't Move)
    :                        : $>Move Left
    @>
  : Branch End
  @>
 : Branch End
@>Conditional Branch: Variable [0015: Héros suit Y] < Variable [0002: Posi
  @>Set Move Route: This event (Ignore If Can't Move)
  :                        : $>Move Down
  @>
 : Else
  @>Conditional Branch: Variable [0015: Héros suit Y] > Variable [0002: Po
    @>Set Move Route: This event (Ignore If Can't Move)
    :                        : $>Move Up
    @>
  : Branch End
  @>
 : Branch End
@>Control Variables: [0016: Distance X] = Variable [0014: Héros suit X]
@>Control Variables: [0016: Distance X] -= Variable [0001: Position X héro
@>Conditional Branch: Variable [0016: Distance X] < 0
  @>Control Variables: [0016: Distance X] *= -1
  @>
 : Branch End
@>Conditional Branch: Variable [0016: Distance X] > 2
  @>Control Self Switch: A =ON
  @>
 : Branch End
@>Control Variables: [0017: Distance Y] = Variable [0015: Héros suit Y]
@>Control Variables: [0017: Distance Y] -= Variable [0002: Position Y héro
@>Conditional Branch: Variable [0017: Distance Y] < 0
  @>Control Variables: [0017: Distance Y] *= -1
  @>
 : Branch End
@>Conditional Branch: Variable [0017: Distance Y] > 2
  @>Control Self Switch: A =ON
  @>
 : Branch End
@>Conditional Branch: Self Switch A == ON
  @>Show Animation: This event, [HP Recovery 1]
  @>Set Event Location: This event, Variable [0001][00002]
  @>Control Self Switch: A =OFF
  @>
 : Branch End
@>
```

Liste des commandes d'événements pour que les héros se suivent

QUESTION **Comment faire si l'équipe contient plus de deux personnages ?**
Suivez le principe que nous avons décrit pour deux héros, mais, à ceci près que le troisième héros ne suit pas le héros principal, mais le héros secondaire.

Contrôler un autre héros

Le joueur peut contrôler un autre événement (un objet, un animal, etc.) ou bien un coéquipier. Ce changement de contrôle survient lorsque le héros active un bouton ou un interrupteur du jeu.

Il suffit alors d'intervertir les places du héros et de l'événement concernés, tout en conservant leurs directions. Il faut également penser à échanger leur apparence.

1. Créez un événement simple avec l'apparence du deuxième héros ou du personnage à contrôler.

2. Créez un événement avec l'apparence d'un bouton ou d'un interrupteur.

3. Stockez dans une variable, avec la commande *Control Variables*, la position X de l'événement « Deuxième héros ».

   Single : 0076 : Position X héros 2

   Operation : Set

   Operand : Character [001 : Deuxième héros]'s Map X

   Notre événement porte le numéro 001 et s'intitule « Deuxième Héros » le nom de la variable est « Deuxième héros », les crochets permettent de différencier la variable et l'option de la condition.

4. Reproduisez l'étape précédente pour la position Y :

   Single : 0077 : Position Y Héros 2

   Operation : Set

   Operand : Character [001 : Deuxième Héros]'s Map Y

Il faut maintenant identifier le numéro de la carte. Cette donnée nous servira lors de l'utilisation de la commande de téléportation.

5. Créez une nouvelle variable :

    Single : 0011 : Map ID

    Operation : Set

    Operand : Other Map ID

6. Appelez l'événement commun habituel pour initialiser les positions x et y du héros.

> RAPPEL
>
> Cet événement commun a déjà été créé. Il stocke, comme les variables précédentes, les valeurs des positions du héros principal.

7. Utilisez la commande *Transfer Player* et cochez *Appoint with variables*.

    Map ID : 0011 : Map ID

    Map X : 0076 : Position X héros 2

    Map Y : 0077 : Position Y héros 2

8. Changez l'apparence du héros avec la commande *Change Actor Graphic*. Reprenez celle de l'événement Deuxième Héros, car elles doivent être identiques.

9. Créez et activez un interrupteur permettant de modifier l'apparence de l'événement Deuxième Héros, cette fois-ci. Pour cela, utilisez la commande *Control Switches*.

10. Accédez à l'événement « Deuxième Héros » et créez une deuxième page. Indiquez l'apparence du héros et placez l'interrupteur créé précédemment dans la condition de déclenchement.

11. Revenez dans l'événement pour changer le contrôle. Avec la commande *Set Event Location*, positionnez l'événement « Deuxième Héros » sur les positions x et y du héros en cochant *Appoint with variables* :

    Map X : 0001 : Position X héros

    Map Y : 0002 : Position Y héros

Il ne reste plus qu'à indiquer les bonnes directions. Par exemple, si le deuxième héros regarde vers le bas et que le héros principal regarde vers le haut, quand le joueur change de héros, il faut que le héros principal regarde dans la même direction que l'événement à contrôler, soit vers le bas.

12. Avant toute chose, stockez dans une variable la direction du héros :

    Single : 0078 : Direction Héros

    Operation : Set

    Operand : Character Player's Direction

13. Pour changer la direction de l'événement, il faut modifier un script. Pour cela, rendez-vous dans le script `Game_Character 1` via l'éditeur de scripts. Dans les premières lignes, remplacez `attr_reader :direction` par `attr_accessor :direction`

14. Revenez dans l'événement et saisissez le code suivant à l'aide de la commande `Scripts`.

Changement de direction du héros

```
p = $game_map.events[1].direction
$game_player.direction = p
```

Ainsi, nous prenons la direction (bas, haut, droite ou gauche) de l'événement n°1, défini entre crochets. Nous appliquons cette direction au héros.

15. À la suite dans cette commande, nous allons intégrer la commande inverse, c'est-à-dire, assigner la direction du héros stockée dans la variable de l'étape 12 à la direction de l'événement.

Changement de direction pour l'événement à contrôler

```
d = $game_variables[78]
$game_map.events[1].direction = d
```

Ici, nous prenons la variable n° 78, entre crochets, soit la direction du héros, et nous l'appliquons à la direction de l'événement n° 1, toujours entre crochets.

Voici le résultat final de la liste des commandes d'événements :

```
@ >Control Variables: [0076: Position X Héros 2] = [Deuxième héros]'s Map X
@ >Control Variables: [0077: Position Y Héros 2] = [Deuxième héros]'s Map Y
@ >Control Variables: [0011: Map ID] = Map ID
@ >Call Common Event: Position héros
@ >Transfer Player:Variable [0011][0076][0077], No Fade
@ >Change Actor Graphic: [Aluxes], 019-Thief04, 0, , 0
@ >Control Switches: [0008: Change Event Apparence] = ON
@ >Set Event Location: [Deuxième héros],Variable [0001][00002]
@ >Control Variables: [0078: Direction héros] = Player's Direction
@ >Script: p = $game_map.events[1].direction
   :       : $game_player.direction = p
   :       :
   :       : d = $game_variables[78]
   :       : $game_map.events[1].direction = d
@ >
```

Liste des commandes d'événements pour contrôler un autre héros

Changer de héros dans l'équipe

Nous allons réaliser un système qui permet de changer les héros dans
l'équipe. Deux méthodes sont à notre disposition : la première consiste à
utiliser des commandes d'événements. Si cette démarche est simple, elle
s'avère plus fastidieuse que la seconde solution qui repose sur le RGSS.

Exploiter le système de conditions

RPG Maker limite le nombre de héros à quatre (sauf modification ou ajout
de scripts). À l'aide de la commande de choix, vous permettez au joueur
d'ajouter ou de retirer un héros à son équipe. Ainsi, vous pouvez disposer
de cinq héros, dotés chacun de leurs spécialités.

Dans notre explication, nous décidons de ne pas changer le héros principal,
qui est le numéro 1 dans la base de données. Ainsi, quatre combinaisons
d'équipe sont possibles. Imaginons que nous ayons quatre héros dans l'équipe :
A, B, C et D, ainsi qu'un héros supplémentaire, E. Nous omettons le héros A,
puisqu'il s'agit du le héros principal. Nous avons donc les combinaisons de
héros suivantes :

- B C D
- E C D
- B E D
- B C E

Comme nous avons 4 héros, il nous faut donc 4 conditions.

1. Créez un événement (personnage ou autre) qui proposera au joueur de changer de héros dans l'équipe.

2. Créez une condition avec la commande *Conditional Branch*. Testez si le héros n° 2 est dans l'équipe (ici, le héros se nomme Basil) : *Actor* 002 : Basil *is* In the Party

3. Dans la condition, reproduisez l'étape précédente mais pour le héros n° 3.

4. Dans la condition précédente, reproduisez la troisième étape mais pour le héros n° 4.

5. Nous avons maintenant 3 conditions imbriquées. Si toutes les conditions sont vérifiées, nous obtenons la combinaison B C D.

6. Affichez un texte : « Mettre \N[5] à la place de :».

7. Proposez un choix avec la commande *Show Choices*. Insérez les champs suivants :

   \N[2]

   \N[3]

   \N[4]

   Annuler

8. Dans tous les choix, ajoutez le cinquième héros avec la commande *Change Party Member*. Cochez *Add*.

9. Dans le premier choix, enlevez le deuxième héros, toujours avec la commande *Change Party Member* et cochez *Remove*.

10. Dans le deuxième choix, reproduisez l'étape 9 mais pour le troisième héros.

11. Dans le troisième choix, reproduisez l'étape 9 mais pour le quatrième héros.

12. La première combinaison est créée. Effectuez de nouveau 3 fois toutes les étapes précédentes pour les combinaisons E-C-D, B-E-D et B-C-E à la suite dans la liste des commandes d'événement (en dehors des conditions établies).

QUESTION **La procédure est longue et répétitive !**
Comment éviter cela ?

Si vous avez deux héros supplémentaires ou plus, les combinaisons augmentent ainsi que les lignes de commandes à écrire. Mais après tout, c'est le problème de l'affichage des choix. Cette commande n'étant pas variable, il faut créer de multiples conditions pour afficher le bon choix. La solution serait d'avoir un choix commun. C'est possible, mais plus difficile à réaliser, car cela nécessite l'utilisation de codes RGSS proposés par RPG Maker.

Améliorer le système de changement de héros

ATTENTION **RGSS et Ruby**

Les explications qui suivent peuvent être un peu plus difficiles à appréhender que ce que nous avons vu jusqu'à maintenant, car nous allons écrire du code RGSS et Ruby. Nous vous conseillons de consulter le chapitre sur le RGSS dans la troisième partie et ainsi que l'annexe A, consacrée au langage Ruby.

Nous allons ajouter deux héros supplémentaires, ce qui nous donne six héros au total. Le héros principal est toujours omis, le joueur ne pourra pas l'enlever de l'équipe. Notre but ici est de réaliser un système de changements de héros dans l'équipe d'une façon moins fastidieuse et surtout moins longue et plus efficace.

1. Ouvrez l'éditeur de scripts de RPG Maker. Créez un nouveau script en cliquant avec le bouton droit dans la liste, puis en sélectionnant *Insert* dans le menu contextuel.

2. Créez une nouvelle méthode, et nommez-la `change_actors` :

Méthode pour le changement de héros

```
def change_actors

end
```

Cette méthode va comprendre tous les passages de code que vous allez rédiger. Vous allez y enregistrer dans 3 variables différentes (commandes) les identifiants des héros présents dans l'équipe, et, dans 2 autres variables, les identifiants des héros absents de l'équipe.

3. Créez 2 variables en Ruby. Elles font office de « compteur ». Pour le moment, contentons-nous de les initialiser à 0.

Initialisation des compteurs

```ruby
j = 0
k = 0
```

4. Avec une boucle en Ruby, nous faisons défiler les héros du n° 2 au n° 6 :

Boucle pour faire défiler 5 héros

```ruby
for actor_id in 2..6
```

5. Utilisez ce code pour rappeler les propriétés du héros :

Propriétés d'un héros

```ruby
actor = $game_actors[actor_id]
```

6. Vérifiez, avec une condition en Ruby, si ce héros est dans l'équipe actuelle. Selon votre version de RPG Maker, indiquez le commentaire pour VX (la ligne commençant par le caractère #), et la seconde ligne pour XP).

Vérifier si le héros est présent dans l'équipe

```ruby
# if $game_party.members.include?(actor)  sur VX
if $game_party.actors.include?(actor)
```

7. Si le héros est bien dans l'équipe, ajoutez l'identifiant du héros dans une variable (la commande) :

Une variable (commande) prend le numéro du héros

```ruby
$game_variables[90+j]= actor.id
```

Ici, vous stockez dans les variables (commandes) n° 0090 à 0092. C'est logique puisque la méthode va trouver 3 héros dans l'équipe, sans compter le héros principal.

8. Quand un héros est trouvé et stocké dans une variable (n° 0090 par exemple), pensez à incrémenter le numéro de la variable pour stocker le prochain héros trouvé dans l'équipe dans la variable (commande) suivante (n° 0091 par exemple) :

Incrémentation du premier compteur

```
j += 1
```

9. Reproduisez la même opération, mais cette fois pour les héros absents de l'équipe. Stockez-les dans les variables (commandes) n° 0093 et 0094, puisque nous avons 2 héros supplémentaires.

Les héros absents de l'équipe

```
   else
     $game_variables[93+k]= actor.id
     k += 1
   end # Fin de la condition
  end # Fin de la boucle
end # Fin de la méthode
```

> EN PRATIQUE **Terminer le code**
>
> N'oubliez pas de terminer votre code par les mots-clés end pour fermer la boucle, la condition et la méthode.

Le code final est le suivant :

Méthode complète pour le changement de héros

```
def change_actors
  j=0
  k=0
  for actor_id in 2..6
    actor = $game_actors[actor_id]
# if $game_party.members.include?(actor) sur VX
```

```
    if $game_party.actors.include?(actor)
      $game_variables[90+j]= actor.id
      j += 1
    else
      $game_variables[93+k]= actor.id
      k += 1
    end
  end
end
```

10. Quittez l'éditeur de scripts et rendez-vous dans l'événement demandant le choix.

11. Avec la commande `Scripts`, appelez la méthode créée. Saisissez `change_actors` dans la boîte de dialogue.

12. Affichez avec la commande un texte demandant quel héros enlever.

13. Ajoutez un choix avec la commande *Show Choices* avec les champs suivants :

    \N[\V[90]]

    \N[\V[91]]

    \N[\V[92]]

    Annuler

> COMPRENDRE **Variable et identifiant du héros**
>
> Dans le code que vous venez d'écrire, la variable n° 0090 possède l'identifiant d'un héros présent dans l'équipe. Si le héros porte le n° 8, nous aurons « \N[8] ». Ceci affichera le nom du huitième héros dans la base de données. Le principe est le même pour les autres variables.

14. Dans le premier choix, indiquez le code suivant à l'aide de la commande `Scripts` :

Suppression du héros stocké dans la variable 0090

```
id_actor = $game_variables[90]
$game_party.remove_actor(id_actor)
```

La ligne `$game_party.remove_actor(id_actor)` permet d'enlever le héros portant l'identifiant compris dans la variable n° 0090.

15. Pour les autres choix, faites la même chose mais en changeant le numéro de la variable.

Suppression du héros stocké dans la variable 0091
pour le deuxième choix

```
id_actor = $game_variables[91]
$game_party.remove_actor(id_actor)
```

Suppression du héros stocké dans la variable 0092
pour le troisième choix

```
id_actor = $game_variables[92]
$game_party.remove_actor(id_actor)
```

16. Dans le choix d'annulation, insérez la commande *Jump to Label*. Dans la boîte de dialogue, saisissez `Annulation`. Cela permettra de sauter directement à la fin de la liste des commandes et de terminer le système de changement de héros. L'étiquette dédiée sera créée à la fin.

17. Créez un nouveau choix avec la commande *Show Choices*. Cochez *Disallow* pour obliger le joueur à choisir. Les champs seront \N[\V[93]] et \N[\V[94]].

18. Le principe est donc le même que la première liste de choix. Le code à indiquer dans les choix est presque identique que les codes précédents.

Ajout du héros stocké dans la variable 0093 pour le premier choix

```
id_actor = $game_variables[93]
$game_party.add_actor(id_actor)
```

Ajout du héros stocké dans la variable 0094 pour le deuxième choix

```
id_actor = $game_variables[94]
$game_party.add_actor(id_actor)
```

19. Pour terminer, ajoutez une étiquette avec la commande *Label* nommée « Annulation ».

Voici le résultat final :

```
@>Script: change_actors
@>Text: Enlever :
@>Show Choices: \N[\V[90]], \N[\V[91]], \N[\V[92]], Annuler
 :  When [\N[\V[90]]]
  @>Script: id_actor = $game_variables[90]
   :        : $game_party.remove_actor(id_actor)
  @>
 : When [\N[\V[91]]]
  @>Script: id_actor = $game_variables[91]
   :        : $game_party.remove_actor(id_actor)
  @>
 : When [\N[\V[92]]]
  @>Script: id_actor = $game_variables[92]
   :        : $game_party.remove_actor(id_actor)
  @>
 : When [Annuler]
  @>Jump to Label: Annulation
  @>
 : Branch End
@>Text: Mettre à la place du héros enlevé :
@>Show Choices: \N[\V[93]], \N[\V[94]]
 : When [\N[\V[93]]]
  @>Script: id_actor = $game_variables[93]
   :        : $game_party.add_actor(id_actor)
  @>
 : When [\N[\V[94]]]
  @>Script: id_actor = $game_variables[94]
   :        : $game_party.add_actor(id_actor)
  @>
 : Branch End
@>Label: Annulation
@>
```

Liste des commandes pour changer de héros dans l'équipe

En résumé

Plus le joueur peut effectuer d'actions différentes avec son héros, moins le jeu sera monotone. Par exemple, au début de l'aventure, le héros apprendra à attaquer avec une épée, à mi-parcours, il devra trouver un objet pour creuser et trouver des trésors, etc. Répartissez avec soin les différentes actions à entreprendre tout au long de votre RPG.

Les énigmes des donjons

Dans les RPG, les donjons sont des zones de combats mais aussi de réflexion. En effet, ils contiennent de petites énigmes que le joueur doit résoudre, comme pousser une pierre sur un interrupteur pour ouvrir un passage, déplacer un chariot dans une certaine direction, etc.

Passer sur ou sous un pont

La démarche consiste à faire passer le héros sous ou sur un pont. Selon le cas, le héros est caché par le décor. Le principe est très simple.

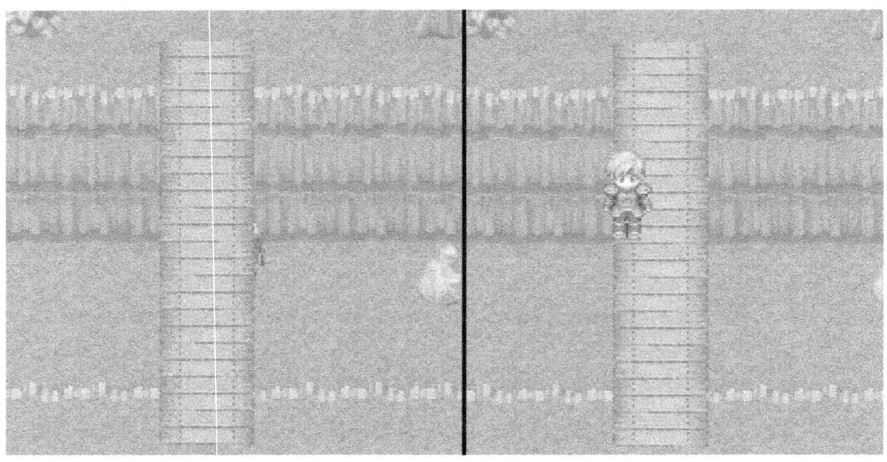

À gauche, le héros passe sous le pont et à droite il passe sur le même pont.

Voici donc l'astuce pour réaliser cet effet.

1. Créez des événements « Pont » avec l'apparence d'une portion de pont.

2. L'événement comprend 2 pages : la première permet de faire passer le héros sous le pont, la seconde sur le pont. Les deux pages ont la même apparence.

3. Sur la première page, cochez l'option *Always on Top*. Ainsi, le décor sera affiché au-dessus du héros.

4. Cochez aussi l'option *Through* pour rendre le carreau traversable. Maintenant, on a l'impression que le héros passe sous le pont.

5. Sur la deuxième page, créez un interrupteur et insérez-le. Placez-le en condition de déclenchement. Il signale que le héros passe sur le pont et non sous le pont.

6. Vérifiez que tous les paramètres ont les valeurs par défaut : les options doivent être décochées.

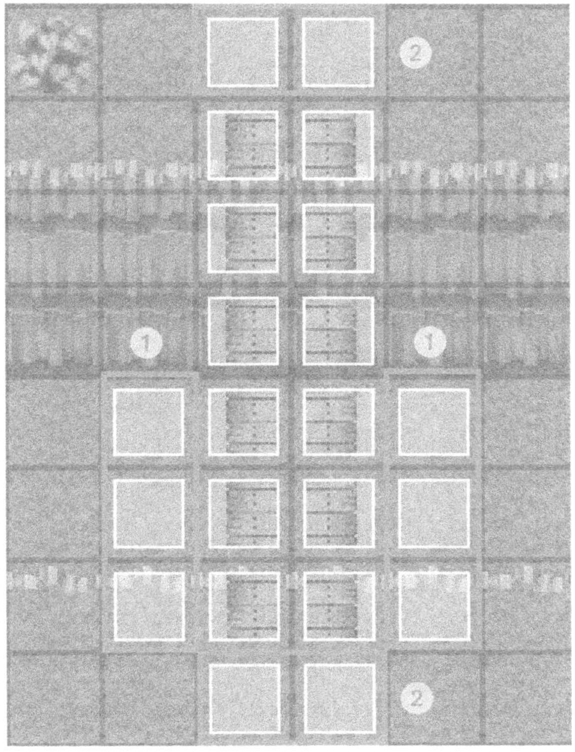

Le placement des événements autour du pont

Comme sur l'image ci-dessus, nous avons disposé des événements autour du pont (sur les endroits praticables par le héros). On distingue 2 types d'événements :

- Ceux qui se trouvent à droite et à gauche du pont ❶. Ils indiquent que le héros passe sous le pont.
- Ceux qui se trouvent en haut et en bas du pont ❷. Ils indiquent que le héros passe sur le pont.

7. Commencez par le premier type d'événement cité. Réglez le déclenchement sur *Event Touch*.

8. Désactivez l'interrupteur créé à l'étape 5 avec la commande *Control Switches*. Ainsi, c'est la première page de l'événement « Pont » qui sera appliquée.

9. Pour le deuxième type d'événement, reproduisez les étapes 7 et 8, mais en activant l'interrupteur. C'est la seconde page qui sera déclenchée.

Déplacer un chariot sur les rails

Le donjon peut prendre la forme d'une mine, le joueur devra alors déplacer un ou des chariots sur des rails, et activer des aiguillages pour suivre la bonne voie dans le labyrinthe des possibles.

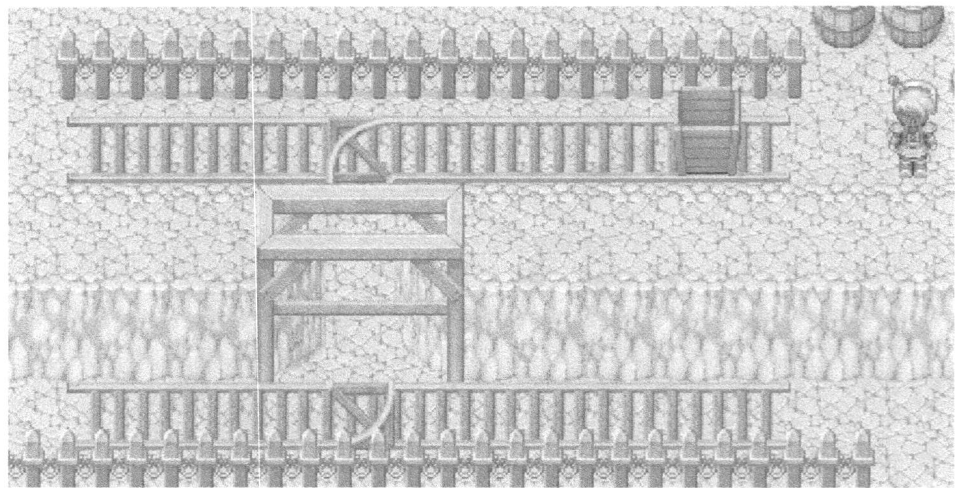

Le héros déplace le chariot sur les rails selon les intersections

1. Créez deux événements Intersections. Dans les deux cas, ils possèdent deux pages. Cochez l'option *Through* pour que le chariot puisse passer sur l'événement.

2. Toujours dans l'événement Intersection, attribuez l'apparence d'un rail allant dans une direction à la première page et, celle d'un rail allant dans une autre direction à la seconde.

3. Créez un interrupteur. Assignez-le à la seconde page en condition de déclenchement. L'interrupteur est le n° 0040 dans notre exemple et se nomme Rail 1.

4. Reproduisez l'opération pour l'autre intersection avec un interrupteur différent nommé `Rail 2`.

5. Créez un événement et nommez-le `Chariot`. Dans cet événement, insérez un choix pour permettre au héros de pousser le chariot, et si celui-ci peut suivre sa trajectoire sur les rails.

> EN PRATIQUE **Cul de sac**
>
> Si le héros ne peut faire avancer son chariot plus avant, n'ajoutez pas les commandes décrites dans les étapes suivantes.

Permettez le déplacement du chariot jusqu'à la prochaine intersection mobile avec la commande *Set Move Route*. Sur l'image ci-dessus, il se déplace de 5 carreaux vers la gauche (5 commandes *Move Left*). Attendez la fin du déplacement avec la commande *Wait for Move's Completion*.

6. Créez une condition et testez si l'interrupteur `Rail 1` est activé avec *Switch* 0040 : Rail 1 is ON. Décochez l'option *Set handling when conditions do not apply* puisqu'il sera impossible de déplacer l'évènement `Chariot` dans une autre direction lorsque l'interrupteur `Rail 1` est désactivé.

7. Dans la condition, déplacez l'événement `Chariot` avec la commande *Set Move Route* dans la direction indiquée sur la deuxième page de la première intersection. Sur notre image, le chariot continue tout droit. Il faut donc ajouter 4 fois la commande *Move Left*.

8. Puisque le chariot a fini son déplacement, nous allons sauter vers la fin de la liste des commandes avec une étiquette. Dans la commande *Jump to Label*, indiquez `Fin déplacement`. Le saut mènera à l'étiquette portant ce nom, que l'on créera à la fin.

9. En dehors de la condition, le joueur déplace le chariot dans l'autre direction depuis l'intersection. Sur l'image, il va vers le bas. Appliquez ce déplacement à l'aide de la commande *Set Move Route*, et attendez la fin du déplacement avec la commande *Wait for Move's Completion*.

10. Reproduisez l'opération, mais cette fois pour la deuxième événement `Intersections`. Créez une nouvelle condition avec *Switch* 0041 : Rail 2 *is* ON.

11. Dans la condition, déplacez l'événement `Chariot` avec la commande *Set Move Route* dans la direction indiquée sur la deuxième page de la deuxième intersection. Sur notre image, le chariot va vers la droite (4 fois *Move Right*).

12. Reproduisez l'étape 9.

13. En dehors de la condition, déplacez le chariot dans l'autre direction de la deuxième intersection. Attendez la fin du déplacement avec la commande *Wait for Move's Completion*.

14. Créez l'étiquette avec la commande *Label*. Nommez-la `Fin déplacement`.

Pour terminer, vous pouvez créer des interrupteurs (l'objet dans le jeu et non la commande d'événement !) dans le jeu, qui seront activés si le héros interagit avec les objets liés aux interrupteurs (les commandes cette fois-ci et non l'objet) `Rail 1` et `Rail 2`. Cela changera la trajectoire du chariot et l'apparence des intersections.

> EN PRATIQUE **Le héros se trouve dans le chariot**
>
> Dans ce cas, il suffit de changer l'apparence du héros avec la commande *Change Actor Graphic* et d'utiliser l'image d'un chariot avec le héros à son bord. Le déplacement est exécuté, non sur l'événement `Chariot` mais sur le héros. À la fin du déplacement, restaurez l'apparence normale du personnage.

Concevoir un élévateur

L'élévateur permet au héros de monter et de descendre des étages dans le donjon. Le joueur devra trouver le moyen de l'activer, et pourra ainsi monter à l'étage supérieur.

Ici, nous allons nous intéresser à la création de l'élévateur, et donc de permettre au joueur de voir son héros à bord de l'élévateur en train de monter.

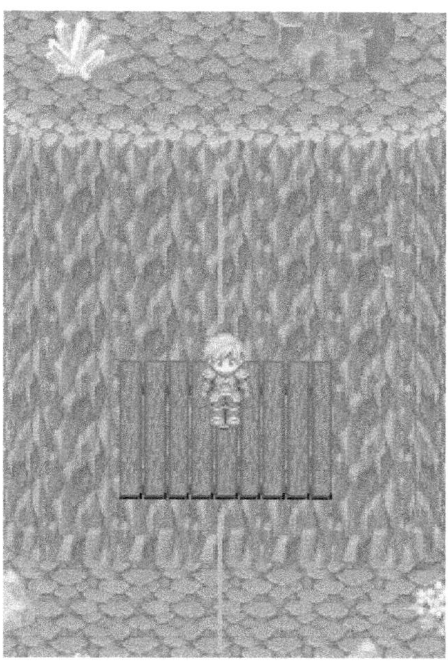

L'élévateur et le héros montent ensemble pour atteindre un étage.

Pour créer l'élévateur, nous avons besoin d'un événement. Ensuite, il suffit de dupliquer l'événement pour les différentes parties de l'élévateur. Évidemment, vous ne copiez pas les commandes d'événements dans chaque partie de l'élévateur : seule son apparence change.

L'événement compte deux pages, l'une pour monter et l'autre pour descendre.

1. L'option *Through* de l'événement doit être cochée. Cela permet de rendre l'événement praticable, et donc au héros de marcher sur l'événement.

2. La condition de déclenchement est *Player Touch*. Ainsi, l'élévateur monte dès que le héros touche l'événement, c'est-à-dire lorsqu'il s'engage sur l'élévateur.

3. Dans la liste des commandes d'événements, insérez un choix précédé d'un message demandant au joueur s'il veut monter. Si le joueur désire monter (le choix est positif), nous déplaçons le héros. Cependant, il faut avant tout :

   – modifier sa vitesse pour éviter une ascension trop brusque ;

   – le paramétrer en mode Fantôme pour qu'il puisse traverser le mur ;

   – fixer sa direction pour qu'il regarde toujours vers le bas, et ce même si son mouvement est ascensionnel ;

– désactiver l'animation du mouvement, afin d'éviter que le héros ne marche pendant le déplacement, puisqu'il doit être fixe sur l'élévateur ;

– le garder au-dessus de tous les éléments du décor pendant le déplacement.

Tout ceci sera fait avec la commande *Set Move Route*, l'ordre n'a pas d'importance.

4. Dans *Set Move Route*, cliquez sur la commande *Change Speed* et réglez la vitesse à 3.

5. Cliquez sur *Through ON* pour le mode fantôme.

6. Cliquez sur *Direction Fix ON* pour activer la direction fixe.

7. Cliquez sur *Move Animation OFF* pour désactiver l'animation du mouvement.

8. Cliquez sur *Always on Top ON* pour que le héros soit constamment placé sur la plus haute couche.

9. Cliquez autant de fois sur *Move Up* qu'il y a de carreaux à monter.

10. Après le déplacement, il faut restaurer les caractéristiques normales du héros, à savoir :

   Change Speed : 4

   Through OFF

   Direction Fix OFF

   Move Animation ON

   Always on Top OFF

11. À présent, déplacez l'élévateur. Cliquez sur *Set Move Route* et appliquez le déplacement à l'événement Élévateur. La commande de déplacement est *Move Up* et compte le même nombre de mouvements que le héros.

12. Répétez l'étape précédente pour les autres parties de l'élévateur. Il suffit de changer le numéro de l'événement.

13. Cliquez sur la commande *Wait for Move's Completion* pour attendre la fin du déplacement avant de poursuivre.

14. Activez un nouvel interrupteur avec la commande *Control Switches* (« 0023 : Élévateur », ici) pour indiquer que l'élévateur se trouve au sommet.

15. La deuxième page est identique, à cela près que le déplacement se fait vers le bas. Remplacez seulement *Move Up* par *Move Down*.

Normalement, vous obtenez ceci :

```
@>Text: Voulez vous monter ?
@>Show Choices: Oui, Non
 :  When [Oui]
   @>Set Move Route: Player
               :                : $>Change Speed: 3
               :                : $>Through ON
               :                : $>Always on Top ON
               :                : $>Direction Fix ON
               :                : $>Move Animation OFF
               :                : $>Move Up
               :                : $>Move Up
               :                : $>Move Up
               :                : $>Move Up
               :                : $>Move Up
               :                : $>Change Speed: 4
               :                : $>Through OFF
               :                : $>Always on Top OFF
               :                : $>Direction Fix OFF
               :                : $>Move Animation ON
   @>Set Move Route: [EV001]
               :                : $>Move Up
               :                : $>Move Up
               :                : $>Move Up
               :                : $>Move Up
               :                : $>Move Up
   @>Set Move Route: [EV002]
               :                : $>Move Up
               :                : $>Move Up
               :                : $>Move Up
               :                : $>Move Up
               :                : $>Move Up
   @>Wait for Move's Completion
   @>Control Switches: [0023: Elevateur] = ON
   @>
 :  When [Non]
   @>
 :  Branch End
@>
```

Liste des commandes d'événements pour un élévateur

Cependant, nous n'avons pas encore fini. En effet, quand le héros quitte la carte et revient sur celle-ci, l'élévateur est revenu à sa position initiale, ce qui est plutôt gênant pour faire redescendre le héros… Vous allez donc créer un nouvel événement qui permettra, dès l'entrée du héros sur la carte, de positionner l'élévateur au sommet. Rappelez-vous, vous avez précédemment créé un interrupteur pour savoir si l'élévateur est au sommet.

Dans ce cas, le nouvel événement s'active seulement si l'interrupteur est activé :

1. Créez le nouvel événement et mettez sa condition de déclenchement sur *Autorun*.

2. La condition de l'événement *Switch* doit être cochée avec l'interrupteur créé (« 0023 : Élévateur », ici).

3. Dans les commandes d'événements, cliquez sur la commande *Set Event Location*. Dans *Direct Appointment*, positionnez l'événement Élévateur au sommet.

4. Reproduisez l'opération pour les autres parties de l'élévateur.

5. Pour éviter de faire tourner en boucle cet événement, effacez-le avec la commande *Erase Event*.

> RAPPEL **Effacer ne signifie pas supprimer**
>
> La commande *Erase Event* ne remplace pas les interrupteurs ni ne supprime complètement l'événement : l'événement est juste effacé. Cela signifie que si le héros quitte la carte et revient dessus, l'événement effacé réapparaîtra.

Créer un interrupteur spécial : ouvrir un passage secret

Cette petite énigme est un classique des RPG : pour ouvrir une porte ou découvrir un passage, le héros doit déclencher un interrupteur en marchant dessus. Cependant, une fois l'interrupteur désactivé, il reprend sa position initiale et la porte ou le passage se referme. La solution consiste alors à pousser une pierre sur l'interrupteur pour garder le passage ouvert.

Nous avons besoin de 8 événements :

- l'interrupteur spécial ❶ ;

- la pierre que le joueur devra pousser ❷ (voir « Pousser une pierre » au chapitre précédent) ;

- le passage qui s'ouvre ou se ferme, selon la position de l'interrupteur ❸ ;

- un événement pour vérifier la position de la pierre sur l'interrupteur ❹ ;

- 4 événements autour de l'interrupteur, qui permettent de fermer le passage quand le héros s'éloigne de l'interrupteur ⑤.

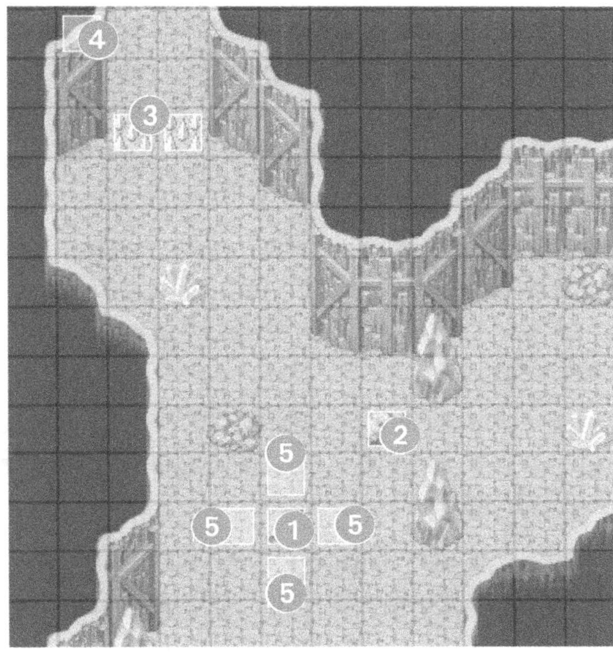

Schéma de la répartition des événements sur la carte

Créer l'événement Interrupteur

1. Créez tout d'abord l'événement Interrupteur. Mettez la condition de déclenchement sur *Player Touch* :

2. De la même manière qu'un coffre (voir « Gain d'un objet » au chapitre 7), vous l'animez avec *Set Move Route* :

   Turn Left

   Wait 3 frames

   Turn Right

Appliquez ces conditions à cet événement (*This event*).

> FACULTATIF **Sonoriser l'animation**
>
> Pour plus de réalisme, jouez un son pendant l'animation avec *Play SE*.

3. Cliquez sur la commande *Wait for Move's Completion* pour attendre la fin de l'animation avant de poursuivre.

4. Pour que le joueur puisse voir le passage s'ouvrir, il est appréciable de faire défiler l'écran vers ce passage. Pour cela, cliquez sur la commande *Scroll Map*. Dans notre exemple, le passage est placé au-dessus de l'interrupteur. La direction du défilement est donc vers le haut (*Up*). La distance est de 4 carreaux (distance courte) et la vitesse (*Speed*) est de 4 (normale).

5. Afin d'éviter que l'événement ne continue à s'exécuter ou bien que notre passage s'ouvre pendant le défilement, laissez un temps d'attente avec la commande *Wait*. Estimez le temps du défilement. Dans notre cas, 20 frames suffisent.

6. Activez un interrupteur avec la commande *Control Switches*. Il permettra de signaler que l'événement Interrupteur est enclenché. Nous utilisons l'interrupteur n° 0020.

7. Créez une deuxième page avec l'apparence d'un interrupteur enclenché, et cochez *Switch* dans les conditions de l'événement. Indiquez ensuite l'interrupteur (la commande) créé précédemment.

```
@>Set Move Route: This event
    :                 : $>Turn Left
    :                 : $>Wait: 3 frame(s)
    :                 : $>Turn Right
@>Play SE: '037-Switch06', 80, 100
@>Wait for Move's Completion
@>Scroll Map: Up, 4, 4
@>Wait: 20 frame(s)
@>Control Switches: [0020: Interrupteur] = ON
@>
```

La liste des commandes d'événements pour créer
la première page de l'événement Interrupteur

Créer l'événement Passage

Passons maintenant à l'événement Passage. Il peut revêtir l'apparence d'une porte ou bien de piques fichées dans le sol. Cet événement comprend 2 pages.

1. Sur la première page, mettez l'apparence de votre choix. Il n'y aura pas de commandes d'événements. Cet événement bloque seulement le passage.

2. Sur la deuxième page, vous allez créer l'animation automatique d'ouverture du passage. La condition de déclenchement de l'événement est donc *Autorun*.

3. Dans la liste des commandes, insérez l'animation avec *Set Move Route*, comme vous en avez maintenant l'habitude :

   Turn Right

   Wait 3 frames

   Turn Left

   Wait 3 frames

   Turn Down

   > FACULTATIF **Sonoriser l'animation**
   > Pour plus de réalisme, ajoutez aussi un son si vous le souhaitez.

4. Cliquez sur la commande *Wait for Move's Completion* pour attendre la fin de l'animation avant de poursuivre.

5. Activez un nouvel interrupteur avec la commande *Control Switches*. Il permet de signaler que le passage est ouvert (et l'animation terminée), et surtout d'éviter de faire tourner en boucle l'événement, puisque sa condition de déclenchement est automatique. Utilisez l'interrupteur n° 0021.

6. Avant de refaire défiler l'écran vers sa position initiale (c'est-à-dire sur le héros), précisez un temps d'attente avec la commande *Wait* pour que le défilement suivant l'ouverture du passage ne soit pas soudain. Dans votre exemple, le temps est de 20 frames.

7. À présent, faites défiler l'écran avec *Scroll Map* à une vitesse et une distance identiques, mais dans la direction opposée.

8. Estimez le temps d'attente avec la commande *Wait* afin d'attendre la fin du défilement. Dans votre cas, le temps est le même que pour le premier défilement : 20 frames.

9. Créez une nouvelle page (normalement, c'est la troisième), avec l'apparence du passage ouvert (piques rentrés dans le sol ou porte ouverte).

Dans les conditions de l'événement, cochez *Switch* et indiquez l'interrupteur (la commande) créé précédemment.

Refermer le passage

À présent, créons les quatre événements pour fermer le passage quand le héros s'éloigne de l'interrupteur.

1. La condition de déclenchement est *Event Touch*. Elle permet d'exécuter l'événement dès que le héros se déplace.

2. Dans la condition de l'événement, cochez *Switch* et indiquez l'interrupteur (la commande) crée dans l'événement `Passage` (0021, ici). Ainsi, ces événements interviendront seulement une fois le passage entièrement ouvert, les animations terminées, le défilement effectué, et donc quand le héros peut bouger.

> FACULTATIF **Sonoriser l'animation**
> Dans la liste des commandes, jouez un son évoquant la fermeture du passage.

3. Désactivez les deux interrupteurs créés avec *Control Switches* en mettant l'opération sur *OFF*.

> PRODUCTIVITÉ **Désactiver deux interrupteurs d'un coup**
> Si les numéros des interrupteurs sont consécutifs, vous pouvez les désactiver d'un coup, en cochant *Batch* et en donnant l'intervalle des interrupteurs à désactiver. Dans notre exemple, cela nous donne *Batch* 20~21.

Vérifier les conditions d'ouverture du passage

Jusqu'ici, nous avons traité l'ouverture du passage quand le héros actionne l'interrupteur et sa fermeture lorsque le joueur s'en éloigne. On doit donc créer l'événement qui vérifie les positions de la pierre sur l'interrupteur pour ouvrir définitivement le passage.

La position de la pierre

L'événement Pierre est déjà créé et son identifiant dans notre exemple est 7.

1. Créez un événement et précisez sa condition de déclenchement avec *Parallel Process*.

2. Intéressons-nous à présent à la position de la pierre. Créez deux variables nommées `Pierre X` et `Pierre Y`. Dans la première, stockez la valeur de la position `X` de l'événement Pierre avec *Character* « 0007 : EV007 »'s Map X. De la même manière, créez la variable `Pierre Y` pour la position `Y`.

3. Grâce à ces deux conditions imbriquées, nous vérifions la position de la pierre. Puisque nous connaissons la position de l'interrupteur, il est inutile d'enregistrer ses coordonnées pour les confronter à celles de la pierre. Nous pouvons donc utiliser des constantes. Si l'interrupteur est en position 6 pour l'abscisse (`X`) et 14 en ordonnée (`Y`), vous écrivez donc :

   Variable 0020 Pierre X

   Equal to

   Constant 6

   Pour la deuxième condition :

   Variable 0021 Pierre Y

   Equal to

   Constant 14

4. Dans la deuxième condition, il suffit de suivre la même démarche que lorsque le héros marche sur l'événement Interrupteur, soit faire défiler la carte vers le passage et activer l'interrupteur (la commande) pour l'ouverture du passage (n° 0020, ici).

   > FACULTATIF **Sonoriser l'animation**
   > Pour plus de réalisme, ajoutez aussi un son si vous le souhaitez.

5. Créez un nouvel interrupteur (n° 0022, ici) qui permet de signaler que la pierre est posée sur l'événement Interrupteur et que le passage est définitivement ouvert.

6. Créez une deuxième page avec seulement la condition de l'événement *Switch* cochée, sur laquelle figurera l'interrupteur créé précédemment.

De cette façon, le processus parallèle de cet événement ne tourne pas inutilement en boucle.

```
@>Control Variables: [0020: Pierre X] = [EV007]'s Map X
@>Control Variables: [0021: Pierre Y] = [EV007]'s Map Y
@>Conditional Branch: Variable [0020: Pierre X] == 6
    @>Conditional Branch: Variable [0021: Pierre Y] == 14
        @>Play SE: '037-Switch06', 80, 100
        @>Scroll Map: Up, 4, 4
        @>Wait: 20 frame(s)
        @>Control Switches: [0020: Interrupteur] = ON
        @>Control Switches: [0022: Interrupteur 3] = ON
        @>
      : Branch End
    @>
  : Branch End
@>
```

La liste des commandes d'événements pour créer la première page
de l'événement Vérification Position Pierre

Les événements autour de la pierre

La dernière étape consiste à éviter d'avoir les 4 événements placés autour de l'événement Interrupteur quand la pierre est posée sur lui. Imaginez que, même une fois l'énigme résolue, le passage puisse se refermer quand le héros entre en contact avec l'un des quatre événements. Votre jeu présenterait alors un bogue. L'interrupteur doit rester enclenché en apparence et la pierre doit se trouver constamment dessus.

1. Dans les 4 événements Fermer automatiquement le passage, créez une nouvelle page et précisez dans la condition de déclenchement le dernier interrupteur créé dans *Switch* (n° 0022, ici).
2. Dans l'événement Pierre, créez une nouvelle page sans apparence et reproduisez l'étape 1.
3. Dans l'événement Interrupteur, créez une nouvelle page avec l'apparence d'une pierre posée sur un interrupteur et reproduisez l'étape 1.

> En pratique **Un deuxième événement Passage**
>
> Certes, il suffit de faire un copier-coller, mais il est inutile d'inclure des défilements et des commandes *Wait*. En fait, la deuxième page doit uniquement contenir l'animation d'ouverture, l'attente de la fin d'animation (*Wait for Move's Completion*) et l'activation de la commande Interrupteur (0021, ici).

Faire glisser un objet sur un terrain particulier

Nous venons de voir comment le héros en poussant une pierre ouvre un passage. Cependant, dans un donjon, les pierres servent à résoudre bien d'autres énigmes. Imaginez par exemple que le donjon soit en glace. Le héros pourrait alors faire glisser la pierre sur le sol, jusqu'à ce qu'elle entre en collision avec un mur.

Après que le héros l'a poussée, la pierre glisse sur la glace

IDÉE **Glace et interrupteur**

Bien entendu, vous pouvez fusionner l'interrupteur spécial que vous avez vu à la section précédente avec la pierre glissant sur la glace.

1. Nous stockons l'identifiant du terrain dans une variable. Cliquez sur *Control Variables* et créez une nouvelle variable (n° 0028, ici). L'opération est *Set,* puisque vous assignez une valeur, et l'opérande sera l'identifiant du terrain où se trouve cet événement : *Character* This Event's Terrain Tag.

> RAPPEL **L'identifiant d'un terrain**
>
> Dans la base de données, sur l'onglet *Tileset*, vous assignez un identifiant à un carreau, et préciser ainsi la nature du terrain. Cliquez sur le bouton *Terrain Tag,* puis sur le carreau de votre choix pour lui attribuer un numéro compris entre 0 et 7 (disponible seulement sur XP).

2. Le carreau avec l'apparence de la glace porte l'identifiant *1* dans le Tileset. Il suffit donc de vérifier si la valeur dans la variable créée est égale à *1*, en d'autres termes, si la pierre se trouve sur la glace. Créez une condition avec *Conditional Branch* :

   Variable 0028 : ID Terrain

   Equal to

   Constant 1

3. Cochez *Set handling when conditions do not apply* pour insérer des commandes quand la pierre n'est pas sur la glace.

4. Commencez par l'aspect négatif de la condition (sinon), puisque la démarche est la même que pour la poussée d'une pierre normale. Dans l'option *Else*, paramétrez la commande *Set Move Route* comme suit *Move away from Player.* L'option *Ignore If Can't Move* est cochée.

5. Accédez de nouveau à la condition de la pierre sur terrain glacé. Répéter la démarche d'une poussée normale est impossible, car la pierre s'éloignerait en boucle du héros et, par conséquent, changerait de direction si le héros bougeait. Il faut donc opter pour une solution alternative : selon la direction du héros, nous faisons bouger en boucle la pierre dans la même direction que le héros. La première condition vérifiera la direction du héros vers le bas avec la commande *Conditional Branch* : *Character* Player's Facing Down.

6. Cochez *Set handling when conditions do not apply* pour tester ensuite les autres directions si la direction du héros n'est pas vers le bas.

7. Avec la condition *Set Move Route*, spécifiez pour cet événement (*This Event*) *Move Down*.

8. Pour les options du mouvement, *Ignore If Can't Move* doit être cochée, pour éviter que la pierre ne soit complètement bloquée par un obstacle. Ensuite, pour que le déplacement vers le bas tourne en boucle, cochez *Repeat Action*.

9. Le principe est le même pour les trois autres directions. Modifiez juste la direction à tester dans la condition et dans le mouvement de la pierre. Les conditions doivent être dans l'option *Else* de la condition précédente. Plutôt que de tester à chaque fois toutes les directions, cela permet de les tester une par une jusqu'à trouver la bonne condition.

Au final, vous obtenez ceci :

```
@>Control Variables: [0023: ID Terrain] = This event's Terrain Tag
@>Conditional Branch: Variable [0023: ID Terrain] == 1
  @>Conditional Branch: Player is facing Down
    @>Set Move Route: This event (Repeat Action, Ignore If Can't Move)
    :                         : $>Move Down
  @>
  : Else
  @>Conditional Branch: Player is facing Left
    @>Set Move Route: This event (Repeat Action, Ignore If Can't Mov
    :                         : $>Move Left
    @>
    : Else
    @>Conditional Branch: Player is facing Right
      @>Set Move Route: This event (Repeat Action, Ignore If Can't M
      :                         : $>Move Right
      @>
      : Else
      @>Conditional Branch: Player is facing Up
        @>Set Move Route: This event (Repeat Action, Ignore If Can'
        :                         : $>Move Up
        @>
        : Branch End
      @>
      : Branch End
    @>
    : Branch End
  @>
  : Branch End
@>
: Else
  @>Set Move Route: This event (Ignore If Can't Move)
  :                 : $>Move away from Player
  @>
  : Branch End
@>
```

Liste des commandes d'événements pour faire glisser une pierre sur la glace

Placer le héros à l'entrée du donjon après une sauvegarde

Où que se trouve le héros dans le donjon, il reviendra à l'entrée quand le joueur chargera ses données sauvegardées. Ainsi, le joueur ne peut sauvegarder qu'à l'entrée du donjon et non à l'intérieur. Cependant, ce système montre ses limites lorsque le héros gagne de l'expérience ou des trésors. En effet, il sera obligé de revenir à l'entrée du donjon pour sauvegarder. Cela pouvant agacer le joueur, nous allons donc étudier une autre méthode.

> EXEMPLE **Matérialiser le point de sauvegarde**
>
> On peut réaliser ce système en incluant, par exemple, une pierre de sauvegarde à l'entrée du donjon. Lorsqu'il la consulte, le joueur sauvegarde sa partie. Au chargement de celle-ci, le héros revient à la dernière pierre de sauvegarde consultée.

> EN PRATIQUE **Désactiver la sauvegarde**
>
> On désactive la sauvegarde avec la commande *Change Save Access*.

Voici le principe : dès que le joueur ouvre le menu principal, le héros se téléporte (caché) à l'entrée du donjon. Ainsi, quand le joueur sauvegarde, les positions sauvegardées sont, en fait, les positions de l'entrée du donjon et non les positions actuelles. Ensuite, lorsque le joueur quitte le menu, les positions réelles sont rétablies.

> PRÉCISION
>
> Ce système fonctionne quand le héros entre dans le donjon. Il est désactivé quand il en ressort.

Appliquez les commandes suivantes à l'événement qui permet de téléporter le héros dans le donjon :

1. Créez un interrupteur et activez-le avec la commande *Control Switches*. Dans notre exemple, son numéro est 0010 et son nom `Reset Position`.

2. Stockez dans une nouvelle variable la position X de l'entrée du donjon :

    Single : 0083 : Entrée Donjon X

    Operation : Set

    Operand : Constant 10

3. Répétez l'opération pour la position Y dans une nouvelle variable :

    Single : 0084 : Entrée Donjon Y

    Operation : Set

    Operand : Constant 14

4. Dans une nouvelle variable, assignez le numéro de la carte de l'entrée du donjon :

    Single : 0085 : Entrée Donjon Map ID

    Operation : Set

    Operand : Constant 3

Dans les étapes 2 à 4, l'entrée du donjon se trouve sur la carte n° 3 aux coordonnées `(10;14)`.

5. Dans l'événement qui permet de téléporter le héros en dehors du donjon, désactivez l'interrupteur de l'étape 1.

6. Créez un événement commun pour appeler les positions du héros, ainsi que le numéro de la carte actuelle. Le déclenchement de cet événement commun est *Parallel* et la condition reprendre l'interrupteur de l'étape 1 (n° 0010, ici).

7. Enregistrez dans deux variables, les positions actuelles X et Y du héros (n° 0001 pour la position X et n° 0002 pour Y).

8. Dans une autre variable, assignez l'identifiant de la carte actuelle :

    Single : 0011 : Map ID

    Operation : Set

    Operand : Other Map ID

9. Ouvrez l'éditeur de scripts et accédez au script `Scene_Menu`.

10. Dans la méthode `main`, ajoutez avant `Graphics.transition` le code suivant.

Téléporter le héros à l'entrée du donjon

```
if $game_switches[10]
```
Nous vérifions avec une condition en Ruby si l'interrupteur 0010 créé à l'étape 1 est bien activé. Cela indique que nous appliquons ce système, exclusif aux donjons.
```
    $game_map.setup($game_variables[85])
```
`$game_map.setup` définit le nouvel identifiant de la carte. Puisque nous avons stocké ce numéro dans la variable 0085 (la commande), nous donnons cette variable en paramètre.
```
    x = $game_variables[83]
    y = $game_variables[84]
```
Ensuite, nous récupérons la position X de l'entrée enregistrée dans la variable (la commande) n° 0083. Il en va de même pour la position Y.
```
    $game_player.moveto(x, y)
```
Avec le code `$game_player.moveto, nous téléportons le héros` aux positions X et Y citées ci-dessus.
```
end
```

> VX MÉTHODE
>
> Dans VX, le code est à ajouter à la fin de la méthode `start`.

11. Il faut maintenant effectuer l'étape inverse, c'est-à-dire téléporter le héros aux positions réelles quand le joueur quitte le menu : rendez-vous au début de la méthode `update_command` (`update_command_selection` dans VX) après la ligne `if Input.trigger?(Input::B)`.

12. Ajoutez le code suivant (la démarche est la même que précédemment).

Téléporter le héros aux positions réelles

```
if $game_switches[10]
    $game_map.setup($game_variables[11])
    x = $game_variables[1]
    y = $game_variables[2]
    $game_player.moveto(x, y)
end
```

En résumé

Ponctuez l'exploration de vos donjons de plusieurs énigmes et d'actions que le héros devra effectuer pour trouver trésors et objets importants pour la quête. Pensez également à varier les modes de déplacement, qu'il s'agisse d'utiliser un chariot ou bien un élévateur.

Un système de combat en temps réel

Dans RPG Maker, le mode de combat par défaut est au tour par tour. Cependant, le combat en temps réel offre de nombreuses possibilités d'attaque ; les ennemis étant dotés d'intelligence artificielle peuvent en effet détecter le héros.
Ce chapitre explique comment changer le type de combat et permettre aux ennemis et aux héros de s'attaquer mutuellement en temps réel.

Poser un explosif

Pour cette attaque, notre objectif principal est de voir comment placer la bombe par rapport à la position du héros. En effet, selon sa direction, on placera la bombe un carreau à côté de lui. De plus, selon le lieu, le joueur ne pourra pas toujours utiliser les bombes. Il nous faudra donc prévoir un interrupteur.

Paramétrer la pose de la bombe

Pour que ce système fonctionne, l'événement Bombe doit toujours porter l'identifiant 1. Cet événement possède l'apparence d'une bombe et sa condition d'événement activé est *Switch* avec « 0001 : Bombe ».

Au départ, la bombe est invisible. Elle ne sera visible qu'une fois posée. Bref, l'événement « Bombe » peut être placé n'importe où sur la carte dans l'éditeur de cartes.

Dans notre exemple, l'événement Bombe portera l'identifiant 001 pour toutes nos cartes. Puisque cet événement peut être appliqué un peu partout dans le jeu, il faut créer un événement commun.

1. Créez un événement commun en processus parallèle (*Parallel*). Créez un interrupteur dans *Condition Switch* que vous nommerez « Peut utiliser Bombe ». Ainsi, l'événement commun ne se déclenche que si cet interrupteur est activé.

2. À présent, ajoutez une condition qui englobe toutes les autres instructions. Elle permet de savoir si une bombe est déjà présente sur la carte. Dans la condition, cochez *Switch*, créez un nouvel interrupteur (« 0001 : Bombe », ici) et réglez-le sur *OFF*.

3. Dans la condition créée, ajoutez une nouvelle condition. Celle-ci permettra de savoir si le joueur a appuyé sur la touche pour poser la bombe.

> PRÉCISION **Touche employée**
>
> Dans notre exemple, la touche qui permet au joueur de placer la bombe est *A*.

Toutes les instructions suivantes concernent la seconde condition créée précédemment.

4. Appelez l'événement commun « Position du héros ». Cet événement est censé être déjà créé.

> RAPPEL **L'événement commun « Position du héros »**
>
> L'événement commun « Position du héros » permet d'attribuer les positions X et Y du héros à deux variables. Cela vous évite de créer pour chaque système des variables pour les positions du héros. Il suffit d'appeler l'événement commun pour cela. Dans l'évènement commun, créez donc 2 variables :
>
> *Single* : Variable 0001 : Position X héros
>
> *Operation* : Set
>
> *Operand* : Character Player's Map X
>
> *Single* : Variable 0002 : Position Y héros
>
> *Operation* : Set
>
> *Operand* : Character Player's Map Y

5. Activez l'interrupteur Bombe (0001, ici), pour indiquer que le joueur a posé une bombe et, par conséquent, que la bombe est sur la carte. De cette façon, la première condition l'empêche de poser une seconde bombe.

6. Créez deux nouvelles variables : il s'agit des positions de la bombe. Les valeurs des positions sont identiques à celles du héros :

   Single : Variable 0035 : Position X Bombe

   Operation : Set

   Operand : Variable 0001 : Position X héros

   Single : Variable 0036 : Position Y Bombe

   Operation : Set

   Operand : Variable 0002 : Position Y héros

Selon la direction du héros, il faut affiner la position X ou Y de la bombe. Prenez le premier cas, si le héros regarde vers le haut, la bombe est placée un carreau au-dessus de lui.

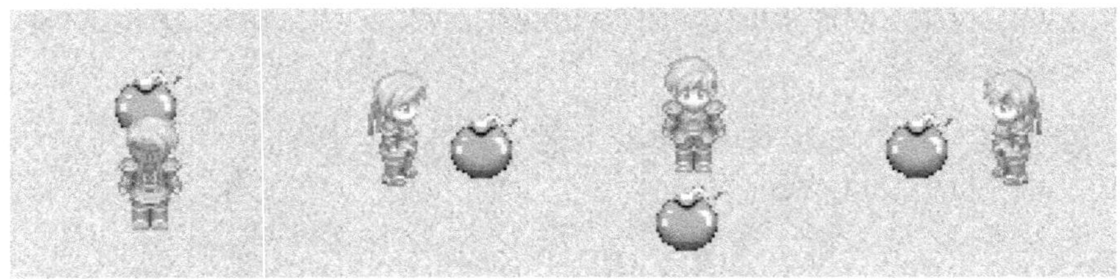

La bombe sera placée devant le héros quelle que soit sa direction.

7. Créez une condition et cochez *Character* : *Character* Player *is* Facing Up.

8. Dans la condition, placez la bombe en retirant 1 à la position Y :

   Single : Variable 0036 : Position Y Bombe

   Operation: Sub

   Operand : Constant 1

   Laissez l'option *Set handling when conditions do not apply* cochée, car si le héros ne regarde pas vers le haut, il faut tester les autres directions.

9. Répétez l'opération pour les trois autres directions en ajoutant ou retirant la valeur 1 aux positions, selon la direction.

10. À la fin des conditions, il faut placer la bombe, car, pour le moment, nous avons juste changé les valeurs de variables. Cliquez sur la commande *Set Event Location* et cochez *Appoint with Variables* :

    Map X : 0035 : Position X Bombes

    Map Y : 0036 : Position Y Bombes

    L'événement à appliquer pour ces positions étant le n° 001, dans *Event*, précisez « 001 : EV001 ».

11. Pour que la bombe ait le temps d'exploser, laissez un temps d'attente avec la commande *Wait*. Ici, précisez 40 frames.

12. Activez un nouvel interrupteur. Nommez-le `Bombe explose` (0003, ici). Cet interrupteur indique que la bombe explose et que l'explosion peut interagir à ce moment précis avec un ennemi ou un obstacle.

13. Désactivez l'interrupteur `0001 : Bombe`. Vous signalez ainsi que la bombe n'est plus sur le terrain.

14. Affichez l'animation d'une explosion avec la commande *Show Animation*. Elle est affichée sur l'événement Bombe, soit l'événement n° 001.

15. Afin d'éviter de désactiver l'interrupteur `0003 : Bombe explose` trop rapidement et d'empêcher l'interaction entre événements, préciser une durée d'attente d'au moins 3 frames.

16. Désactivez maintenant l'interrupteur `0003 : Bombe explose`.

```
@>Conditional Branch: Switch [0001: Bombe] == OFF
  @>Conditional Branch: The A button is being pressed
    @>Call Common Event: Position héros
    @>Control Switches: [0001: Bombe] = ON
    @>Control Variables: [0035: Position X Bombe] = Variable [0001: Posi
    @>Control Variables: [0036: Position Y Bombe] = Variable [0002: Posi
    @>Conditional Branch: Player is facing Up
      @>Control Variables: [0036: Position Y Bombe] -= 1
      @>
     : Else
      @>Conditional Branch: Player is facing Down
        @>Control Variables: [0036: Position Y Bombe] += 1
        @>
       : Else
        @>Conditional Branch: Player is facing Left
          @>Control Variables: [0035: Position X Bombe] -= 1
          @>
         : Else
          @>Conditional Branch: Player is facing Right
            @>Control Variables: [0035: Position X Bombe] += 1
            @>
           : Branch End
          @>
         : Branch End
        @>
       : Branch End
      @>
     : Branch End
    @>Set Event Location: [EV001],Variable [0035][00036]
    @>Wait: 40 frame(s)
    @>Control Switches: [0003: Bombe explose] = ON
    @>Control Switches: [0001: Bombe] = OFF
    @>Show Animation: [EV001], [Fire 1]
    @>Wait: 3 frame(s)
    @>Control Switches: [0003: Bombe explose] = OFF
    @>
   : Branch End
  @>
 : Branch End
@>
```

La liste des commandes d'événements pour poser une bombe

Interaction entre l'explosif et l'ennemi ou l'obstacle

Dans l'événement « Ennemi », il suffit d'appeler le deuxième événement commun créé. Bien sûr, pour que les positions de l'ennemi soient confrontées en boucle à celles de la bombe, il faut régler la condition de déclenchement de l'événement sur *Parallel Process*.

Dans la deuxième page de l'événement Ennemi, la condition de l'événement *Self Switch* est cochée et l'interrupteur local est A. Cette page permet d'insérer les instructions ou bien une nouvelle apparence quand la bombe a touché l'ennemi.

Plusieurs ennemis ou obstacles se trouvant sur la carte, il convient de créer un nouvel événement commun. Ensuite, il suffit de vérifier si les positions de l'événement Bombe coïncident avec celles de l'événement Ennemi.

L'événement commun est appelé depuis l'extérieur par l'ennemi.

1. Prenez les positions X et Y de l'événement qui a appelé l'événement commun :

    Single : Variable 0023 : Position X Event

    Operation : Set

    Operand : Character This Event's Map

    Single : Variable 0024 : Position Y Event

    Operation : Set

    Operand : Character This Event's Map Y

2. Vérifiez les positions avec deux conditions imbriquées :

    Variable 0023 : Position X Event is Equal to

    Variable 0035 : Position X Bombe

    Variable 0024 : Position X Event is Equal to

    Variable 0036 : Position Y Bombe

3. Dans les conditions créées précédemment, insérez une autre condition primordiale pour déterminer si la bombe a explosé sur l'ennemi. Pour

cela, créez une condition, cochez *Switch* avec `0003 : Bombe explose` et réglez-la sur *ON*.

4. Dans toutes ces conditions, activez l'interrupteur local A.

Tirer un projectile

Dans les combats, le héros a bien entendu la possibilité de tirer des projectiles (flèches, balles…) dans une direction précise. Globalement, le principe à mettre en œuvre est le même que pour les explosifs, à ceci près que, lorsque le joueur appuie sur une touche, l'événement Projectile se déplace d'un nombre défini de carreaux, selon la direction du héros. La distance du projectile est stockée dans une variable. Ainsi, si vous désirez modifier facilement la distance parcourue par le projectile, il suffit de changer la valeur de la variable. Cela évite de modifier la commande *Set Move Route* pour chaque direction.

1. Créez un événement contenant deux pages : la première permet d'initialiser les variables et de tester la pression de la touche *A* (ou autre). La seconde a l'apparence du projectile, dont le déplacement est tributaire de la direction du héros. Cochez *Parrallel Process* pour le déclenchement de la première page.

2. Créez une condition pour tester si la touche *A* est enfoncée.

3. Appelez l'événement commun habituel qui initialise les positions X et Y du héros. Faites correspondre les coordonnées de cet événement avec celles du héros, via la commande *Set Event Location*. Dans *Appoint with variables*, assignez la variable de la position X du héros (de l'événement commun) à *Map X*. Faites la même chose pour la position Y à *Map Y*.

4. Créez une nouvelle variable pour déterminer le nombre de carreaux traversés par le projectile lors de son déplacement. Logiquement, au départ, cette variable vaut 0 :

   Variable : Single 0043 : Pas flèche

   Operation : Set

   Operand : Constant 0

5. Créez une seconde variable, qui donne la distance maximale pouvant être parcourue par le projectile :

   Variable : Single 0042 : Distance flèche

   Operation : Set

   Operand : Constant 5

6. Activez l'interrupteur local A avec la commande *Self Switch* pour accéder à la deuxième page, et ainsi tirer la flèche.

7. Sur la seconde page, précisez l'apparence d'une flèche (ou du projectile de votre choix), réglez le déclenchement en processus parallèle, la vitesse (*Speed*) sur 4 et la fréquence sur 6.

8. Placez l'interrupteur local A en condition de déclenchement.

9. Dans la liste des commandes, créez une condition pour déterminer la direction du héros avec *Character* Player *is* Down. Laissez l'option *Set handling when conditions do not apply* cochée.

10. Créez une boucle avec la commande *Loop*. Dans cette boucle, déplacez l'événement d'un carreau vers la bas avec la commande *Move Down* dans *Set Move Route*.

11. Activez la commande *Wait for Move's Completion,* afin d'attendre la fin du déplacement avant de poursuivre.

12. Ajoutez la valeur 1 à la variable `Pas flèche` pour signaler que le projectile s'est déplacé d'un carreau :

    Variable : Single 0043 : Pas flèche

    Operation : Add

    Operand : Constant 1

Ici, nous avons paramétré le projectile pour qu'il se déplace en boucle (continuellement) vers le bas. Cependant, il faut bien qu'il termine sa course. Il s'arrête quand la distance définie dans la variable a été parcourue. En fait, il suffit de tester si la valeur de la variable `Pas flèche` est supérieure ou égale à la valeur de `Distance flèche`.

13. Créez une condition :

    Variable 0043 : Pas flèche

    Greater than or Equal to

    Variable 0042 : Distance flèche

14. Dans la condition, il faut quitter la boucle. Pour cela, cliquez sur la commande *Break Loop*.

15. Pour les autres directions, répétez l'opération en changeant la direction à tester dans la condition et dans le déplacement. Imbriquez les 3 autres directions.

> EN PRATIQUE **Imbriquer les 3 autres directions**
>
> Pour imbriquer les 3 autres directions, il faut les intégrer sous *Else* de la condition précédente.

16. Après avoir paramétré les 4 directions, finalisez l'événement en désactivant l'interrupteur local A, pour revenir à la première page. Cette commande doit être exécutée en dehors des conditions créées précédemment.

> EN PRATIQUE **Interaction entre le projectile et l'ennemi**
>
> L'interaction entre la flèche et un ennemi ou un obstacle fonctionne exactement comme l'explosif. Reportez-vous à la section « Interaction entre l'explosif et l'ennemi ou l'obstacle » et appliquez la procédure à votre projectile.

Paramétrer le champ de vision de l'ennemi

Lorsque le héros pénètre dans le champ de vision d'un ennemi, il est détecté. Ainsi, l'ennemi, qui d'habitude marche tranquillement et aléatoirement sur la carte, poursuit le héros jusqu'à ce qu'il ne le voit plus.

Comme vous le constatez sur l'image ci-après, la portée visuelle de l'ennemi est de 3 carreaux. Pour déterminer son champ de vision, il faut prendre les positions X et Y de l'ennemi et y ajouter ou retirer la portée visuelle.

> PRÉCISION **Événement commun**
>
> Puisque nous appliquons ce système de vision à plusieurs ennemis, il convient de créer un événement commun qui sera appelé depuis l'extérieur.

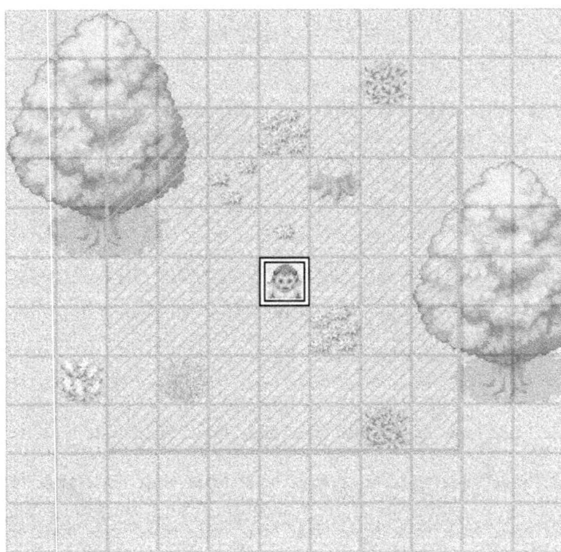

L'ennemi détecte le héros si celui-ci se trouve dans le carré hachuré.

Il nous faut 5 variables :

- la portée de la vision de l'ennemi ;
- la position x de l'ennemi ;
- la position y de l'ennemi ;
- la position x du héros ;
- la position y du héros.

PRÉCISION **Portée visuelle**

La portée visuelle sera constante, mais comme les ennemis ne sont pas forcément tous dotés de la même acuité, cette variable pourra être fonction de l'ennemi.

Les positions du héros sont, normalement, déjà enregistrées dans les variables d'un événement commun. Dans notre exemple, la position x sera la variable n° 0001 et la position y la variable n° 0002.

L'événement Ennemi sur la carte comprend 2 pages : la première concerne l'ennemi en mode classique, et la seconde concerne l'ennemi qui a détecté le héros. La deuxième page s'active grâce à l'interrupteur local A.

Créez donc l'événement commun Vision :

1. Prenez la position X de l'ennemi. Pour cela, créez une variable avec *Control Variable* (n° 0003, ici) et précisez *Character* This Event's Map X.

2. Répétez l'opération dans une nouvelle variable, mais pour la position Y (n° 0004, ici).

3. Appelez l'événement commun des positions du héros.

   Définissez maintenant le champ de vision de l'ennemi.

4. Créez une variable et intitulez-la Vision. Ajoutez à la position X de l'ennemi la valeur de la variable Vision.

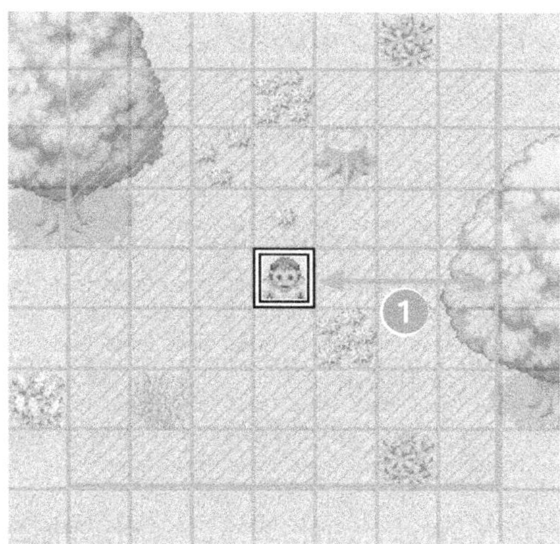

Le champ de vision correspond à la position de l'ennemi + la portée visuelle.

Pour connaître la portée visuelle latérale droite de l'ennemi ❶, il suffit d'ajouter la portée visuelle à la position X de l'ennemi.

5. Avec la commande *Control Variables*, ajoutez (*Add*) la valeur de la variable Vision (l'opérande) à la position X de l'ennemi.

6. Pour tester si le héros se trouve avant le cône visuel latéral droit, créez une condition avec la commande *Conditional Branch* :

   Variable 0001 : Position X héros *is*

   Less than or Equal to

   Variable 0003 : Position X Ennemi

7. Laissez l'option *Set handling when conditions do not apply* cochée. Cela permet d'interrompre la poursuite du héros si ce dernier quitte le champ de vision de l'ennemi.

8. Nous avons traité le côté droit du champ de vision, passons au côté gauche, à présent. Répétez les étapes précédentes, mais n'oubliez pas de restaurer la valeur de la variable 0003 : Position X Ennemi sur la position X de l'ennemi, car sa valeur correspond, pour le moment, à la position du cône de vision latéral droit. Reproduisez donc l'étape 1 mentionnée plus haut.

9. Ensuite, reproduisez l'étape 5, mais retirez (*Sub*) la valeur de la variable Vision au lieu de l'ajouter.

10. Créez une condition pour tester les positions du héros :

    Variable 0001 : Position X héros *is*

    Greater than or Equal to

    Variable 0003 : Position X Ennemi

11. Reproduisez les étapes 4 à 10, mais cette fois pour la position Y.

12. Dans la dernière condition, activez l'interrupteur local A. Vous vérifiez ainsi que le héros se trouve bien dans le champ de vision.

> ATTENTION **Conditions**
>
> Précisons qu'ici les conditions sont imbriquées.

13. Réciproquement, dans les options *Else* des 4 conditions créées, désactivez l'interrupteur local A pour indiquer que le héros ne se trouve plus dans le champ de vision.

Créez maintenant l'événement Ennemi sur la carte. Sa condition de déclenchement est *Parallalel Process* pour tester en boucle les positions du héros dans son champ de vision.

1. Créez un événement avec l'apparence d'un ennemi. Ce personnage se promène aléatoirement sur la carte.

2. Dans la liste des commandes, spécifiez son champ de vision avec la commande *Control Variable* :

   Variable : Single 0005 : Constant vision

   Operation : Set

   Operand : Constant 3

PRÉCISION **Valeur de la portée de vision**

Ici, nous avons réglé la portée visuelle sur 3, mais vous pouvez bien entendu indiquer une portée différente.

3. Appelez l'événement commun Vision créé précédemment.

4. Créez une nouvelle page, et cochez l'interrupteur local A dans les les conditions de l'événement.

5. Le mouvement de l'événement est *Approach* : l'ennemi suit le héros.

6. La liste des commandes est identique à celles de la page 1, et la condition de déclenchement est également *Parallel Process*.

Voici le récapitulatif en image de la liste des commandes du champ de vision :

Liste des commandes d'événements pour le champ de vision

Afficher la barre de vie sur l'écran

Le joueur doit pouvoir consulter à tout moment du jeu la quantité de points de vie restant à son héros. Pour cela, nous allons afficher une barre de vie à l'écran, avec une particularité supplémentaire : quand le niveau de vie sera faible, soit seulement 10 % de ses points de vie, une alerte lumineuse (un flash rouge récurrent) et sonore se déclenchera pour prévenir le joueur.

La barre de vie est affichée dans le coin supérieur droit de l'écran.

1. Préparez au préalable deux images. Leur taille n'a pas d'importance. L'une représente le contenu de la barre, l'autre son contour. Importez-les dans RPG Maker.

2. Créez un événement simple ou commun. Placez le déclenchement sur *Autorun*. Ainsi, grâce à cet événement, seules les images seront affichées.

3. Avec la commande *Show Picture*, affichez la barre de vie. Indiquez les positions que vous souhaitez. Laissez les autres paramètres par défaut.

4. Reproduisez l'étape précédente pour afficher, cette fois-ci, le contour de la barre de vie. N'oubliez pas de changer le numéro de l'image.

5. Les images étant positionnées, activez l'interrupteur local A pour passer sur la seconde page.

6. Créez une seconde page avec l'interrupteur local A en condition de déclenchement de l'événement. Son mode de déclenchement est *Parallel Process*.

7. Pour réduire ou remplir la barre de vie selon les points de vie du héros, jouez sur la largeur de l'image avec l'option *zoom_x* présente dans la commande *Show Picture*. Cependant, cette option ne s'adapte pas à la valeur d'une variable, mais reste fixe. Vous devez donc recourir aux scripts. Rendez-vous dans l'éditeur de scripts, puis sélectionnez le script `Game_Picture`.

8. À la ligne 17, remplacez le code `attr_reader :zoom_x` par `attr_accessor :zoom_x`.

9. Créez un nouveau script au-dessus du script `Main`.

> EN PRATIQUE **Ajouter un script rapidement**
> Cliquez avec le bouton droit, puis sélectionnez *Insert*.

10. Insérez le code suivant.

Fonction permettant de réduire la barre de vie

```
def barreVie
   hp = $game_actors[1].hp
   max_hp = $game_actors[1].maxhp
   $game_screen.pictures[1].zoom_x = hp * 100 / max_hp
end
```

Penchez-vous sur cette portion de code. La variable `$game_actors[1].hp` permet de stocker les points de vie du héros n° 1 dans la variable nommée `hp`. De même, `$game_actors[1].maxhp` permet de stocker les points de vie maximaux du héros n° 1. `$game_screen.pictures[2].zoom_x` correspond à la largeur de l'image n° 1 ; dans notre exemple, c'est le contenu de notre barre.

Avec un simple calcul mathématique, définissez le pourcentage de réduction de la barre en largeur, en divisant les points de vie qu'on multiplie par 100, par les points de vie maximaux.

11. Revenez dans l'événement, et appelez la fonction créée (toujours sur la deuxième page) avec la commande `Scripts`. Mettez `barreVie`.

La barre de vie est terminée et fonctionne correctement. À présent, vous allez paramétrer un signal sonore et un flash rouge récurrent autour du héros quand ses points de vie sont inférieurs à 10 % de ses points de vie maximaux.

1. Créez un autre événement en processus parallèle. Il s'exécutera en même temps que l'événement de la barre de vie.

2. Recalculez le pourcentage de vie que possède le héros. Il faut déjà prendre les points de vie du héros. Créez une nouvelle variable :

    Single : 0018 : Pv

    Operation : Set

    Operand : Actor 001 : Aluxes's HP (dans notre exemple)

3. Répétez l'étape précédente mais pour les points de vie maximaux (*MaxHP*) dans une nouvelle variable.

4. Calculez le pourcentage. Créez une nouvelle variable et assignez la valeur de la variable de l'étape 2 :

    Single : 0022 : Vie %

    Operation : Set

    Operand : Variable 0018 : Pv

5. Multipliez la variable précédente par 100 :

    Single : 0022 : Vie %

    Operation : Mul

    Operand : Constant 100

6. Divisez-la par la variable des points de vie maximaux de l'étape 3 :

    Single : 0022 : Vie %

    Operation : Div

    Operand : Variable 0019 : MaxPv

7. Avec une condition, vérifiez si le pourcentage est inférieur à 10 % :

    Variable 0022 : Vie %

    Operation : Less Than

    Constant 10

8. Dans cette condition, précisez un son avec la commande *Play SE* pour alerter le joueur du faible niveau de points de vie du héros.

9. Pour le flash, il faut créer une animation. Rendez-vous dans la base de données, puis dans *Animation*. Insérez une nouvelle animation vierge de 4 frames.

10. Dans *Se and Flash Timing*, cochez *Target* et optez pour une couleur rouge. Le temps de transition est de 4 frames (le même temps que l'animation). Ainsi, en appliquant l'animation sur le héros, vous obtenez un flash autour de lui (puisqu'il est la cible de l'animation).

11. Revenez dans l'événement et, avec la commande *Show Animation*, affichez l'animation précédemment créée sur le héros.

12. Pour évoquer un battement de cœur, spécifiez un temps de 4 frames avec la commande *Wait* et répétez les étapes 8 et 11.

13. Laissez ensuite au moins 20 frames avec la commande *Wait.*

Voici le résultat final pour cet événement :

```
@>Control Variables: [0018: Pv] = [Aluxes]'s HP
@>Control Variables: [0019: Max Pv] = [Aluxes]'s MaxHP
@>Control Variables: [0022: Vie %] = Variable [0018: Pv]
@>Control Variables: [0022: Vie %] *= 100
@>Control Variables: [0022: Vie %] /= Variable [0019: Max Pv]
@>Conditional Branch: Variable [0022: Vie %] < 10
  @>Play SE: '002-System02', 80, 135
  @>Show Animation: Player, [Flash rouge sur le héros]
  @>Wait: 4 frame(s)
  @>Play SE: '002-System02', 80, 135
  @>Show Animation: Player, [Flash rouge sur le héros]
  @>Wait: 20 frame(s)
  @>
 :  Branch End
@>
```

Liste des commandes d'événements pour le son et le flash
quand la vie du héros est inférieure à 10 %

Paramétrer un système de combat en temps réel

Récapitulons le principe d'un combat. Un affrontement implique au moins deux adversaires. Le premier personnage dont les points de vie tombent à 0 est vaincu. Lorsque le héros est victorieux, il gagne un objet qui apparaît sur le sol. Il peut s'agir d'une somme d'argent, d'une potion de soin…

L'ennemi attaque le héros.

1. La première étape consiste à répéter la procédure « Donner un coup d'épée », décrite au chapitre 8. Ensuite, faites précéder le résultat d'un interrupteur que vous mettez sur ON. Puis, précisez un temps d'attente des 6 frames avec le même interrupteur, que vous mettez cette fois-ci sur OFF. Cet interrupteur modifié permet de savoir si le héros donne un coup d'épée et, par conséquent, s'il est en train d'attaquer l'ennemi.

2. Créez un événement simple. Il représente l'ennemi et, dans notre exemple, comprend 7 pages.

Numéro de la page	Utilité
Première page	Initialisation des variables.
Deuxième page	Attaque de l'ennemi.
Troisième page	Riposte du héros sur cet ennemi.
Quatrième à sixième pages	Le gain.
Septième et dernière pages	L'événement n'a plus d'apparence, donc l'ennemi et le gain n'existent plus.

3. Commencez par la première page. Mettez le déclenchement (*Trigger*) sur *Autorun* pour initialiser les variables automatiquement. Il n'y aura qu'une variable, à savoir les points de vie de l'ennemi. Avec la commande habituelle *Control Variables* :

> *Single* 0051 : PV ennemi
>
> *Operation* : Set
>
> *Operand* : Constant 300

Ainsi, l'ennemi aura 300 points de vie.

4. Activez l'interrupteur local A.

Attaque de l'ennemi

Grâce à la procédure suivante, un ennemi est en mesure d'attaquer le héros et, par conséquent, de lui enlever des points de vie.

1. Sur la deuxième page, placez l'interrupteur local A en condition de déclenchement. Puisque cette page concerne l'attaque de l'ennemi, le type du mouvement est *Approach*. De cette façon, l'ennemi s'approche du héros pour l'attaquer.

> POSSIBILITÉ **Détection automatique**
>
> Vous pouvez aussi vous aider du système de détection visuelle vu précédemment dans ce chapitre.

2. L'ennemi attaque dès qu'il touche le héros. Cochez donc *Event Touch* pour le déclenchement de l'événement.

3. Avant de continuer, il faut définir la fréquence d'attaque de l'ennemi. Pour cela, créez un autre événement en processus parallèle. Une fois que l'ennemi a attaqué, il doit attendre un certain temps avant de pouvoir attaquer de nouveau. Dans cet événement, créez l'interrupteur `A attaqué`. Ensuite, créez une condition et vérifiez si l'interrupteur `A attaqué` est sur *ON*.

4. Dans la condition, précisez un temps d'attente de 20 frames avec la commande *Wait*.

5. Désactivez l'interrupteur `A attaqué`.

6. Revenez dans l'événement Ennemi sur la deuxième page. Créez une condition et testez si l'interrupteur A attaqué est sur *OFF*. Cela signifie qu'il peut attaquer à nouveau. Toutes les instructions seront dans la condition pour cette page.

7. Vous allez créer une attaque simple. La condition suivante vérifie si le type de l'attaque est supérieur à 0 :

    Variable 0052 : Type d'attaque *is*

    Greater than or Equal to

    Constant 0

> AVANCÉ **Différents types d'attaques**
>
> Plusieurs types d'attaques sont possibles : attaque basique, attaque mettant à profit les compétences, ou encore passer son tour. Rien ne nous empêche de créer une condition déterminant le type d'attaque. En fait, la chance d'initier une attaque différente est gérée par pourcentage. Entre 0 et 60, l'ennemi attaque, sinon il ne fait rien. Il faut donc créer une variable qui simule une valeur aléatoire entre 0 et 100 :
>
> *Single* 0052 : Type d'attaque
> *Set*
> *Random* 1 ~ 100

8. Dans cette condition, assignez une animation d'attaque au héros avec la commande *Show Animation*.

9. Calculez le nombre de points de vie à retirer au héros en fonction de sa défense et de la force de l'ennemi. Le calcul est le suivant :

```
Attaque de l'ennemi - (Défense du héros / 2) + un nombre
aléatoire entre 0 et 15
```

10. Stockez dans une variable la défense du héros :

    Single 0063 : Calcul Puissance

    Operation : Set

    Operand : Actor 001 : Aluxes's PDEF (dans notre exemple)

11. Divisez cette variable par 2 :

    Single 0063 : Calcul Puissance

    Operation : Div

    Operand : Constant 2

12. Définissez la puissance d'attaque de l'ennemi dans une nouvelle variable. Dans notre exemple, c'est une constante valant 200 :

    Single 0064 : Attaque Ennemi

    Operation : Set

    Operand : Constant 200

13. Pour répondre au calcul précédent, soustrayez la valeur de la variable `Calcul Puissance` à cette dernière variable.

    Single 0064 : Attaque Ennemi

    Operation : Sub

    Operand : Variable 0063 : Calcul Puissance

14. Ajoutez une valeur d'intervalle comprise entre 0 et 15 :

    Single 0064 : Attaque Ennemi

    Operation : Add

    Operand : Random 0 ~ 15

15. Vérifiez si le nombre de points de vie à enlever est bien positif, en créant une condition :

    Variable 0064 : Attaque Ennemi *is*

    Greater than

    Constant 0

16. Dans cette condition, enlevez les points de vie avec la commande *Change HP*. Cochez *Decrease* pour les diminuer, passez la dernière variable (n° 0064, ici) comme opérande et cochez *Allow Knocknout in Battle* pour que l'écran de Game Over apparaisse lorsque les points de vie du héros tombent à 0.

17. Enfin, à la fin de la première condition de cette page, activez l'interrupteur `A attaqué` pour indiquer que l'ennemi a attaqué, et définissez un temps d'attente avant de une nouvelle attaque.

Voici le résultat pour la deuxième page :

```
@>Conditional Branch: Switch [0027: A attaqué] == OFF
  @>Control Variables: [0052: Type Attaque] = Random No. (1...100)
  @>Comment: Le type d'attaque est unique pour cette explication.
  @>Conditional Branch: Variable [0052: Type Attaque] >= 0
    @>Show Animation: Player, [Hit]
    @>Control Variables: [0063: Calcul Puissance Ennemi] = [Aluxes]'s PDEF
    @>Control Variables: [0063: Calcul Puissance Ennemi] /= 2
    @>Control Variables: [0064: Attaque Ennemi] = 200
    @>Control Variables: [0064: Attaque Ennemi] -= Variable [0063: Calcul Pi
    @>Control Variables: [0064: Attaque Ennemi] += Random No. (0...15)
    @>Conditional Branch: Variable [0064: Attaque Ennemi] > 0
      @>Change HP: Entire Party, - Variable [0064: Attaque Ennemi]
      @>
     :  Branch End
    @>
   :  Branch End
  @>Control Switches: [0027: A attaqué] = ON
  @>
 :  Branch End
@>
```

Liste des commandes d'événements pour la deuxième page et l'attaque de l'ennemi

Attaque du héros

Passons à la troisième page. Il s'agit des points de vie à enlever à l'ennemi quand le héros attaque. Cette page se déclenche seulement quand le héros donne un coup d'épée, donc que l'interrupteur de l'étape 1 est activé.

1. Mettez l'interrupteur `Donne un coup d'épée` en condition de déclenchement.

2. Souvenez-vous que, dans notre exemple, le héros donne un coup d'épée quand le joueur appuie sur la touche A. Ainsi, l'ennemi perd des points de vie si le héros se trouve à son contact et que la touche A est enfoncée. Placez le déclenchement de la page (*Trigger*) sur *Event Touch* ou *Player Touch*. Inutile de créer une condition pour définir la pression de la touche, puisque nous avons déjà créé un interrupteur servant à déterminer si le héros attaque.

> FACULTATIF **Sonoriser l'attaque**
>
> Pour sonoriser l'attaque, utilisez la commande *Play SE*.

3. Affichez une animation sur cet événement montrant l'attaque du héros en plus du coup d'épée.

4. Calculez à présent le nombre de points de dégât infligés par le héros. Le principe est le même que l'ennemi :

```
Attaque du héros - (Défense de l'ennemi / 2) + un nombre
aléatoire entre 0 et 15
```

5. Définissez la défense de l'ennemi dans une nouvelle variable.

> CONSEIL **Division et défense**
>
> Vous pouvez ici carrément appliquer la division par 2 à la défense, car elle est fixe.

6. Dans une autre variable, indiquez la valeur d'attaque du héros :

   Single 0065 : Calcul Puissance Héros

   Operation : Set

   Operand : Actor 001 : Aluxes's ATK (dans notre exemple)

7. Soustrayez la valeur de la défense de l'ennemi à la variable créée à l'étape 5.

   Single 0065 : Calcul Puissance Héros

   Operation : Sub

   Operand : Variable 0059 : Défense Ennemi

8. Ajoutez une valeur aléatoire entre 0 et 15 pour avoir un taux de dégâts variable à chaque coup :

   Single 0065 : Calcul Puissance Héros

   Operation : Add

   Operand : Random 0 ~ 15

9. Vérifiez que le montant de points de vie à enlever à l'ennemi est bien positif avec une condition :

   Variable 0065 : Calcul Puissance Héros

   Operation : Greater than

   Constant 0

10. Dans la condition, retirez les points de vie calculés à la variable Points de vie (PV) définie sur la page 1 (étape 3) :

    Single 0051 : PV ennemi

    Operation : Sub

    Operand : Variable 0065 : Calcul Puissance Héros

11. Testez avec une nouvelle condition, si l'ennemi ne possède plus de points de vie et est donc vaincu :

    Variable 0051 : PV ennemi

    Less than or Equal to

    Constant 0

12. Le cas échéant, le héros gagne un objet ou une somme d'argent. Ce gain est aléatoire. Il a une 2 chances sur 10 d'obtenir l'objet n° 1, 2 chances sur 10 d'obtenir l'objet n° 2 et à nouveau 2 chances sur 10 d'obtenir de l'argent. Bref, il a donc 6 chances sur 10 de gagner quelque chose. Créez un nouvelle variable qui va simuler un nombre aléatoire entre 1 et 10 :

    Single 0061 : Aléatoire Gain

    Operation : Set

    Operand : Random 1 ~ 10

13. Donnez de l'expérience au héros avec la commande *Change Exp*. Assignez un montant et cochez l'opération *Increase*.

14. En dehors de la condition, la dernière commande de cette page est un temps d'attente. Avec la commande *Wait*, vous empêchez le héros d'attaquer à nouveau avant un certain temps. 6 frames suffisent.

Voici le résultat de la troisième page :

```
@>Play SE: '094-Attack06', 80, 100
@>Show Animation: This event, [Sword]
@>Control Variables: [0059: Défense ennemi] = 25
@>Control Variables: [0065: Calcul Puissance Héros] = [Aluxes]'s ATK
@>Control Variables: [0065: Calcul Puissance Héros] -= Variable [0059: Défen:
@>Control Variables: [0065: Calcul Puissance Héros] += Random No. (0...15)
@>Conditional Branch: Variable [0065: Calcul Puissance Héros] > 0
  @>Control Variables: [0051: PV ennemi] -= Variable [0065: Calcul Puissance
  @>
 :  Branch End
@>Conditional Branch: Variable [0051: PV ennemi] <= 0
  @>Control Variables: [0061: Aléatoire Gain] = Random No. (1...10)
  @>Change EXP: [Aluxes], + 10
  @>
 :  Branch End
@>Wait: 6 frame(s)
@>
```

Liste des commandes d'événements pour la troisième page et l'attaque du héros

Gain d'un objet après avoir vaincu l'ennemi

Nous voici arrivés aux quatre dernières pages.

1. Pour la quatrième page, précisez l'apparence d'un objet de votre choix et réglez le déclenchement sur *Event Touch* ou *Player Touch*. Ainsi, le héros pourra ramasser l'objet et le placera dans son inventaire dès qu'il touchera l'événement.

2. La condition de déclenchement est la variable `Aléatoire Gain` (n° 0061, ici) : *Variable* 0061 : Aléatoire Gain *is* 1 *or above*

> FACULTATIF **Sonoriser le gain**
>
> Dans la liste des commandes, vous pouvez indiquer un son pour signaler que le héros a récupéré l'objet.

3. Ajoutez l'objet à l'inventaire du héros avec la commande *Change Items.*

4. Réglez la valeur de la variable `Aléatoire Gain` sur 10.

> EN PRATIQUE **Variable Aléatoire Gain**
>
> Quand la variable `Aléatoire Gain` vaut 10 ou plus, elle appelle la dernière page, qui n'est dotée d'aucune apparence : l'objet a été ramassé.

> OBJECTION **Le héros remporte toujours l'objet**
>
> Vous remarquez certainement que le héros, ici, aura 100 % de chances d'acquérir l'objet. Certes, mais nous n'avons pas terminé, puisqu'il reste encore d'autres pages pour acquérir un objet.

5. Pour la cinquième page, répétez les quatre étapes ci-dessus en changeant l'apparence de l'objet, ainsi que le gain de la commande *Change Items*.

6. La condition de déclenchement est *Variable* 0061 : Aléatoire Gain *is* 3 *or above*.

Soulignons que c'est la dernière page qui est appelée. Ainsi, admettons que la valeur aléatoire du gain soit 4. La page 4 n'est pas exécutée, même si la condition de déclenchement est atteinte (4>1). En revanche, la page 5 se déclenchera parce que sa condition de déclenchement est également juste (4>3) et que la page est supérieure à la page 4. Ce principe expliqué, concevoir la sixième page pour la somme d'argent gagné est un jeu d'enfant.

7. Répétez les étapes 1 à 4 en attribuant cette fois l'apparence et un montant d'argent avec la commande *Change Gold*.

8. La condition de déclenchement est donc *Variable* 0061 : Aléatoire Gain *is* 5 *or above*.

   Enfin, la dernière page n'a pas d'apparence. Elle s'exécute après la récupération de l'objet, ou bien si la valeur aléatoire du gain est supérieure ou égale à 7. Par conséquent, le héros a 6 chances sur 10 de gagner quelque chose.

9. N'assignez pas d'apparence. La condition de déclenchement est *Variable* 0061 : Aléatoire Gain *is* 7 *or above*.

> BON À SAVOIR **Créer d'autres ennemis**
>
> Cette méthode peut s'appliquer à la fabrication d'autres événements tels que des ennemis. Il faut néanmoins penser à changer de variables pour le calcul de réduction des points du héros et de l'ennemi, le gain aléatoire, le type d'attaque, les points de vie de l'ennemi, ainsi que l'interrupteur A attaqué. Soulignons qu'il n'est pas indispensable de changer cet interrupteur si la carte est différente.

Paramétrer le lancement des compétences

L'ennemi et le héros peuvent utiliser une compétence spéciale autre que l'attaque. La particularité de cette attaque est d'agir à distance sur une certaine zone. Ainsi, par exemple, l'ennemi a recours à cette compétence s'il ne combat pas au corps-à-corps.

1. Ajoutez une page après la deuxième page de l'événement Ennemi de la section précédente. Le déclenchement est en processus parallèle, permettant à l'ennemi d'utiliser la compétence sans être en contact avec le héros.

2. Créez un nouvel interrupteur dans les conditions de déclenchement de l'événement. Ainsi, si cet interrupteur est activé depuis l'extérieur, l'ennemi utilisera la compétence.

3. Sur la première page, ajoutez une variable pour les points de compétence :

   Single 0070 : PC Ennemi

   Operation : Set

   Operand : 20

4. Revenez sur la page ajoutée (qui est la troisième) et retirez une valeur fixe à la variable `PC Ennemi` :

    Single 0070 : PC Ennemi

    Operation : Sub

    Operand : 3

5. L'ennemi peut utiliser la compétence si et seulement si ses points de compétence sont positifs. Pour le vérifier, créez une condition :

    Variable 0070 : PC Ennemi

    Greater than

    Constant 0

6. Dans la condition, appelez l'événement commun Compétence que nous allons créer par la suite.

7. Désactivez l'interrupteur de l'étape n° 2 pour indiquer que l'ennemi a fini d'utiliser la compétence (et ainsi éviter que la page ne tourne en boucle.

8. Dans l'événement en processus parallèle de l'étape 7 de la section précédente, dans l'option `Else` de la première condition, ajoutez le pourcentage de chance de l'ennemi d'utiliser la compétence. Créez une nouvelle variable :

    Single 0052 : Compétence chance

    Operation : Set

    Operand : Random 1 ~ 100

9. Laissez un temps d'attente de 10 frames avec la commande *Wait*. Il est indispensable, car il permet d'éviter que la valeur aléatoire ne soit calculée très rapidement en boucle et, par conséquent, que l'ennemi n'utilise la compétence d'innombrables fois.

10. Créez une condition pour que l'ennemi ait 10 % de chances d'utiliser la compétence :

    Variable 0052 : Compétence chance

    Less than or Equal to

    Constant 10

11. Dans cette condition, activez l'interrupteur de l'étape 2 (nommé `Compétence`, et avec, dans notre exemple, le n° 0028).

Si nous récapitulons les différentes opérations, l'événement en processus parallèle offre 10 % de chance à l'ennemi d'utiliser une compétence toutes les 10 frames. Le cas échéant, la nouvelle page de l'événement Ennemi sera déclenchée par l'intermédiaire de l'interrupteur Compétence. Si l'ennemi possède suffisamment de points de compétence, l'événement appelle un événement commun pour lancer la compétence. Il nous reste justement à créer cet événement commun.

> QUESTION **Pourquoi créer ici un événement commun ?**
> La compétence peut être utilisée par plusieurs ennemis. Il est donc logique que l'événement soit commun.

Cependant, la compétence peut être utilisée uniquement à une certaine distance. Si l'ennemi est trop éloigné du héros, la compétence ne sera pas appliquée. Cette gestion de distance est paramétrée dans un autre événement commun. Vous pouvez soit élaborer un système basé sur le champ de vision, soit vous référez à la section « Des héros qui se suivent » du chapitre 8. Voici le résultat final :

```
@>Control Variables: [0067: Distance Ennemi/Héros X] = Player's Map X
@>Control Variables: [0067: Distance Ennemi/Héros X] -= This event's Map X
@>Conditional Branch: Variable [0067: Distance Ennemi/Héros X] < 0
  @>Control Variables: [0067: Distance Ennemi/Héros X] *= -1
  @>
 : Branch End
@>Control Variables: [0068: Distance Ennemi/Héros Y] = Player's Map Y
@>Control Variables: [0068: Distance Ennemi/Héros Y] -= This event's Map Y
@>Conditional Branch: Variable [0068: Distance Ennemi/Héros Y] < 0
  @>Control Variables: [0068: Distance Ennemi/Héros Y] *= -1
  @>
 : Branch End
@>Conditional Branch: Variable [0067: Distance Ennemi/Héros X] <= Variable |
  @>Conditional Branch: Variable [0068: Distance Ennemi/Héros Y] <= Variabl
    @>Control Self Switch: D =ON                                    ❶
    @>
   : Branch End
  @>
 : Branch End
@>
```

Liste des commandes d'événements pour déterminer si l'ennemi est éloigné du héros

La variable cachée par l'interface de RPG Maker ❶ sur l'image ci-dessus est une constante. Elle correspond à la distance maximale séparant le héros et l'ennemi, afin que ce dernier puisse utiliser la compétence. La variable se nomme Valeur distance et porte le numéro 0069. Si la valeur de la distance est correcte, l'interrupteur local D est activé. La suite de la procédure concerne l'événement commun Compétence créé et appelé dans l'événement en processus parallèle (étape 6).

12. Définissez la distance entre l'ennemi et le héros pour l'utilisation de la compétence :

    Single 0069 : Valeur distance

    Operation : Set

    Operand : 5

13. Appelez l'événement commun Distance cité ci-dessus.

14. Créez une condition et vérifiez si l'interrupteur local D est activé (donc que la distance est bonne) avec *Self Switch* D *is* ON.

15. Affichez une animation sur l'ennemi pour montrer qu'il se prépare à utiliser la compétence.

16. Laissez un temps d'attente. Indiquez le même nombre de frames que l'animation précédente.

17. Placez l'animation d'attaque sur le héros.

18. Diminuez les points de vie du héros (par souci de simplification, la valeur est fixe).

19. Désactivez l'interrupteur local D pour signaler que le personnage a terminé d'utiliser la compétence.

> QUESTION **Et pour le héros ?**
>
> La démarche est la même pour le héros, mais en sens inverse. Ainsi, lorsque le joueur enfonce une touche, le héros utilise une compétence en annulant les chances d'envoi (ne réalisez pas la condition de l'étape 10). Ses points de compétence diminuent avec la commande *Change SP*. Vérifiez également la distance, mais avec un autre événement commun.
>
> Si vous avez plusieurs ennemis sur la carte, vérifiez quelles zones sont touchées par la compétence via des conditions qui testent les positions X et Y de chaque ennemi selon la zone.

En résumé

Le système de combat en temps réel n'est pas forcément le plus simple à réaliser surtout si vous souhaitez le rendre plus complexe. Cependant, il présente l'avantage d'offrir au joueur une autre approche du combat : le héros peut ainsi utiliser certains objets gagnés au cours de l'aventure (explosifs, projectiles, etc.) et découvrir de nouvelles actions, voire de nouvelles énigmes.

Premiers pas dans l'éditeur de scripts : les bases du RGSS

RPG Maker possède une bibliothèque nommée RGSS. Grâce à elle, vous pouvez créer votre fenêtre, intégrer des images…

L'objectif de ce chapitre est de vous initier à RGSS : apprenez à manipuler les fenêtres et maîtrisez les notions de « Bitmap » ou « Graphics » pour créer vos propres scripts.

Utilité des scripts RGSS

RPG Maker XP et VX possèdent un éditeur de scripts, accessible via la touche *F11*. Grâce aux scripts, vous personnaliserez finement votre jeu. Vous pourrez ainsi ajouter un nouveau type de menu, mettre en place un système de combat ou de banque, ajouter des ombres aux personnages, créer un jeu multijoueur, etc. Vous trouverez de nombreux scripts créés par des scripteurs sur des sites consacrés à RPG Maker. Ils permettent d'améliorer le contenu de votre jeu, et ce même si vous n'y connaissez rien en programmation.

RESSOURCES **Sites à consulter**
- ▸ www.rpgcreative.net
- ▸ www.rpg-maker.fr

DÉCOUVERTE **Event Language 4**

Dirigé par les programmeurs confirmé Roys et Åvygeil, EL4 est une série de scripts pour XP. Ils servent à gérer de nouvelles commandes en événement. En utilisant la commande `Scripts` et une syntaxe simple, vous commandez vos événements, créez de nouveaux objets, gérez de nouveaux systèmes... soit tout ce qui est impossible avec des événements. Chacun peut proposer de nouvelles commandes afin d'améliorer EL4.
- ▸ http://hesperides.xooit.com

Cependant, vous ne trouverez pas toujours le script que vous recherchez, ou alors, vous désirez créer votre jeu par vous-même : il est donc indispensable de savoir créer des scripts. Le langage de programmation que vous allez mettre en œuvre pour écrire vos scripts est Ruby. RPG Maker contient une bibliothèque qui se nomme RGSS 1 pour XP et RGSS 2 pour VX. Vous allez donc apprendre à utiliser le RGSS ainsi que les démarches pour créer vos scripts.

> **EN PRATIQUE Apprendre Ruby**
>
> Si vous ne connaissez pas un mot de Ruby, nous vous recommandons de lire l'annexe A de cet ouvrage.

> **DÉFINITION RGSS**
>
> Le terme RGSS signifie *Ruby Game Scripting System*. Cette bibliothèque offre des propriétés et des fonctions pour faciliter la création des scripts.

Par exemple, RGSS possède un module `Audio`, avec lequel, vous pouvez, comme avec les commandes d'événements, couper le son, jouer un morceau en fondu, changer de musique, etc. Le code sera le suivant.

Méthode du module Audio avec RGSS pour arrêter une musique

```
Audio.bgm_stop
```

En insérant ce code avec la commande d'événements *Scripts*, la musique s'arrêtera dans votre jeu.

Prenons un second exemple.

Mettre le texte en gras

```
Font.default_bold = true
```

Ainsi, vous passez le texte par défaut en gras.

> **QUESTION Ruby ou RGSS ?**
>
> La distinction entre Ruby et RGSS n'est pas évidente. Ruby est un langage de programmation comme Java, C++, PHP, etc. et est orienté objet (voir annexe A). Ainsi, vous pouvez très bien utiliser Ruby en dehors de RPG Maker pour concevoir des programmes. RGSS est une bibliothèque spécifique à RPG Maker, écrite en Ruby. Les codes ci-dessus sont donc propres à RGSS et par conséquent au logiciel RPG Maker. Vous ne pouvez pas utiliser RGSS en dehors de RPG Maker. Aussi, apprendre le RGSS, c'est évidemment savoir coder en Ruby.

COMPRENDRE **Différence entre RGSS 1 et RGSS 2**

Comme nous l'avons vu, RGSS 1 s'applique à RPG Maker XP et RGSS 2 à RPG Maker VX. En fait, RGSS 2 améliore RGSS 1, apportant son lot de nouvelles fonctions, d'attributs et de propriétés. En consultant la documentation de RPG Maker VX, vous remarquez un signe RGSS 2 pour certaines fonctions. Il signale que cette fonction est une exclusivité de RPG Maker VX.

Prise en main de l'éditeur de scripts

L'éditeur de scripts permet de modifier ou créer des scripts. Ouvrez-le en cliquant sur l'icône adéquate de la barre d'outils, ou en appuyant sur la touche *F11*.

Les scripts déjà présents

Vous avez sûrement remarqué que l'éditeur de scripts contient plus de 90 scripts. Quand vous créez votre jeu, vous n'avez donc pas à définir toutes ses bases (déplacement du héros, collision, etc.), car ces scripts le font à votre place. Les scripts sont organisés en plusieurs catégories et comportent des préfixes qui sont présentés dans le tableau 11-1.

TABLEAU 11-1 *Catégories et préfixes des scripts inclus dans l'éditeur*

Script	Description
`Game_`	Cette catégorie regroupe principalement les données du jeu comme la position, les caractéristiques (points de vie, compétences…) du héros, des événements (communs ou non), etc.
`Sprite_` `Spriteset_` `Arrow_`	Il s'agit des images du jeu, comme les personnages, les fonds, le décor de la carte et des combats, etc.
`Window_`	Cette catégorie comprend les fenêtres du jeu comme le menu, les fenêtres de sélection, le magasin, etc.
`Interpreter`	Il s'agit des commandes interprétées comme la commande d'événements `Show Text`.

Tableau 11-1 *Catégories et préfixes des scripts inclus dans l'éditeur (suite)*

Script	Description
Scene_	Ces scripts gouvernent le déroulement du jeu, comme le déplacement du héros par le joueur, etc.
Main	Ce script gère le code principal qui lance votre jeu.

Si chaque script possède un nom, il n'est pas indispensable de nommer votre script pour qu'il fonctionne. Le nom sert à retenir la fonction du script.

Rechercher et trouver

Si vous cherchez une expression ou un code dans un ou plusieurs scripts de la liste des scripts, il est bien sûr possible de lancer une recherche globale.

1. Cliquez avec le bouton droit sur un script dans la liste de gauche.
2. Cliquez sur *Find*.
3. Saisissez le mot à rechercher dans la zone de texte.
4. Si vous le souhaitez, cochez *Match Case* pour que la casse du terme soit respectée lors de la recherche (c'est-à-dire que les majuscules et minuscules soient prises en compte).
5. Une fois que vous avez cliqué sur le bouton *Start Search*, la liste des scripts s'affiche ; la ligne et la portion de code contenant l'expression souhaitée sont indiquées.

Les options de recherche sont assez nombreuses. Il est ainsi possible de faire une recherche pour un script uniquement. Vous pouvez rechercher un mot et le remplacer, comme vous le feriez dans un éditeur de texte.

> Astuce **Accéder directement à la bonne ligne**
>
> Après avoir cliqué avec le bouton droit sur le script, cliquez sur l'option *Jump* et indiquez la ligne à laquelle vous souhaitez accéder.

La documentation

La documentation est primordiale pour utiliser RGSS, car vous ne connaissez sûrement pas tous les modules, classes, propriétés et méthodes dans RPG Maker, ainsi que leurs subtilités et spécificités.

Pour ouvrir la documentation, tapez sur la touche *F1*. Si vous passez par le menu, sélectionnez l'option *Help,* puis *Contents*.

Imaginons ensuite que vous souhaitez rechercher la définition et les méthodes de la classe Sprite, voici comment les trouver :

1. Cliquez sur *RGSS Reference Manual*.
2. Cliquez sur *Game Library*.
3. Cliquez sur *RGSS Built-in Classes*.
4. Cliquez sur *Sprite*.

En en-tête, vous trouvez une définition générale et succincte. Plus bas, les méthodes et propriétés sont référencées.

> RESSOURCE **La documentation en français**
>
> Un groupe de passionnés a traduit la documentation en français. Vous pouvez télécharger cette version sur le Web, notamment sur le site :
>
> ▸ **www.rpgcreative.net**

Les fenêtres et le Bitmap

Nous allons voir comment créer une fenêtre, ce qui nous permettra de définir la notion de Bitmap dans RGSS. Les fenêtres se retrouvent un peu partout dans le jeu : écran titre, menu, magasin, message, etc.

Une simple fenêtre avec un texte

Création de la classe

Créez un nouveau script, nommez la classe et héritez-la de `Window_Base`. Nous avons 2 méthodes : le constructeur `initialize` pour initialiser les variables, et `refresh` pour le texte.

Structure de la classe pour la création d'une simple fenêtre

```
class Window_My < Window_Base
  def initialize

  end
  def refresh

  end
end
```

EN PRATIQUE **Hériter une classe**

Hériter notre fenêtre permet de profiter des méthodes déjà écrites dans le script `Window_Base`, particulièrement en ce qui concerne les dimensions de la fenêtre.

Positions et dimensions de la fenêtre

Dans le constructeur `initialize`, nous initialisons les dimensions de la fenêtre, ainsi que la création du Bitmap et le type d'écriture.

La méthode `super` appelle la méthode qui a été définie dans la classe héritée, c'est-à-dire que nous appelons ici la méthode `initialize` de `Window_Base`. Voici les paramètres.

Paramètres de la méthode super

```
super(Position X, Position Y, Largeur, Hauteur)
```

Nous pouvons donner les positions `X` et `Y` de la fenêtre sur la carte, et définir sa largeur et sa hauteur. Par exemple, pour la fenêtre de l'image ci-dessus, nous avons :

Positions et dimensions de la fenêtre

```
super(100, 100, 160, 64)
```

Créons le Bitmap :

Création du Bitmap

```
self.contents = Bitmap.new(width - 32, height - 32)
```

Le `contents` fait référence au `Bitmap` utilisé pour le contenu de la fenêtre. Ainsi, cela revient à dire : « je mets un Bitmap dans cette (`self`) fenêtre avec une certaine taille ».

La notion de Bitmap

Il est vrai que lorsqu'on débute, le principe du Bitmap n'est pas facile à comprendre. De plus pourquoi retire-t-on 32 à ses dimensions ?

Avec le code que nous venons d'écrire, nous créons une fenêtre qui s'affiche en bleu. Elle a bien les dimensions que nous avons précisées. Le Bitmap est une image vierge (ou non) incluant texte, image, etc. On utilise un Sprite ou d'autres types d'objets (ici, nous utilisons une fenêtre) pour afficher le Bitmap. On retire 32 pixels pour aménager une marge en bas et à gauche.

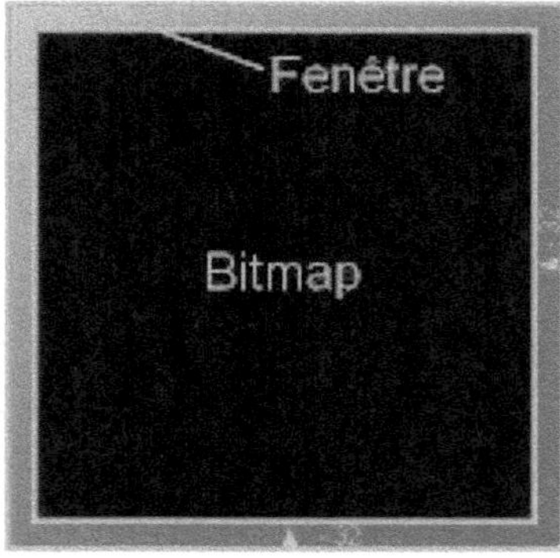

Composition du Bitmap dans une fenêtre

Si maintenant, nous enlevons 70 pixels aux dimensions du Bitmap...

Création d'un Bitmap en enlevant 70 px aux marges

```
self.contents = Bitmap.new(width - 70, height - 70)
```

Nous obtenons ceci :

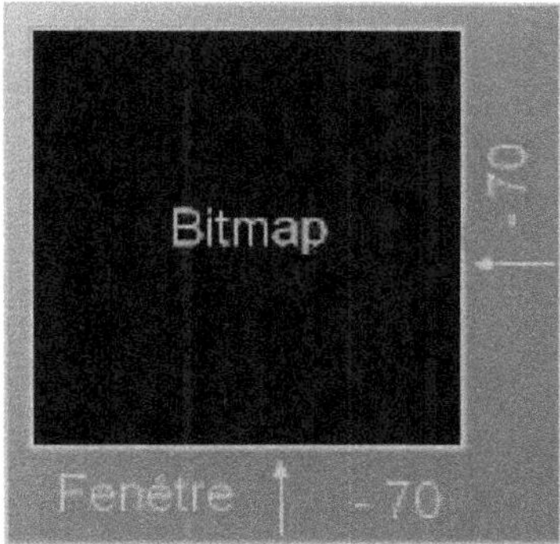

Fenêtre avec une plus grande marge

Enfin, si le Bitmap est plus grand que la fenêtre, nous ajoutons 70 pixels, par exemple :

Création d'un Bitmap en ajoutant 70 px aux marges

```
self.contents = Bitmap.new(width + 70, height + 70)
```

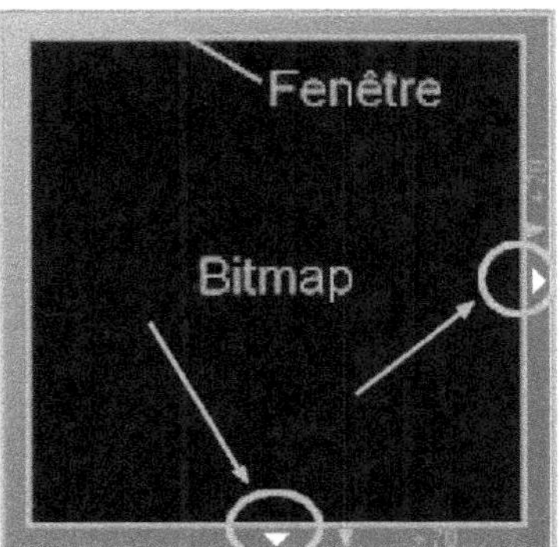

Avec un Bitmap plus grand que la fenêtre,
RPG Maker ajoute des flèches sur les côtés

RPG Maker ajoute des flèches (qui sont dans le Windowskin) pour indiquer que le Bitmap est plus grand que la fenêtre. Remarquez qu'il y a toujours une marge entre la fenêtre et le Bitmap, même si nous la dépassons.

> À RETENIR **Bitmap**
>
> Tous les éléments se trouvent dans le Bitmap. Ainsi, créer une fenêtre sans Bitmap ne sert à rien.

Police et taille du texte

Toujours dans la méthode `initialize`, nous précisons la police et le corps du texte qui s'affichera dans la fenêtre.

Définir la police et la taille du texte

```
self.contents.font.name = "Arial"
self.contents.font.size = 17
```

Ainsi, nous définissons la police et le corps du texte contenu dans ce Bitmap (`contents`) de cette fenêtre (`self`).

Nous insérons ensuite le texte. Pour cela, appelons une autre méthode : `refresh`.

> COMPRENDRE **Méthode refresh**
>
> Par la suite, si vous voulez mettre à jour le texte de la fenêtre, vous ne pourrez pas appeler le constructeur `initialize`, il faudra appeler `refresh`.

Contenu de la fenêtre

Le contenu de notre fenêtre est très basique. Nous affichons « un texte ». Tout d'abord, nous effaçons ce qu'il y a dans le Bitmap avec `clear`.

Rafraîchir le contenu de la fenêtre

```
def refresh
   # Effacement du contenu de la fenêtre
   self.contents.clear
end
```

En effet, sans cela, si vous insérez un texte et que vous rappelez plus tard la méthode `refresh`, le nouveau texte chevauchera l'ancien. Vous pouvez faire le test en enlevant cette ligne de code dans le script `Window_PlayTime` : lorsque vous testez le jeu, l'affichage du temps passé dans le jeu s'actualise à chaque seconde, mais la nouvelle seconde se superpose au texte, ce qui le rend illisible. Bref, en utilisant `clear` sur le Bitmap, vous évitez ce genre de problème.

À présent, insérons notre texte.

Paramètres de la méthode draw_text

```
self.contents.draw_text(Position X, Position Y, Largeur,↵
Hauteur, Texte)
```

Nous affichons le texte aux positions `X` et `Y` à partir du point d'origine du Bitmap, et non à partir de la fenêtre. La `Largeur` et la `Hauteur` s'appliquent au `texte`. Ainsi, si la largeur est, par exemple, inférieure à la largeur requise, le texte sera réduit.

Au final, voici le code que nous obtenons.

La classe complète de notre fenêtre

```
class Window_My < Window_Base
def initialize
      # Dimension de la fenêtre
   super(100, 100, 160, 64)
      # Création du Bitmap
   self.contents = Bitmap.new(width - 32, height - 32)
      # Police et taille du texte.
   self.contents.font.name = "Arial"
   self.contents.font.size = 17
     # Appelle la méthode "Refresh" pour initialiser le
     texte
   refresh
  end

 def refresh
   # Effacement du contenu de la fenêtre
   self.contents.clear
      # Affichage du texte
   self.contents.draw_text(0, 0, 120, 32, "Ma fenêtre")
 end
end
```

Les scènes

En RGSS, la scène permet d'intégrer les fenêtres, ainsi que les interactions du joueur. Notre scène a deux méthodes : `main` et `update`.

Voici la structure de notre classe.

Structure de la classe pour une scène simple

```
class Scene_Perso
  def main

  end
  def update

  end
end
```

La notion de scène

Pour bien comprendre ce qu'est une scène, nous allons illustrer notre propos. Au théâtre, une pièce se décline en plusieurs scènes, qui se déroulent dans des lieux différents et à des moments différents. Ici, nous allons imaginer que la variable globale qui se trouve dans RGSS se nomme `scene` :

La variable globale pour la scène

```
$scene
```

`$scene` est un objet d'une classe `Scene`. Il reçoit chaque scène, mais, comme au théâtre, les scènes s'enchaînent les unes après les autres. C'est alors que le script `main` intervient. `$scene` adopte sa première valeur dès que nous exécutons le jeu :

La variable globale est instanciée à la classe Scene_Title

```
$scene = Scene_Title.new
```

Ainsi, dès que le jeu commence, notre équivalent de la scène du théâtre est `Scene_Title`, c'est-à-dire l'écran titre. Cependant, il ne s'affiche pas à ce moment-là, car nous avons seulement inséré une scène dans la variable `$scene`. En effet, lorsque nous appelons une classe, `initialize` est appelé automatiquement, puisque c'est le constructeur. Or, `initialize` est souvent absent de nos scènes. C'est à ce moment précis qu'interviennent les lignes suivantes.

Appel de la méthode main dans les scènes

```
while $scene != nil
    $scene.main
end
```

Sans ces lignes cruciales, notre jeu ne fonctionnerait pas. En effet, la boucle `while` ne s'arrête que si `$scene` vaut `nil`. Pour reprendre l'image du théâtre, cela correspond au moment où le rideau tombe et masque la scène. Cependant, ce n'est pas le cas ici, puisque notre scène est l'écran titre. Nous entrons dans la boucle et nous appelons la méthode `main` de notre scène.

> RÉCAPITULATIF **La méthode main**
> Notre scène a toujours une méthode `main` car le script Main appelle automatiquement cette méthode pour les scènes.

La méthode main

Revenons à notre classe. Nous avons conçu sa structure, à présent, nous allons insérer les instructions dans la méthode `main`. Cette méthode ressemble un peu à `initialize`. Nous allons initialiser nos variables, ajouter les fenêtres, les images, etc. Pour commencer, nous initialisons notre fenêtre.

Création de fenêtre dans la scène

```
@window = Window_Perso.new
```

À présent, mettons à jour l'entrée (clavier, souris…) et la sortie (graphismes, éléments audio…) de notre scène. Voici les lignes de code à intégrer dans votre scène :

Mise à jour des entrées et sorties

```
# Transition jusqu'à l'écran actuel
Graphics.transition
# Boucle infinie
loop do
  # Mise à jour des images et des données d'entrée (clavier)
  Graphics.update
  Input.update
  # On appelle la méthode « update »
  update
  # Si la scène actuelle est différente de la classe.
  En clair, si on sort de cette classe…
if $scene != self
# On sort de la boucle et on exécute le reste.
    break
  end
end
  Graphics.freeze
```

Regardons ce code de plus près.

La notion de Graphics

Au théâtre, le rideau est baissé avant le début d'une pièce. Derrière le rideau, vous mettez tout en place, mais sur la scène, il n'y a pas un personne, pas un mouvement. Il faut lever le rideau pour commencer à voir les comédiens jouer. Ensuite, quand on change de scène, on ferme le rideau et ainsi de suite. Ici, c'est le même principe. Au départ, notre scène est gelée (rideau fermé), le joueur ne peut rien déplacer, mais dans `main`, nous avons initialisé les fenêtres (préparatifs derrière le rideau). Pour commencer à jouer, nous appliquons une transition, ce qui va dégeler la scène (nous levons le rideau) avec la ligne de code qui suit.

Transition jusqu'à l'écran actuel

```
Graphics.transition
```

Ensuite, nous mettons à jour les entrées (clavier, souris...) et sorties (graphismes, audio...) de la scène dans une boucle infinie (les comédiens jouent la scène).

Boucle de mise à jour

```
loop do
  # Mise à jour des images et des données d'entrée (clavier)
  Graphics.update
  Input.update
  # On appelle la méthode update
  update
```

> EN PRATIQUE **Méthode update**
> Nous verrons à la section suivante comment créer la méthode `update`.

Ensuite, quand nous changeons de scène, nous sortons de la boucle et nous gelons à nouveau l'écran (nous fermons le rideau).

Sortie de la boucle

```
# Si la scène actuelle est différente de la classe, c'est-
à-dire si on sort de cette classe…
if $scene != self
  # On sort de la boucle et on exécute le reste.
    break
  end
end
  Graphics.freeze
```

Après avoir gelé l'écran avec `Graphics.freeze`, vous enlevez tout ce qu'il y a sur la scène.

Suppression de la fenêtre

```
@window.dispose
```

De cette manière, la fenêtre est supprimée quand nous changeons de scène.

La méthode update

Souvenez-vous, nous avons appelé `udpate` dans notre boucle infinie du code ci-dessus. Tant que nous ne changeons pas de scène, cette méthode est appelée indéfiniment, ce qui est primordial pour mettre à jour constamment notre scène. Ici, nous n'avons qu'à mettre la fenêtre à jour pour le rafraîchissement de son contenu (images, textes, etc.).

Sortie de la boucle

```
@window.update
```

> Attention **Une scène simple**
>
> Notre scène est relativement simple, nous n'avons qu'une ligne à écrire. Mais dans le cas d'un script plus élaboré, vous aurez davantage de lignes à insérer.
>
> Important **Mise à jour**
>
> Toute fenêtre doit être mise à jour dans la méthode `update`.

Voici le script d'une scène complète :

La scène simple complète

```
class Scene_Perso
  def main
    @window = Window_Perso.new
    Graphics.transition
    loop do
      Graphics.update
      Input.update
      update
      if $scene != self
        break
      end
    end
    Graphics.freeze
```

```
      @window.dispose
  end
  def update
    @window.update
  end
end
```

Appeler la scène

Une fois notre scène créée, il faut l'afficher. Pour appeler notre scène, il nous suffit de la donner à la variable `$scene`.

Appel de la scène créée précédemment

```
$scene = Scene_Perso.new
```

Grâce à la commande *Scripts,* vous pouvez l'essayer via un événement. Vous remarquez un changement de scène avec une fenêtre.

Quand $scene n'a plus de valeur

Que se passe-t-il si `$scene` vaut `nil`, c'est-à-dire lorsque `$scene` n'a plus de valeur ? Pour comprendre cela, revenons dans le script `Main` et reprenons le code.

Appel de la méthode main dans les scènes

```
while $scene != nil
    $scene.main
end
```

Si `$scene` vaut `nil`, nous quittons la boucle. Nous n'appelons plus la méthode `main` de la scène, et par conséquent, plus aucune scène du tout. Ensuite, le script `Main` dégèle l'écran avec une transition.

Transition finale

```
Graphics.transition(20)
```

> PRÉCISION **Gel de l'écran**
>
> En sortant d'une scène, nous l'avons gelée.
>
> PRÉCISION **Temps de transition**
>
> Le paramètre 20 correspond au temps de transition, en frames.

Ensuite, puisqu'il n'y a plus de script, ni de code, le jeu s'arrête.

EN PRATIQUE **Après la transition finale**

Après la transition, il n'y a que quelques lignes de code, sauf dans le cas d'un fichier introuvable dans les scènes.

QUESTION **Tous les scripts doivent-ils être au-dessus du script Main ?**

Maintenant que vous savez ce qu'est une scène, et connaissez le fonctionnement de Main, vous êtes capable de répondre à cette question. RPG Maker exécute les scripts de haut en bas dans l'éditeur. Ainsi, quand il arrive au script Main, il exécute tout de suite la boucle while et les scènes des scripts situés avant. Cependant, puisque Ruby reste dans la boucle while, il n'analyse pas les scripts situés après Main. Ainsi, si vous insérez une scène après Main, cela revient à ne pas la lire.

Les images Sprites

Un Sprite est une image que vous affichez à l'écran. Si vous voulez créer une jauge, des effets de lumière, etc., le Sprite est l'élément le plus approprié. RPG Maker comprend par exemple les scripts Sprite_Character pour afficher les personnages, Sprite_Battler pour afficher les images des combattants et monstres dans les combats, Sprite_Picture pour les images (via les commandes d'événements), etc.

La classe

La classe parente étant Sprite, tout le travail est déjà fait. Nous allons mettre en œuvre les méthodes de cette classe.

Tout d'abord, nous appelons les instructions de la méthode `initialize` dans la classe parente avec `super`. Ensuite, comme pour les fenêtres, nous utilisons un Bitmap.

Création du Bitmap

```
self.bitmap = Bitmap.new("Graphics/Pictures/image")
```

`self` est le Sprite actuel. Ici, nous assignons assigne un Bitmap au Sprite.

> QUESTION **Mais ici le Bitmap n'a pas de dimensions ?**
> Oui, en effet. Nous donnons un lien vers une image. En fait, le Bitmap a soit des dimensions, soit une image comme paramètre.

> FORMAT **Pas d'extension**
> On n'indique pas d'extension à l'image. RPG Maker la convertit en format PNG ou l'assigne si l'image est en PNG.

Les Sprites se manipulent de la même manière que les Bitmaps. Ainsi, si vous voulez supprimer le contenu du Bitmap avec `clear` :

Supprimer le Bitmap

```
self.bitmap.clear
```

Voici notre classe complète :

Supprimer le Bitmap

```
class Sprite_Perso < Sprite
  def initialize
    super
    self.bitmap = Bitmap.new("test")
  end
end
```

Cette classe est très courte. Cela ne sera pas la cas pour des scripts plus développés, même si, en général, les classes `Sprite` sont moins longues que les autres scripts. Créez un événement et appelez la classe via la commande d'événements *Scripts* :

Appel de la classe Sprite_Perso créée précédemment

```
Sprite_Perso.new
```

Insérer un Sprite dans une scène

Comme nous l'avons vu dans l'explication de la scène, nous faisons apparaître notre Sprite dans la scène avec le code suivant :

Ajout du Sprite dans la scène

```
class Scene_Perso
  def main
    # Création du sprite
    @sprite = Sprite_Perso.new
    Graphics.transition
    loop do
      Graphics.update
      Input.update
      update
      if $scene != self
        break
      end
    end
    Graphics.freeze
        # Suppression du Sprite à la fin de la scène
    @sprite.dispose
    @sprite.bitmap.dispose
  end
end
```

Inutile de s'attarder en explications : suivez la même démarche que pour les fenêtres afin d'insérer un Sprite dans une scène. Ici, nous créons un objet `@sprite`. Il prend l'image du Bitmap défini dans la classe `Sprite_Perso`, créé précédemment.

Il s'avère parfois inutile de créer la classe `Sprite_Perso` (comme c'est le cas ici), vous pouvez créer votre Sprite directement dans la scène :

Création du Sprite directement dans la scène

```
@sprite = Sprite.new
@sprite.bitmap = Bitmap.new("Graphics/Pictures/image")
```

Ainsi, `@sprite` est un objet de `Sprite` et utilise le `Bitmap` déclaré.
Voici donc la classe complète :

La scène complète avec création d'un Sprite

```
class Scene_Perso
  def main
    # Création du sprite
    @sprite = Sprite.new
        @sprite.bitmap = ↵
        Bitmap.new("Graphics/Pictures/image")
    Graphics.transition
    loop do
      Graphics.update
      Input.update
      update
      if $scene != self
        break
      end
    end
    Graphics.freeze
        # Suppression du Sprite à la fin de la scène
    @sprite.dispose
    @sprite.bitmap.dispose
  end
end
```

Une fenêtre de sélection

À l'écran de titre de votre jeu, vous trouvez une fenêtre de sélection.

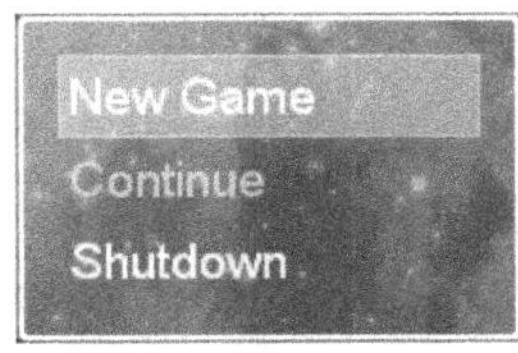

Une fenêtre de sélection invitant le joueur à choisir une commande

Créer la fenêtre

En réalité, vous n'avez rien à faire pour la créer. Le script existe déjà dans RPG Maker. Vous l'avez sûrement remarqué, puisque cette fenêtre apparaît dès le démarrage dans l'écran titre. La classe à appeler est `Window_Command`.

Paramètre de la classe Window_Command

```
Window_Command.new(longueur, Tableau des commandes)
```

Le paramètre `longueur` correspond à la longueur de la fenêtre. Le paramètre `Tableau des commandes`, quant à lui, permet d'afficher un tableau avec les différentes commandes (*Nouvelle partie*, *Continuer une partie*, *Quitter*, etc.).

Il suffit donc de créer votre fenêtre de sélection.

Création d'une fenêtre de sélection

```
@select_window = Window_Command.new(192, ↵
["Commande 1", "Commande 2", "Commande 3"])
```

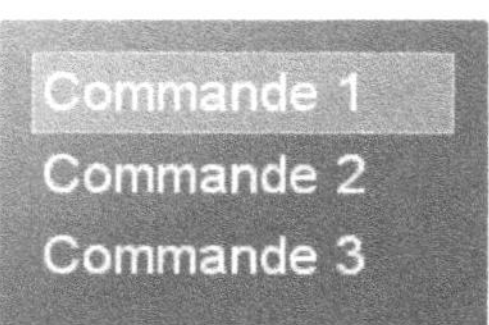

Exemple de fenêtre de sélection créée

Insérer la fenêtre de sélection dans une scène

Aucune surprise, la démarche est identique à celle des fenêtres et des Sprites.

Fenêtre de sélection dans une scène

```
class Scene_Perso
  def main
    # Création de la fenêtre de sélection
```

```ruby
@select_window = Window_Command.new(192, ↵
["Manger", "Boire", "Dormir"])
Graphics.transition
loop do
  Graphics.update
  Input.update
  update
  if $scene != self
    break
  end
end
Graphics.freeze
    # Suppression de la fenêtre à la fin de la scène
  @select_window.dispose
end

def update
# Mise à jour de la fenêtre
  @select_window.update
end
end
```

Savoir ce que le joueur a sélectionné

Si vous créez une fenêtre de sélection, c'est bel et bien pour connaître le choix du joueur.

> ATTENTION **Validation du choix**
> La sélection d'un item n'a lieu que lorsque le joueur appuie sur la touche *Entrée*.

Condition de pression de la touche Entrée

```ruby
# "C" équivaut à Entrée ou Espace ou C
if Input.trigger?(Input::C)
    # Instructions à mettre…
end
```

Le code suivant est à insérer au cours des mises à jour.

Mise à jour de la fenêtre de sélection

```ruby
def update
  # Mise à jour de la fenêtre
    @select_window.update
        # Quand le joueur va appuyer sur Entrée
        if Input.trigger?(Input::C)
    end
  end
```

Certes, nous savons que le joueur a appuyé sur *Entrée*, mais nous voulons bien sûr savoir quelle est la commande sélectionnée. Pour cela, il suffit d'employer l'attribut `index`.

Récupérer la position de la sélection

```ruby
@select_window.index
```

Les identifiants des commandes. L'ordre est le même que dans un tableau

Si le joueur sélectionne la commande 2, `@select_window.index` **vaudra 1.**

Voici la code de la méthode `update` :

Mise à jour de la fenêtre de sélection

```ruby
def update
  # Mise à jour de la fenêtre
    @select_window.update
        # Quand le joueur va appuyer sur Entrée
        if Input.trigger?(Input::C)
          case @command_window.index
      when 0
        # Ce qu'il se passera quand le joueur sélectionne
        la commande 1
```

```
    when 1
      # Ce qu'il se passera quand le joueur sélectionne
      la commande 2
    when 2
      # Ce qu'il se passera quand le joueur sélectionne
      la commande 3
    end
  end
end
```

En résumé

Pour réussir votre script, créez votre fenêtre en l'héritant du script `Window_Base`, déjà existant. Intégrez-la ensuite dans une scène. Lorsque vous réalisez une fenêtre de sélection, passez par le script `Window_Command`. N'oubliez pas de consulter la documentation pour approfondir les possibilités qu'offre la bibliothèque RGSS de RPG Maker.

Création de scripts

Après la théorie, voici la partie pratique : vous allez à présent créer vos propres scripts pour animer l'écran titre ou en modifier le menu.

Pratiquer est le moyen le plus simple d'apprendre le RGSS. Vous serez bientôt capable de personnaliser votre jeu, de modifier des scripts déjà existants et de créer un système. Dans ce chapitre nous allons voir comment créer un système de crédits défilant, modifier le menu et animer l'écran titre.

Personnaliser l'écran titre

L'écran titre est la vitrine de votre jeu : de lui découle la première impression du joueur. Il faut bien avouer que l'écran titre par défaut de RPG Maker est pour le moins rudimentaire. Le but de cette section est de vous aider à personnaliser votre écran titre en animant le fond et en personnalisant la fenêtre de commandes (curseur, couleurs, etc.). L'image ci-dessous vous donne un avant-goût de ce que nous allons réaliser.

Aperçu de l'écran titre personnalisé

Préparatifs

Au préalable, créez 3 images de 640 × 480 pixels (qui n'est autre que la taille de l'écran du jeu), en plaçant les textes aux mêmes positions que les autres images.

Les 3 images de choix

Créez l'image de fond de votre écran titre. Puisque nous allons l'animer, n'oubliez pas que vous devez concevoir l'animation image par image. Dans notre exemple, nous en aurons deux : `Title1` et `Title2`, au format PNG.

> FORMAT **PNG exclusivement**
> RPG Maker ne supporte que ce format d'image.

Créez un nouveau script entre `Scene_Title` et `main`.

> QUESTION **Pourquoi ne pas modifier directement le script Scene_Title ?**
> Vous pouvez modifier directement le script Scene_Title, mais en créant un nouveau script `Scene_Title`, vous pourrez appeler ses méthodes par défaut, sans les réécrire.

La classe et ses méthodes

Le nom de la classe doit donc être le même que celui de la classe par défaut, à savoir `Scene_Title`. Nous reprenons les deux méthodes habituelles, qui sont `main` et `update`. Dans la méthode main, insérez ces lignes de code déjà présentes dans la classe par défaut.

Le début de la classe

```
class Scene_Title
  def main
    if $BTEST
      battle_test
      return
```

```
      end
      $data_actors        = load_data("Data/Actors.rxdata")
      $data_classes       = load_data("Data/Classes.rxdata")
      $data_skills        = load_data("Data/Skills.rxdata")
      $data_items         = load_data("Data/Items.rxdata")
      $data_weapons       = load_data("Data/Weapons.rxdata")
      $data_armors        = load_data("Data/Armors.rxdata")
      $data_enemies       = load_data("Data/Enemies.rxdata")
      $data_troops        = load_data("Data/Troops.rxdata")
      $data_states        = load_data("Data/States.rxdata")
      $data_animations    = load_data("Data/Animations.rxdata")
      $data_tilesets      = load_data("Data/Tilesets.rxdata")
      $data_common_events
                          = load_data("Data/CommonEvents.rxdata")
      $data_system        = load_data("Data/System.rxdata")
      $game_system = Game_System.new
```

Ces lignes servent à charger les données de la base de données et donc à utiliser ces données dans vos scripts. Soulignons de plus qu'elles sont indispensables, car d'autres scripts utilisent les variables globales. C'est la raison pour laquelle il est primordial de les mettre dès le début.

Image de fond et Sprite

Toujours dans la méthode `main` à la suite du code ci-dessus, nous ajoutons l'image de fond. Pour cela, nous créons un Sprite.

Création du Sprite pour l'image de fond

```
@spriteBackground = Sprite.new
```

Comme l'image de fond est animée, il faut justement l'animer nous-mêmes en faisant défiler plusieurs images sur une durée définie. Chaque image de l'animation est un élément du tableau.

Tableau comportant le nom de chaque image de notre animation

```
@titles = ["Title1", "Title2"]
```

Nous définissons l'image de fond par défaut et l'affichons. Pour cela, il nous faut définir le Bitmap du Sprite créé. En RGSS, le module `RPG::Cache.title` récupère le fichier d'écran titre.

Définir l'image de fond par défaut

```
# L'image de fond par défaut est la première du tableau
@spriteBackground.bitmap = RPG::Cache.title(@titles[0])
```

> RPG MAKER VX **Un module différent**
>
> Légère différence avec XP, au lieu `RPG::Cache.title`, il faut employer `Cache.system`.

Nous initialisons une variable qui nous servira à connaître le temps de changement d'image dans l'animation.

Initialisation d'une variable

```
@frame = 0
```

Une nouvelle variable nous permet de parcourir le tableau pour l'animation. Nous l'initialisons à 0 pour commencer à l'élément 0 du tableau.

Initialisation de la variable d'itération

```
@i = 0
```

Passons maintenant à l'image du choix. De la même manière, nous créons un Sprite et définissons l'image par défaut.

Affichage de l'image par défaut pour le choix

```
@spriteChoix = Sprite.new
@spriteChoix.bitmap = RPG::Cache.title("ecran_titre")
```

La position du curseur

Nous créons une nouvelle variable qui permettra de connaître la position du curseur pour le choix.

TABLEAU 12-1 *Correspondance entre la position du curseur et les items proposés*

Position	Intitulé sur l'écran de choix
0	Nouvelle Partie
1	Continuer
2	Quitter

Au départ, le joueur clique sur Nouvelle Partie, donc sur la valeur 0 :

Variable indiquant la position du curseur dans le choix

```
@index = 0
```

Ensuite, nous retrouvons le code par défaut de `Scene_Title`.

Code de la classe Scene_Title

```
# Si on trouve une sauvegarde, on active la
#commande Continuer
@continue_enabled = false
for i in 0..3
  if FileTest.exist?("Save#{i+1}.rxdata")
    @continue_enabled = true
  end
end

# On joue la musique de l'écran titre
$game_system.bgm_play($data_system.title_bgm)

# Arrêt des effets sonores quand on arrive
# sur l'écran titre
Audio.me_stop
Audio.bgs_stop

# La boucle habituelle des mises à jour des
#entrées et sorties
Graphics.transition
loop do
  Graphics.update
  Input.update
```

```
    update
    if $scene != self
      break
    end
  end
Graphics.freeze
```

Le début du code sert à vérifier si une sauvegarde existe. Le cas échéant, le joueur pourra choisir la commande *Continuer*.

ALTERNATIVE **Intégrer une variable dans une chaîne de caractères**

Vous pouvez insérer une variable dans une chaîne de caractères de cette façon :

```
"Bienvenue dans la ville" + var
```

Mais il est également possible de procéder de cette façon :

```
"Bienvenue dans la ville #{var}"
```

L'avantage de cette seconde méthode est d'éviter de convertir la variable. Ainsi, si la variable `var` ci-dessus était un nombre, seul le second exemple fonctionnerait. Soulignons un détail important, pour le second code : seuls les guillemets (doubles quotes) permettent à Ruby d'interpréter `#{var}` comme une variable à intégrer.

Dans notre script, nous aurions aussi pu écrire :

```
FileTest.exist?("Save" + (i+1).to_s + ".rxdata")
```

Remarquez la conversion du nombre en chaîne de caractères avec `to_s`.

RPG MAKER VX **Extension du fichier de sauvegarde**

Le format du fichier de sauvegarde sous VX est différente de sous XP. Tapez `.rvdata` à la place de `.rxdata`.

Ensuite, nous lançons la lecture de la musique de l'écran titre que nous avons configurée dans la base de données. Si besoin, nous pouvons interrompre les effets sonores en cours. En effet, si, par exemple, le joueur se trouve sur une carte représentant une ville avec l'ambiance sonore associée et qu'il retourne à l'écran titre, le son d'ambiance de la ville sera toujours présent.

Notre code se termine avec les mises à jour des entrées et sorties vues dans le chapitre précédent.

À la fin de la scène, il faut supprimer les Sprites et les Bitmaps.

Suppression des Sprites et Bitmaps à la fin de la méthode main

```
@spriteBackground.dispose
@spriteBackground.bitmap.dispose
@spriteChoix.dispose
@spriteChoix.bitmap.dispose
```

N'oubliez pas de terminer la méthode `main` avec le mot-clé `end`.

Passons à la méthode `update`. Lorsque le joueur appuie sur la touche *Haut* ou *Bas*, le curseur change de position. Dans notre cas, nous changeons d'image. Tout d'abord, il faut changer la valeur de la variable `@index`.

Augmente ou diminue la valeur de @index

```
if Input.trigger?(Input::UP)
    @index -= 1
# Augmente l'index de 1 si on appuie sur la touche Haut
  elsif Input.trigger?(Input::DOWN)
    @index += 1
end
```

Bien entendu, si le curseur est sur *Quitter* et que le joueur appuie sur la touche *Bas*, il faut que le curseur revienne à la position initiale, c'est-à-dire sur *Nouvelle Partie*. Il nous faut donc anticiper ce que l'on appelle les effets de bord.

Gestion des effets de bord

```
  # Si l'index dépasse les limites, on redonne des valeurs
if @index < 0
  @index = 2
elsif @index > 2
    @index = 0
end
```

Selon la valeur de `@index`, nous affichons la bonne image créée à l'étape n° 1.

Affichage de la bonne image de fond

```
# Selon l'index, on affiche la bonne #image.
case @index
  when 0
   @spriteChoix.bitmap = RPG::Cache.title("ecran_titre")
  when 1
   @spriteChoix.bitmap = RPG::Cache.title("ecran_titre2")
  when 2
   @spriteChoix.bitmap = RPG::Cache.title("ecran_titre3")
end
```

Animer l'image de fond

À présent, animons l'image de fond. Puisque la méthode `update` est appelée en continu, il est inutile de créer une boucle. C'est d'ailleurs la raison pour laquelle nous avons créé une variable d'itération nommée `@i` pour parcourir le tableau. Tout d'abord, nous incrémentons la variable `@frame` de 1.

Augmentation de la variable @frame de 1

```
@frame += 1
```

Ensuite, quand cette variable dépasse une certaine valeur, nous pouvons afficher l'image suivante.

Si la valeur de @frame dépasse le chiffre 5

```
if @frame >= 4
```

En clair, si votre jeu tourne à 40 FPS soit 40 images par seconde, cela signifie que l'image suivante de l'animation apparaîtra au bout de la quatrième frame soit 0,1 seconde (4/40).

Dans la même logique, en mettant 40 au lieu de 4, l'image suivante s'affiche au bout d'une seconde.

Dans notre condition, nous remettons la variable `@frame` à 0 et incrémentons la variable `@i` pour prendre l'image suivante.

Remise à zéro de @frame et @i est incrémenté

```
# On remet la variable frame à 0
@frame = 0
 # Incrémentation de @i
 @i += 1
```

La variable `@i` doit être remise à zéro dès qu'on dépasse le tableau. Ainsi, l'animation revient au point de départ.

Si on déborde du tableau

```
if @i >= @titles.size
      @i = 0
end
```

`@titles.size` correspond à la taille du tableau. Ici, nous avons la valeur 2. Nous pouvons afficher la prochaine image.

Affichage de la prochaine image dans le tableau

```
@spriteBackground.bitmap = RPG::Cache.title(@titles[@i])
```

N'oubliez pas de terminer la condition avec le mot-clé `end`.

Prendre en compte le choix du joueur

Enfin, passons à la dernière condition, qui permet d'appeler la méthode associée au choix du joueur quand il appuie sur *Entrée*. Ce code est déjà présent par défaut dans le script `Scene_Title`.

Affichage de la prochaine image dans le tableau

```
# Quand le joueur appuie sur la touche
# Entrée sur une commande
  if Input.trigger?(Input::C)
    case @index
      when 0
        command_new_game
```

```
      when 1
        command_continue
      when 2
        command_shutdown
      end
  end # Fin de la condition
 end # Fin de la méthode main
end # Fin de la classe
```

Les méthodes étant déjà écrites dans le script par défaut, il suffit de les appeler. Remarquez que nous terminons la méthode `main` et la classe avec le mot-clé `end`.

Votre écran titre est terminé. Vous pouvez bien sûr le personnaliser davantage en ajoutant des images ou bien de nouvelles commandes.

Un système de crédits

Un système de crédits sert à faire défiler la liste des noms des créateurs et intervenants du jeu. Souvent, les crédits se trouvent à la fin du jeu, mais ils peuvent également être placés au début, sur l'écran titre. C'est ce second cas que nous allons créer. Le joueur pourra visionner les crédits en les choisissant à l'écran titre. Les particularités de notre système seront les suivantes :

- Les noms défilent à l'affichage du système.
- Les informations sont stockées dans un fichier texte ou un fichier crypté.
- Le système de crédits peut être appelé durant le jeu et au début sur l'écran titre.

Nous aurons donc une scène nommée `Scene_Credit` et une simple fenêtre nommée `Window_Credit`.

Préparatifs : ajouter le choix dans l'écran titre

Nous modifions le script `Scene_Title` afin d'obtenir un autre choix : *Crédits*. Pour cela, le code est à saisir dans la méthode `main`.

Un nouveau choix dans la fenêtre de sélection

```
s1 = "Nouveau Jeu"
s2 = "Continuer"
s3 = "Crédits"
s4 = "Quitter"
@command_window = Window_Command.new(192, [s1, s2, s3, s4])
```

Le choix ajouté, il faut maintenant savoir si le joueur l'a sélectionné. Voici le code à saisir dans la méthode `update` :

Appel de la méthode command_credit si le choix est l'index n° 2

```
when 2
   command_credit
when 3
   command_shutdown
end
```

Veillez à utiliser le bon index pour l'appel de la méthode. L'index du choix *Quitter* est désormais le n° 3.

Puisque nous appelons une méthode nommée `command_credit`, il faut la créer.

Changement de scène

```
def command_credit
    $game_system.se_play($data_system.decision_se)
    $scene = Scene_Credit.new
end
```

La première ligne permet de jouer un son, enregistré dans la base de données. Ensuite, nous changeons de scène. Cette dernière est `Scene_Credit`, que nous allons créer.

> RPG MAKER VX **Jouer un son**
> Dans RPG Maker VX, le code pour lire un son diffère de XP :
> `Sound.play_decision`.

La scène de crédits

Avant tout, créez un fichier texte à la racine de votre projet. Nommez-le `credit.txt`. Il contiendra le nom et la fonction de chaque personne ayant participé au projet.

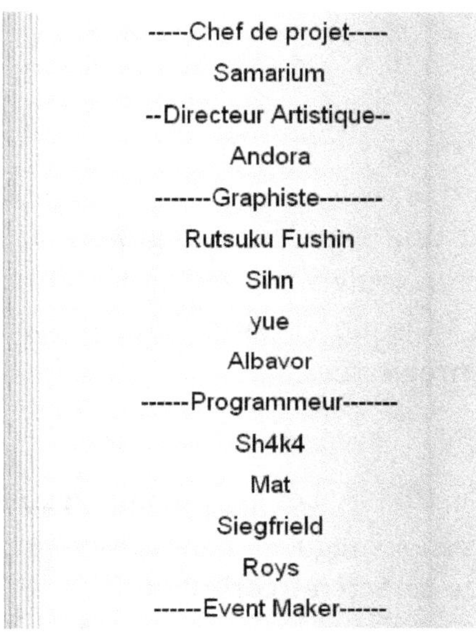

Le système de crédits avec le pseudonyme des participants

Commençons par l'initialisation dans la méthode `main`.

Lire un fichier

```
def main
  filename = "credit.txt"
  text = ""
  if FileTest.exist?(filename)
    text = File.read(filename)
  end
```

Tout d'abord, nous indiquons le nom du fichier. La condition permet de savoir si le fichier existe bien. Si c'est le cas, nous le lisons avec `File.read`. Le texte est ensuite enregistré dans la variable `text` initialisée auparavant.

Nous allons découper chaque ligne du ficher texte et les intégrer dans un tableau. Ensuite, en boucle, nous les afficherons une par une dans la fenêtre. En pratique, chaque ligne est marquée par un saut de ligne. Le caractère de saut ligne est noté `\n`. Il existe en Ruby, une méthode nommée `grep`, qui reconnaît ce caractère et rentre les lignes directement dans un tableau. En fait, tout le travail est mâché.

Enregistrement des lignes dans un tableau

```
@tabText = text.grep(/./)
```

Le paramètre `(/./)` est une expression régulière. Ici, le point signifie que nous voulons enregistrer seulement les lignes comportant un caractère quelconque caractère. Puisque chaque ligne possède un caractère, alors toutes les lignes sont enregistrées.

> POUR ALLER PLUS LOIN **Les expressions régulières**
>
> Les expressions régulières sont utilisées pour déterminer si une chaîne de caractères correspond à une expression grâce à des caractères spéciaux. Les expressions régulières sont aussi appelées « Regexps ». Prenons la phrase suivante pour exemple : « Libérez votre créativité. » Si nous voulons savoir si la phrase commence par un **L**, nous pouvons le tester avec une condition de ce type :
>
> ```
> if "Libérez votre créativité" =~ /^L/
>     print "Texte commençant par un L"
> end
> ```
>
> Une expression régulière est comprise entre deux barres obliques (*slashs*). L'accent circonflexe suivi du caractère permet de déterminer si la phrase commence par un L. Dans le cas contraire, pour savoir si elle se termine par L, nous aurions écrit : `/L$/`. Il existe une multitude de caractères spéciaux et de manipulations avec les expressions régulières. Cette question dépasse le cadre de ce livre, mais de nombreux ouvrages et sites Internet sur Ruby y sont consacrés.

RPG MAKER VX **Supprimer le caractère de saut de ligne**

Si dans RPG Maker XP le caractère de saut de ligne \n ne s'affiche pas, ce n'est pas le cas avec VX. Pour retirer ce caractère, complétez le code précédent (Enregistrement des lignes dans un tableau) avec ceci :

```
for i in 0...@tabText.size
    dernierCaractere = @tabText[i].size-1
    @tabText[i][dernierCaractere] = ""
  end
```

En parcourant le tableau créé, nous prenons le dernier caractère de chaque ligne. Nous le remplaçons par une chaîne vide.

RUBY **Caractères en chaîne et en tableau**

En Ruby, une chaîne de caractères est un tableau de caractères. Ainsi, avec size, nous connaissons le nombre de caractères. Enfin, nous savons qu'à la fin du tableau, le dernier élément est celui que nous cherchons.

Nous pouvons désormais créer et afficher la fenêtre, avec pour paramètre le tableau contenant les lignes de crédits.

Création d'une fenêtre

```
@window_credit = Window_Credit.new(@tabText)
```

Si vous le désirez, vous pouvez rendre la fenêtre invisible en lui conférant une opacité nulle.

Préparer le défilement du texte

Réfléchissons à la manière dont nous allons faire défiler le texte de bas en haut. Si nous déplaçons la fenêtre, elle devra être invisible, sinon le joueur la verra se déplacer avec le texte. Oublions l'idée de déplacer le Bitmap de la fenêtre, car nous ne pouvons pas relever la position Y du Bitmap et, par conséquent, la changer pour le déplacement. La solution est de créer un Sprite et de lui attribuer le Bitmap de la fenêtre.

Création d'un Sprite

```
@sprite = Sprite.new(Viewport.new(70, 0, 500, 480))
```

La classe `Viewport` en paramètre est spécifique à RGSS. Elle permet d'afficher le Sprite sur une portion de l'écran. Ici, le Sprite ne sera visible que dans le rectangle de 500 × 480 pixels, avec une marge de 70 pixels sur la gauche.

Assignation du Bitmap de la fenêtre au Sprite

```
@sprite.bitmap = @window_credit.contents.clone
```

Nous assignons le Bitmap (`contents`) de la fenêtre au Bitmap du Sprite. La méthode `clone.` nous permet d'effectuer une copie du contenu de la fenêtre mais l'objet de type Bitmap est toujours le même. Ainsi, si vous modifiez le Bitmap de la fenêtre, vous modifiez également celui du Sprite. Ceci constitue un inconvénient pour notre système, car nous devons effacer le contenu de la fenêtre pour garder uniquement le Sprite. La méthode `clone` nous permet donc de créer deux objets distincts.

Suppression du contenu de la fenêtre

```
@window_credit.contents.clear
```

Comme nous l'avons dit, nous avons deux textes à l'écran : celui de la fenêtre et celui du Sprite. Nous effaçons donc le contenu de la fenêtre pour ne garder que celui du Sprite.

Si la fenêtre n'est pas transparente, le texte défilera sous la fenêtre, et sera donc caché par celle-ci. Le code suivant inverse la superposition du texte et de la fenêtre.

Superposition du Sprite et de la fenêtre

```
@sprite.z = 1
@window_credit.z = 0
```

Puisque la valeur `z` (profondeur) du Sprite est supérieure à celle de la fenêtre (1 > 0), le Sprite se trouve bien au-dessus de la fenêtre et le texte s'affiche correctement.

Le défilement

Pour le défilement, nous allons suivre la même démarche que pour l'écran titre. Nous utilisons une variable `frame` pour faire défiler le texte dans un temps donné. Initialisons la variable.

Initialisation de la variable pour le temps de défilement

```
# Initialisation du nombre de frames
@frame = 0
```

Nous terminons la méthode `main` par le code classique.

Mise à jour des entrées et sorties

```
Audio.bgm_play("Audio/BGM/016-Theme05")

    Graphics.transition
    loop do
      Graphics.update
      Input.update
      update
      if $scene != self
        break
      end
    end

    Graphics.freeze
    @window_credit.dispose
    @sprite.dispose
    @sprite.bitmap.dispose
  end
```

EN PRATIQUE **Fichier son**

Au début de cette portion de code, nous lisons un fichier son. Vous pouvez bien sûr supprimer cette ligne,ou changer de fichier en indiquant le nom adéquat.

Dans la méthode `update`, nous allons créer le défilement. Le principe pour les frames est le même que pour l'écran titre.

Défilement du texte

```
def update
    # Augmente la frame de 1
    @frame += 1
```

```
      if @frame >= 4
      # On remet la variable "frame" à 0
        @frame = 0
        @sprite.y -= 5
        if (@sprite.y <= -(@tabText.size * 32))
            @sprite.y = 480
        end
      end
```

Toutes les 4 frames, nous déplaçons le Sprite de 5 pixels vers le haut. Pour cela, nous changement sa position `Y`.

Quand tout le texte est prêt à défiler, il faut le replacer en bas de la fenêtre, pour ensuite le refaire défiler, et ainsi de suite. Une ligne mesurant 32 pixels, la hauteur du texte équivaut au nombre de lignes (soit la taille du tableau) multiplié par 32. En rendant le résultat de ce calcul négatif, nous savons si le texte est passé en entier.

Enfin, pour terminer la méthode `update` et la classe, nous créons une condition pour savoir si le joueur a appuyé sur *Échap* pour revenir sur l'écran titre.

Si le joueur appuie sur Échap, il revient sur l'écran titre

```
  if Input.trigger?(Input::B)
      $game_system.se_play($data_system.cancel_se)
  # Sound.play_cancel pour VX
      $scene = Scene_Title.new
    end # Fin de cette condition
  end # Fin de la méthode update
end # Fin de la classe
```

La fenêtre de crédits

La fenêtre de crédits contient le Bitmap que nous avons assigné au Sprite. En fait, nous ne pouvons écrire de texte directement dans le Sprite. Voilà pourquoi, il est capital de créer une fenêtre. Comme d'habitude, nous avons deux méthodes (`initialize` et `refresh`).

Définir la taille du Bitmap

```ruby
class Window_Credit < Window_Base
  def initialize(tabCredit)
    @tabCredit = tabCredit
    h = @tabCredit.size * 32
    super(70, 0, 500, h)
    self.contents = Bitmap.new(width - 32, h - 32)
    refresh
  end
```

Le plus important est de définir la taille du Bitmap. Nous connaissons déjà la largeur et les positions X et Y, car ce sont les paramètres du `Viewport`. La hauteur correspond au nombre de lignes multiplié par 32.

Passons à la méthode `refresh`.

Affichage des textes

```ruby
def refresh
    self.contents.clear
    for i in 0...@tabCredit.size
      self.contents.draw_text(0, 32 * i, 400, 32,↵
      @tabCredit[i], 1)
    end # Fin de la boucle for
  end # Fin de la méthode refresh
end # Fin de la classe Window_Credit
```

Nous affichons en boucle toutes les lignes tous les 32 pixels (c'est ici que nous définissons la taille de la ligne).

> POUR ALLER PLUS LOIN **Le dernier paramètre de la méthode draw_text**
>
> Intéressons-nous au dernier paramètre de cette ligne de code, car il est méconnu :
>
> ```ruby
> self.contents.draw_text(0, 32 * i, 400, 32,↵
> @tabCredit[i], 1)
> ```
>
> Ce paramètre permet d'aligner le texte. Vous pouvez ainsi l'aligner à gauche, le centrer ou l'aligner à droite. Par défaut, le texte est aligné à gauche. Avec 1, le texte est centré et avec 2, il est aligné à droite. Dans le code ci-dessus, le texte est donc centré.

Protéger le fichier de crédits

Le fichier texte peut être modifié par n'importe qui. Vous aimeriez garder intacts vos droits d'auteur et donc, en quelque sorte, protéger ou crypter le fichier de crédits. Pour cela, nous allons créer un fichier `.rxdata` et le glisser dans le dossier `Data`.

Revenons dans la méthode `main` du script `Scene_Credit`. Pour commencer, enregistrons les informations dans le fichier. À la suite de la lecture du fichier, soit après la ligne de code `text = File.read(filename)`, insérez les lignes de code suivantes.

Enregistrement des informations dans un fichier .rxdata

```
 @tabText = text.grep(/./)
filename2 = "Data/Credit.rxdata"
file = File.open(filename2, "wb")
    save_data(@tabText, filename2)
 file.close
```

Une fois le tableau créé, nous ouvrons le fichier `.rxdata` selon le chemin spécifié. `wb` autorise l'écriture sur le fichier.

> RUBY **Fichier .rxdata inexistant**
>
> Si le fichier n'existe pas, Ruby en crée un automatiquement.

Ensuite, avec la méthode définie en RGSS nommée `save_data`, vous sauvegardez le tableau de lignes dans le fichier. La fermeture du fichier se fait avec la méthode `close`.

Une fois que vous avez obtenu un fichier nommé `Credit.rxdata` dans le dossier `Data`, remplacez les lignes de code que nous venons d'insérer par le code ci-dessous et supprimez le fichier texte.

Chargement du tableau de lignes

```
filename = "Data/Credit.rxdata"
@tabText = load_data(filename)
```

Ainsi, vous n'avez plus de lecture de fichier, ni de méthode `grep` à appliquer. Ces deux lignes de code permettent de charger le tableau de lignes contenu dans le fichier.

RPG MAKER VX **L'extension**

L'extension du fichier de sauvegarde sous VX est `.rvdata` et non `.rxdata` !

Personnaliser le menu principal

Le joueur se rend fréquemment dans le menu principal pour utiliser des objets, équiper ses héros ou bien consulter leurs caractéristiques. RPG Maker dispose déjà d'un menu par défaut. Nous allons voir comment le personnaliser.

Nous souhaitons que notre menu principal contienne les éléments suivants :

- une barre horizontale pour le choix ;
- les statuts des héros sur deux colonnes ;
- les éléments comme la durée de jeu, le nombre de pas du héros et l'argent en poche en bas de l'écran.

De plus, le menu sera translucide et le fond sera la carte où le héros se trouve.

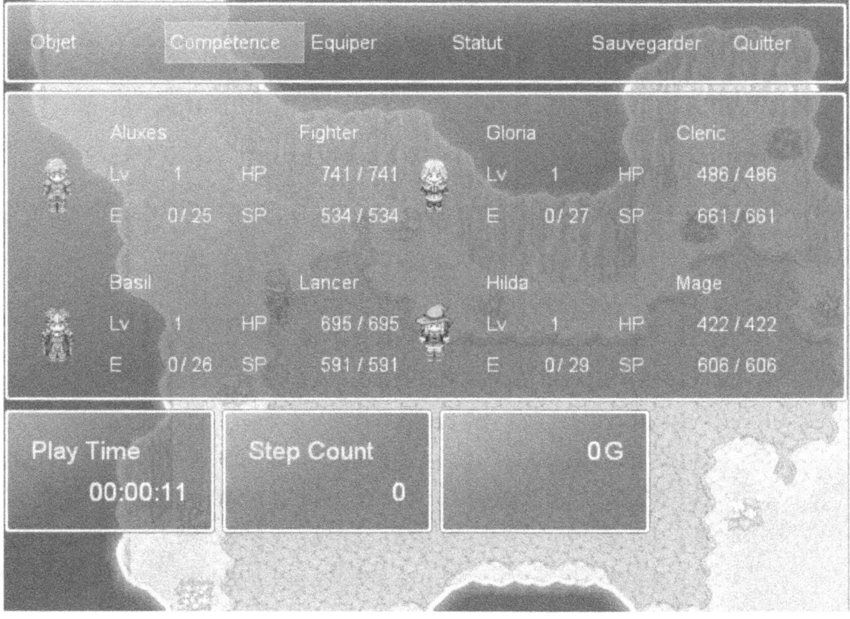

Le menu personnalisé que nous allons construire

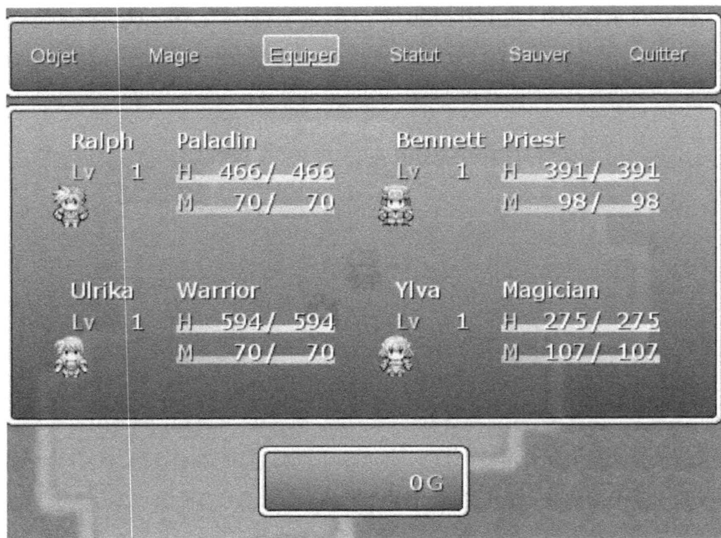

Le menu personnalisé sur RPG Maker VX

D'une certaine façon, il s'agit-là simplement de mettre en page notre menu principal. En effet, il nous faudra jouer sur les positions des textes et des fenêtres, ainsi que sur leurs positions X et Y. Nous aurons besoin de modifier 4 scripts et d'en créer un :

- modification de `Window_MenuStatus` ;
- modification de `Scene_Menu` ;
- légère modification de `Window_Gold` (seulement sur XP) ;
- légère modification de `Window_Base` (seulement sur XP) ;
- création de la barre horizontale que nous nommerons `Window_Select Horizontal`.

RPG MAKER VX **Différences de code**

Soulignons 4 différences entre VX et XP :

- La taille de l'écran de jeu diffère sous XP. Lors de la mise en page du menu et de la taille des fenêtres, il faut prendre cette différence en considération. La résolution de l'écran sous VX est de 544 × 416 px, alors que sous XP, elle est de 640 × 480 px.
- Les noms de certaines méthodes sont légèrement différents sous XP. Par exemple, la méthode `update_cursor_rect` sur XP sera `update_cursor` sur VX.

- La transparence des fenêtres est déjà active et le fond du menu représente déjà la carte actuelle.
- Les fenêtres présentant le nombre de pas et la durée de jeu n'existent pas. Vous n'aurez pas à les placer, contrairement à XP.

Sous RPG Maker VX, lisez bien les commentaires avant d'effectuer vos modifications. Lorsque le paragraphe concerne seulement XP, sautez-le et passez au prochain.

Le menu de choix horizontal

Par défaut, le menu de choix est vertical et se trouve sur la partie gauche de l'écran. Nous allons voir comment le placer en-tête de l'écran et horizontalement. Le script permettant de créer une sélection de choix existe déjà dans RPG Maker, sa structure est la suivante.

Structure de la classe Window_SelectHorizontal

```
class Window_SelectHorizontal < Window_Selectable
  def initialize(commands)

  end

  def refresh

  end
end
```

Ici, nous héritons la classe `Window_Selectable`. Elle possède déjà des variables permettant de définir le nombre d'éléments et de colonnes dans la fenêtre de sélection. Vous remarquez qu'il y a autant de colonnes que de choix dans notre barre. Le paramètre `commands` est un tableau contenant les choix.

Avant tout, il faut initialiser la fenêtre, vous connaissez la procédure.

Structure de la classe Window_SelectHorizontal

```
def initialize(commands)
  # super(0, 5, 544, 64) sur VX
  super(0, 5, 640, 64)
  self.contents = Bitmap.new(width - 32, height - 32)
  self.contents.font.name = "Arial"
  self.contents.font.size = 17
```

Enfin, nous indiquons le nombre de colonnes et le nombre d'éléments. D'ailleurs, le nombre de colonnes et la taille du tableau `commands` correspondent au nombre d'éléments.

Initialisation du nombre de colonnes et d'éléments

```
# On définit le nombre maximal de commandes
@item_max = commands.size
# Nombre maximal de colonnes
@column_max = commands.size
#Tableau de commandes
@commands = commands
```

`@commands` est un tableau défini dans `Window_Selectable`. Il comprend les différents éléments de la fenêtre de sélection. Ici, nous avons assigné le tableau `commands` de la méthode `initialize` à la variable `@commands`.

> ATTENTION **Nom des variables**
>
> Ne modifiez pas le nom des variables `@items_max`, `@colum_max` et `@commands` car ce sont des variables déjà existantes, nous ne faisons que changer leur valeur.

Nous avons vu au chapitre précédent qu'une fenêtre de sélection possède un index pour chaque commande. Puisque le curseur est positionné sur le premier élément à l'extrémité gauche de la barre, l'index vaut 0. Dès l'ouverture du menu, le joueur peut choisir un élément dans le menu. Le menu horizontal est donc actif, c'est-à-dire que le curseur n'est pas figé, mais peut être déplacé.

Position de l'index et activation du curseur de cette fenêtre

```
    self.index = 0
    self.active = true
    refresh
end # La méthode initalize est terminée
```

Pour afficher le texte, le code ci-dessus appelle la méthode `refresh`. Voyons à présent comment la créer.

La méthode refresh pour afficher les éléments

```ruby
def refresh
  self.contents.clear
  # Boucle pour afficher chaque commande
  for i in 0...@item_max
    # Position X selon i
   x = 4 + i * self.width/@item_max
    # Taille du texte
    text_size =↵
    self.contents.text_size(@commands[i]).width
    # Affichage du texte.
    self.contents.draw_text(x, 0, text_size, 32,↵
    @commands[i])
   end
 end
```

Regardons cette portion de code de plus près. Une boucle parcourt le tableau `@commands` et affiche les différents éléments (*Objets*, *Équiper*, etc). Leurs coordonnées ont un écart constant et sont répartis le long de la fenêtre.

La position `X` de chaque libellé est calculée de la manière suivante : nous assignons la longueur de la fenêtre avec `self.width`. Nous la divisons par le nombre d'éléments et nous la multiplions par `i` qui n'est autre que la variable d'itération. Grâce à cette opération, nous positionnons chaque élément dans la fenêtre à intervalles réguliers. Le chiffre `4` permet de conserver une marge.

`text_size` permet de définir la taille du texte pour ensuite inclure la largeur dans `draw_text`. `text_size` s'applique au Bitmap, donc, comme `draw_text`, il doit être précédé de `contents`. Soulignons que `text_size` ne renvoie pas un entier, mais un rectangle de type `Rect`.

Le rectangle figure le contour. Ainsi, pour connaître la taille du texte, il faut se fier à la taille du rectangle. Voilà pourquoi nous appliquons la méthode `width` à `text_size`.

POUR ALLER PLUS LOIN **La classe Rect**

La classe `Rect` est une classe spécifique à la bibliothèque RGSS. Elle est absente des scripts par défaut. Elle sert à déterminer la taille d'un texte en pixels (comme ci-dessous), mais également à sélectionner un morceau d'image.

```
bitmap = RPG::Cache.title($data_system.title_name)
```

Ici, nous extrayons le Bitmap de l'écran titre enregistré dans la base de données.

```
src_rect = Rect.new(0, 0, 15, 15)
```

Nous créons un rectangle de 15 pixels sur 15.

```
self.contents.blt(0, 0, bitmap, src_rect)
```

Enfin, nous collons le rectangle spécifié sur l'image sur le Bitmap actuel (`contents`) de la fenêtre (`self`), aux positions (`X` et `Y`) 0.

La taille du curseur ne correspond pas nécessairement à la taille du texte. Lorsqu'il est trop petit, il faut surcharger une méthode déjà existante dans la classe mère `Window_Selectable`. Elle se nomme `update_cursor_rect` (`update_cursor` pour RPG Maker VX) :

Modification de la taille du curseur

```
def update_cursor_rect # update_cursor sur VX
    widthCursor = self.width/@item_max
    self.cursor_rect.set(self.index * widthCursor, 0,↵
    widthCursor, 32)
  end
```

Dans notre exemple, `@item_max` vaut 6. Ainsi, la taille du curseur sera de $1/6^e$ de la fenêtre.

La fenêtre des statuts des héros en deux parties

Nous allons porter toute notre attention sur le script `Window_MenuStatus` déjà existant. Suivez le même principe que précédemment pour donner les propriétés du curseur. Modifiez la taille de la fenêtre.

Taille de la fenêtre

```
#  super(x, y, 544, 250) sur VX
super(0, 0, 640, 240)
```

Indiquez ensuite que notre fenêtre comporte deux colonnes.

Définir le nombre de colonnes

```
@column_max = 2
```

L'affichage des informations sur les héros est problématique. En effet, si l'équipe est au complet, nous devons en placer deux sur la partie gauche et deux sur la partie droite, et non les quatre dans la partie de gauche, car l'écran du jeu étant trop petit, le joueur ne verrait que la moitié de l'équipe dans le menu.

Accédons maintenant à la méthode `refresh`. Une boucle `for` parcourt le nombre de héros. Dans cette boucle, nous plaçons les informations du héros à la position X de 64 px et à une position Y variable qui dépend de la valeur de i.

La boucle par défaut dans la méthode refresh

```
for i in 0…$game_party.actors.size
#    for i in 0…$game_party.members.size sur VX
   x = 64 # 34 sur VX
   y = i * 116
```

Cependant, les valeurs de x et y ne correspondent pas à notre nouvelle fenêtre. En effet, la position X change quand l'équipe compte trois ou quatre héros, et la position Y revient à 0 au bout du troisième héros. Dans notre exemple, la position X de la partie gauche commence à 64 pixels (cela ne change donc pas) mais pour la partie droite, la valeur de x vaudra 350 pixels. Comme variable d'itération de la boucle, nous allons utiliser la variable j à la place de la variable i dans le calcul de la variable y, puisque i ne peut pas retomber à 0.

Nous initialisons les variables x et j avant la boucle.

Initialisation des variables avant la boucle

```
x = 64 # 34 sur VX
j = 0
```

Rappelons ensuite, que s'il y a un troisième héros, les positions X et Y changent.

Initialisation des variables avant la boucle

```
# for i in 0...$game_party.members.size sur VX
  for i in 0...$game_party.actors.size
    # Si troisième héros. Puisque i commence à 0, il faut
    faire une égalité avec 2 et non 3
      if i == 2
        x = 350 # 280 sur VX
        j = 0
      end
```

Plaçons ensuite les différents héros dans la colonne. La colonne étant créée avec comme position X soit 64 soit 350 pixels, nous devons répercuter ces données sur la ligne, c'est-à-dire sur la position Y.

Position Y du héros

```
y = j * 116
```

Positionnons maintenant le héros suivant. Pour cela, nous incrémentons de 1 la variable j.

Incrémenter j de 1

```
j += 1
```

Afin de conserver de la place pour la deuxième colonne, nous supprimons les informations concernant les points de vie et de compétence de la position X, ainsi que le code `draw_actor_state`.

Diminution des positions X des informations sur les points de vie et de compétence

```
draw_actor_hp(actor, x + 100, y + 32)
draw_actor_sp(actor, x + 100, y + 64)
```

RPG MAKER VX **Positions des textes**

Le code est le suivant sur VX :

```
actor = $game_party.members[i] # Ajouté
draw_actor_graphic(actor, x, y + 80) # Ajouté
```

RPG Maker VX **Positions des textes**

```
draw_actor_name(actor, x, y)
draw_actor_class(actor, x + 80, y)
draw_actor_level(actor, x, y + WLH * 1)
draw_actor_state(actor, x, y + WLH * 2)
draw_actor_hp(actor, x + 80, y + WLH * 1)
draw_actor_mp(actor, x + 80, y + WLH * 2)
```

Pour décaler l'affichage des points d'expérience, nous nous rendons dans le script `Window_Base`, à la ligne 202 (seulement pour XP).

Modification des positions X des textes pour les points d'expérience (XP seulement)

```
self.contents.draw_text(x + 24, y, 84, 32, actor.exp_s, 2)

self.contents.draw_text(x + 108, y, 12, 32, "/", 1)

self.contents.draw_text(x + 120, y, 84, 32,↵
actor.next_exp_s)
```

Comprendre **Alignement à droite**

Dans la ligne de code ci-dessus, le dernier paramètre permet d'aligner le texte à droite :

```
self.contents.draw_text(x + 24, y, 84, 32,↵
actor.exp_s, 2)
```

L'avantage de cet alignement est de laisser de la place pour l'affichage des points d'expérience. En effet, sans cela, au bout de 10 000 points d'expérience, par exemple, les 0 pourraient s'afficher sur les textes à proximité.

Revenons dans le script `Window_MenuStatus`. La modification dans la méthode `refresh` étant terminée, allons dans la méthode `update_cursor_rect` (`update_cursor` sur VX), que nous avons déjà vue lorsque nous avons modifié la taille du curseur. Cette fois, nous allons nous intéresser à la position du curseur. En effet, lorsque joueur appuie sur la touche *Droite*, le curseur se déplace sur la colonne de droite. En fait, la position du curseur dépend de la position d'index du joueur.

Le curseur est sur la colonne de droite et sur l'index n° 1.

Les index se lisent ligne par ligne. Ici, le héros Aluxes correspond à l'index 0, Gloria au 1, Basil au 2 et Hilda au 3.

La méthode est donc la suivante.

Placement du curseur

```
def update_cursor_rect # update_cursor sur VX
    if @index < 0
      self.cursor_rect.empty
    else
      if @index == 1 or @index == 3
        # 250 sous VX au lieu de 290
        self.cursor_rect.set(290, @index==1 ? 0 : 116,↵
        self.width/2 - 24, 96)
      else
        self.cursor_rect.set(0, @index==0 ? 0 : 116,↵
        self.width/2 - 24, 96)
      end
    end
  end
```

Ce code demande une petite explication. Déjà présente par défaut, la première condition permet de rendre le curseur invisible si la valeur de l'index est négative. Ceci est utile lorsque le joueur n'est pas en train de choisir le héros la fenêtre.

Nous trouvons ensuite une condition qui nous indique si l'index est sur la colonne de gauche ou de droite. S'il est dans la colonne de droite, l'index vaut 1 ou 3. Nous plaçons alors le curseur sur la position x à 290 px. Avec une expression conditionnelle, nous plaçons le curseur en position Y selon l'index. Si c'est l'index 1 qui est concerné, alors la position Y vaut 0 sinon, pour l'index 3, la position Y est de 116 px.

> DÉFINITION **Expression conditionnelle**
>
> Une expression conditionnelle sert à insérer une valeur dans une variable selon la valeur booléenne d'une condition. Le principe est le même que pour les conditions. Prenons un exemple :
>
> ```
> exemp = @index == 1 ? 0 : 116
> ```
>
> Ceci revient à dire :
>
> ```
> if @index == 1
>     exemp = 0
> else
>     exemp = 116
> end
> ```
>
> La variable `exemp` adopte une valeur qui dépend de la valeur de `@index`.

La démarche est ensuite la même pour la colonne de droite. Nous plaçons le curseur à 0 px pour la position X et 0 px ou 116 px pour la position Y selon l'index (0 ou 2).

Remarquez que la taille du curseur est `self.width/2 - 24`. En fait, le curseur est placé à la moitié de la longueur de la fenêtre, ce qui est tout à fait normal, puisque nous avons deux colonnes. En retirant 24, nous évitons que le curseur n'empiète sur l'autre colonne.

Position des fenêtres

Il ne nous reste plus qu'à placer les fenêtres correctement dans le menu principal. Nous nous rendons dans le script `Scene_Menu`. La fenêtre de commandes est la barre horizontale que nous créons.

La barre horizontale dans le menu principal

```
# Dans la méthode create_command_window sur VX
@command_window = Window_SelectHorizontal.new([s1, s2,↵
s3, s4, s5, s6])
```

En paramètre, nous donnons un tableau de commandes avec les différents intitulés de menus.

Pour les autres fenêtres, nous avons pour XP :

Position Y de la fenêtre de la durée de jeu (XP seulement)

```
@playtime_window.y = 320
```

Ceci permet de placer la fenêtre de durée de jeu sous la fenêtre de statuts des héros.

Pour la fenêtre du nombre de pas du héros, la position Y est la même que précédemment, mais la position X va être différente. En effet, il faut placer cette fenêtre à côté de celle de durée de jeu avec une marge de 5 px. Pour plus d'efficacité, nous ne saisissons pas une valeur fixe, mais une valeur dépendant de la position et la taille de la fenêtre de durée de jeu.

> BONNE PRATIQUE **Valeur correspondant à la position et à la taille de la fenêtre**
>
> Nous vous conseillons de procéder ainsi, car dans le cas contraire, si vous modifiez un des paramètres mentionnés, vous devrez également modifier la position X des autres fenêtres à chaque fois, ce qui est contraignant.

Position X de la fenêtre du nombre de pas du héros (XP seulement)

```
@steps_window.x = @playtime_window.x +⏎
@playtime_window.width + 5
@steps_window.y = 320
```

Nous répétons le même principe pour les autres fenêtres.

Position des fenêtres restantes (XP seulement)

```
@gold_window = Window_Gold.new
@gold_window.x = @steps_window.x + @steps_window.width + 5
@gold_window.y = 320

@status_window = Window_MenuStatus.new
@status_window.x = 0
@status_window.y = @command_window.y +⏎
@command_window.height + 5
```

Le positionnement est terminé, mais il reste encore un détail. La hauteur de la fenêtre relative à l'argent est supérieure aux autres. Pour y remédier, nous nous rendons dans le script `Window_Gold` et remplaçons la ligne adéquate par :

*Modification de la hauteur de la fenêtre de l'argent
(XP seulement)*

```
super(0, 0, 160, 96)
```

> RPG MAKER VX **Positions des fenêtres**
>
> Sur VX, les fenêtres concernons le nombre de pas ou la durée de jeu n'existent pas. Nous ne nous préoccupons donc que de la position des fenêtres des statuts et de l'argent. La modification se fait également dans le script `Scene_Menu`, dans la méthode `start` :
>
> ```
> @gold_window = Window_Gold.new(0, 340)
> @gold_window.x = (544 - @gold_window.width) / 2
> @status_window = Window_MenuStatus.new(0,↵
> @command_window.y + @command_window.height + 5)
> ```
>
> Le principe est le même que sur RPG Maker XP, mais le code est un peu différent. En effet, le paramètre des deux classes comprend les positions X et Y. La deuxième ligne centre la fenêtre de l'argent sur l'abscisse de la fenêtre.

Opacité et fond

Avant d'entrer dans le détail, soulignons que ces manipulations ne concernent que RPG Maker XP.

À présent, réglons l'opacité des fenêtres. Nous créons une méthode spécifique pour changer l'opacité. Nous l'appelons `setOpacityWindow`. Elle n'a qu'un seul paramètre, qui est l'opacité. Évidemment, cette méthode est à créer dans la classe `Scene_Menu`.

Changer l'opacité des fenêtres

```
def setOpacityWindow(opacity)
    @gold_window.back_opacity = opacity
    @playtime_window.back_opacity = opacity
    @steps_window.back_opacity = opacity
    @status_window.back_opacity = opacity
    @command_window.back_opacity = opacity
  end
```

Le changement d'opacité se fait avec la propriété `back_opacity`, définie dans RGSS. Sa valeur est comprise entre `0` (invisible) et `255` (opaque).

Dans la méthode `main`, après le placement des fenêtres, nous pouvons appeler la méthode :

Appel de la méthode avec une opacité

```
setOpacityWindow(210)
```

L'opacité est donc de 210.

Enfin, il ne nous reste plus qu'à attribuer un fond, qui dans notre cas, sera la carte actuellement utilisée. Dans la méthode `main`, nous ajoutons la ligne de code suivante.

Les Sprites de la carte actuelle

```
@spriteset = Spriteset_Map.new
```

Les images de la carte sont donc appelées et affichées. Pour terminer, nous n'oublions pas d'ajouter la ligne de code suivante supprime l'image de fond lorsque le joueur quitte le menu.

Suppression des Sprites de la carte

```
@spriteset.dispose
```

En résumé

Si écrire ses propres scripts demande quelques connaissances en programmation, mais il suffit de vous exercer. Au prix de ce petit effort, vous
personnaliserez finement votre jeu et en enrichirez le contenu.

L'essentiel de Ruby

Vous aimeriez maîtriser facilement le langage de programmation utilisé par RPG Maker ? Ce chapitre est fait pour vous !

Pour aller plus loin dans la personnalisation de tout RPG, RPG Maker permet d'utiliser le langage de programmation Ruby. Ce chapitre a pour but de vous permettre de vous familiariser avec les bases de ce langage et sa spécialisation d'objets.

Une syntaxe simple

Créé en 1995, Ruby se distingue par sa syntaxe très accessible. Ainsi, il est inutile d'insérer des points-virgules en fin de ligne ou bien d'indiquer le type de la variable. Prenons un exemple. Nous voulons afficher le mot Bonjour dans trois langages de programmation différents, Java, C++ et Ruby.

Afficher Bonjour en Java

```
System.out.println("Bonjour");
```

Afficher Bonjour en C++

```
std::cout << "Bonjour" << std::endl;
```

Afficher Bonjour en Ruby

```
print "Bonjour"
```

Comparée aux autres langages, la syntaxe de Ruby est donc plus légère, élément intéressant lorsque l'on débute en programmation.

En dehors de RPG Maker, Ruby est aussi utilisé pour concevoir des programmes. En effet, ce langage n'est pas propre à notre logiciel, seule la bibliothèque RGSS l'est.

COMPRENDRE **Des langages propres au logiciel**

Concurrent de RPG Maker, Game Maker possède son propre langage de programmation : le GML (*Game Maker Language*). On y retrouve certains points fondamentaux de la programmation tels que les conditions, boucles, etc., et des propriétés spécifiques à l'univers du jeu comme la gestion des collisions, la manipulation des touches du clavier, etc. Cependant, ce langage est propre au logiciel et ne peut être utilisé sans lui pour créer des programmes. RPG maker reprend ce principe, mais seulement par une biblio-thèque construite en Ruby, nommée RGSS.

Installer Ruby

Dans RPG Maker, Ruby étant déjà installé, il suffit de créer un nouveau script et d'entrer son code. Nous allons donc voir comment utiliser Ruby hors de RPG Maker.

1. Téléchargez la dernière version de Ruby en vous rendant sur le site :
www.ruby-lang.org/fr/downloads/

2. Installez l'exécutable comme vous le feriez pour tout programme classique.

Prise en main de Ruby

Premier contact

Pour utiliser Ruby, ouvrez de l'invite de commandes de Windows, ou Shell sous Linux.

> EN PRATIQUE **Accéder à l'invite de commandes**
> Sous Windows Vista et 7, tapez `cmd` dans la barre de recherche du menu *Démarrer* et appuyez sur *Entrée*.
> Sous Windows XP, cliquez sur *Démarrer*, puis sur *Tous les programmes*, *Accessoires* et enfin *Invite de commandes*.
> Une fenêtre noire apparaît : il s'agit de l'invite de commandes.

Saisissez le mot-clé `irb` dans l'invite de commandes. Vous pouvez alors écrire du code Ruby (figure B-1). Soulignons qu'il est préférable d'écrire votre programme Ruby avec par exemple NotePad++, et de l'exécuter avec l'invite de commandes, plutôt que de taper toutes les commandes dans irb.

Pour exécuter un programme, quittez irb (saisissez `exit` pour revenir au point de départ) et saisissez le nom du programme, sans oublier son extension.

Saisir du code de Ruby dans l'invite de commandes

DÉFINITION **irb**

Aussi appelé Interactive Ruby, irb est un environnement interactif en ligne de commandes dédié à Ruby. Par ce biais, vous pouvez voir les résultats via les lignes de commandes d'un programme.

Précisons un peu la création et l'exécution d'un programme Ruby. Pour créer un programme en Ruby, vous pouvez travailler dans Bloc-Notes, SciTE ou NotePad++. Lorsque vous enregistrez votre travail, ajoutez l'extension `.rb` (par exemple, `test.rb`). Ensuite, dans l'invite de commandes, indiquez le nom du fichier et appuyez sur la touche *Entrée* pour exécuter votre programme en Ruby :

```
C:\Users\Samarium>test.rb
```

Exécuter un programme Ruby à partir de l'invite de commandes

Indentation et commentaires

Dans un programme en Ruby, vous trouvez à chaque fois des lignes commençant par le caractère #.

Le commentaire

```
# Afficher "Bonjour"
print "Bonjour"
```

La ligne `# Afficher "Bonjour"` est un commentaire et n'est jamais interprétée par Ruby. Vous pouvez donc en écrire autant que vous le voulez. Ils vous serviront de repère dans le code, vous rappelant la construction de l'algorithme.

Il est possible d'insérer un bloc de commentaires.

Un bloc de commentaires

```
=begin
Voici
un bloc
de commentaires
=end
```

Comme pour une ligne de commentaire, le code ne sera pas interprété. Le bloc commence par le mot clé `=begin` et se termine par `=end`.

N'oubliez pas ces commentaires ainsi que l'indentation dans votre code pour une bonne lisibilité. Cette rigueur vous permettra de programmer efficacement.

> DÉFINITION **Indentation**
>
> L'indentation consiste à décaler les lignes de code selon les blocs de code :
>
> ```
> def methode
>     if condition
>         print "Code indenté"
>     end
> end
> ```

Nombres, arithmétique et chaînes de caractères

Opérations de base

Commençons par un peu de mathématiques. Rassurez-vous, cette section ne sollicite que les rudiments appris en primaire : addition, soustraction, multiplication et division.

TABLEAU A-1 *Afficher un calcul numérique*

Action	Code	Affichage et commentaire
Afficher un nombre	`print 8`	Ceci affiche le chiffre 8 à l'écran. Vous avez donc compris que `print` permet d'afficher ce qui suit à l'écran.
Additionner	`print 8+5`	Ceci affiche 13.
Soustraire	`print 8-5`	Ceci affiche 3.
Multiplier	`print 8*5`	Ceci affiche 40.
Diviser	`print 8/5`	Ceci affiche 1. Pourtant 8 divisé par 5 donne 1,6, n'est-ce pas ? La suite va répondre à cette énigme.

Les priorités arithmétiques

Les priorités des calculs ne changent pas : ce qu'il y a entre parenthèses est calculé d'abord, puis viennent la multiplication et la division, et enfin l'addition et la soustraction. Jusque-là, rien de nouveau.

Priorités

```
print (1+2) + 5 * (3-1)
```

Ceci affiche 13.

Entiers et flottants

On désigne par le terme entier un nombre entier comme 34 ; 0 ; -23...

On appelle flottant un nombre comportant une décimale comme 45,9 ; 1,0 ; -23,1...

Pour revenir à notre division de la section précédente, nous obtenons 1 au lieu de 1,6... C'est malgré tout logique. En effet, comme nous divisons deux entiers, nous obtenons donc un entier. Par conséquent, pour obtenir un flottant, il faut donc utiliser deux flottants.

Division de nombres flottants

```
print 8.0/5.0
```

Ceci affiche 1.6

> ATTENTION **Point et non virgule**
> Pour un flottant, ne mettez pas de virgule mais un point... ou gare à l'erreur !

Les chaînes de caractères

Les chaînes de caractères servent à afficher des mots et des textes.

Afficher un texte

```
print "Coucou"
```

Ceci affiche le mot « Coucou ». Vous l'aurez compris, chaque phrase ou lettre doit être entourée de guillemets.

Prenons un autre exemple.

Concaténation de textes

```
print "Bonjour tout " + "le monde"
```

Ceci affiche « Bonjour tout le monde ». Notez l'espace entre les guillemets « " » et le mot « tout ». Sans elle, nous aurions obtenu la phrase suivante : « Bonjour toutle monde ». « le » et « tout » seraient collés. Il est vrai que nous n'en voyons pas encore l'utilité, mais cela nous servira pour insérer une variable entre deux phrases (voir « Les variables »).

Voici un exemple répétant plusieurs fois la même phrase :

Répéter une chaîne de caractères

```
print "Coucou " * 3
```

Ceci affiche "Coucou Coucou Coucou".

Attention ! Quand un caractère spécial est présent dans la chaîne de caractères, il ne faut pas oublier de mettre un antislash « \ ». Nous écrirons donc :

> DÉFINITION **Caractère spécial**
>
> Un caractère spécial est un caractère qui est déjà utilisé dans la syntaxe de la ligne de code. Par exemple, l'apostrophe « ' » est déjà utilisée pour signaler une chaîne de caractères dans Ruby. L'insérer dans une phrase de cette manière : `"Bonjour l'administrateur"` poserait problème car Ruby penserait que la chaîne de caractères se limite à « Bonjour l », et ne comprendrait pas la suite. Voilà pourquoi un caractère d'échappement comme l'antislash est primordial.

Mettre un antislash devant une apostrophe

```
print "Bonjour l\'administrateur"
```

Ceci affiche « Bonjour l'administrateur ».

De même, si votre chaîne contient un antislash dans la chaîne, il en faut un second.

Un antislash devant un antislash

```
print 'Bonjour l\'administrateur\\le modérateur'
```

Ceci affiche « Bonjour l'administrateur\le modérateur ».

Les variables

Les variables sont utilisées pratiquement dans tous les langages de programmation. Ruby n'y échappe pas. Une variable est un terme quelconque qui prend une valeur. Prenons l'exemple suivant.

Attribuer une valeur à une variable

```
ma_variable = 1
```

La variable nommée `ma_variable` (vous pouvez lui donner un autre nom) vaut 1.

Afficher la valeur de la variable

```
ma_variable = 1
print ma_variable
```

Ceci affiche le chiffre 1.

Comme nous l'avez vu précédemment, nous pouvons additionner, soustraire, etc. Il en va de même avec les variables.

Additionner des variables

```
ma_variable = 1
ma_variable2 = 5
print ma_variable + ma_variable2
```

Ceci affiche le chiffre 6. Notez que vous pouvez avoir autant de variables que vous le souhaitez.

Voici un autre exemple.

Variable prenant la dernière valeur donnée

```
ma_variable = 4
ma_variable = 8
print ma_variable
```

Nous avons la même variable. Quel affichage allons-nous obtenir ? 4 ou 8 ? La réponse est 8. En fait, nous avons donné à la variable la valeur 4, puis 8. Elle retient la dernière valeur que nous lui avons donnée.

> BONNE PRATIQUE **Nom des variables**
>
> Nommez explicitement vos variables. Par exemple, si vous voulez connaître le prénom de l'utilisateur, créez une variable `prenom_utilisateur` et non `pre_u`.. Vous vous repérerez ainsi plus facilement dans votre code, surtout que certains scripts dépassent les 1 000 lignes !

Concaténation

À la section précédente, nous avions la ligne de code suivante.

Concaténation de chaînes de caractères

```
print "Bonjour tout " + "le monde"
```

Nous pouvons insérer une variable dans une chaîne de caractères.

Concaténation de chaînes de caractères et variables

```
prenom_utilisateur = "Sam"
print "Bonjour, " + prenom_utilisateur + ". Comment↵
allez-vous ?"
```

Ceci affiche : "Bonjour, Sam. Comment allez-vous ?".

Voici ce qu'on appelle la concaténation. Remarquez qu'une variable peut être une chaîne de caractères.

Conversion

Vous pouvez convertir des variables. Par exemple, il est possible de convertir un entier en chaîne de caractères. Comment ? En mettant à la fin de votre variable l'une des expressions présentées dans le tableau A-2.

TABLEAU A-2 *Conversions*

Code	Effet
`.to_s`	Convertit en chaîne de caractères (string).
`.to_f`	Convertit en flottant.
`.to_i`	Convertit en entier (integer).
`.to_a`	Convertit en tableau (array).

Conversion d'une variable de type entier en une chaîne de caractères

```
ma_variable = 1
ma_variable2 = "5"
print ma_variable.to_s + ma_variable2
```

Ceci affiche la chaîne de caractères « 15 ».

Conversion d'une variable de type chaîne de caractères en un entier

```
ma_variable = 1
ma_variable2 = "5"
print ma_variable + ma_variable2.to_i
```

Ceci affiche le chiffre 6.

Méthode gets

Vous souhaitez demander le prénom de l'utilisateur, la méthode `gets` est toute désignée.

Demande à l'utilisateur

```
print "Quel est votre prénom ?"
prenom_utilisateur = gets.chomp
print "Bonjour, " + prenom_utilisateur + ". Comment↵
allez-vous ?"
```

Ceci affiche « Quel est votre prénom ? ». par exemple « Sam ». L sera ensuite « Bonjour, Sam. Comment allez-vous ? »

> BON À SAVOIR **Méthode chomp**
>
> `.chomp` permet d'éviter que Ruby ne compte les espaces comme des caractères en fin de chaînes.
> Dans RPG Maker, cette méthode est inutile, car elle est remplacée par le RGSS. Elle vous servira pour des programmes autres que RPG Maker.

Les conditions

If...else

Vous voulez connaître l'âge de l'utilisateur. S'il a moins de 18 ans, il est mineur, sinon il est majeur. Remarquez les termes « si » et « sinon » dans la phrase précédente. En Ruby, nous remplaçons les mots en anglais donc « si » par `if` et « sinon » par `else`.

Exemple de condition

```
age_utilisateur = gets
if age_utilisateur < 18
    print "Vous êtes mineur"
else
    print "Vous êtes majeur"
end
```

La condition se termine par `end`. Nous utilisons également une méthode comparative.

Comparaison

```
age_utilisateur < 18
```

Inférieur, supérieur...

Nous testons si la valeur de la variable `prenom_utilisateur` est inférieure à 18. Plusieurs méthodes de comparaison sont à notre disposition. Elles sont présentées dans le tableau A-3.

Tableau A-3 *Opérateurs de comparaison*

Opérateur	Signification
<	Strictement inférieur à
>	Strictement supérieur à
<=	Inférieur ou égal à
>=	Supérieur ou égal à
==	Égal à
!=	Différent de

> **ATTENTION Égalité**
>
> Pour une égalité, il faut écrire deux fois le signe =. N'en mettre qu'un seul équivaudrait à donner une valeur à une variable.

Conditions imbriquées

Vous pouvez imbriquer des conditions.

Conditions imbriquées

```
if age_utilisateur < 18
    if age_utilisateur > 10
      print "Vous avez entre 10 et 18 ans"
    else
      print "Vous avez moins de 10 ans"
    end
else
    print "Vous êtes majeur"
end
```

Voici encore un exemple.

Écrire et dans une condition

```
age_utilisateur = gets
if age_utilisateur < 18 && age_utilisateur > 10
    print "Vous avez entre 10 et 18 ans"
end
```

`&&` signifie « et ». En fait, ce code affichera la phrase si et seulement si l'âge de l'utilisateur est inférieur à 18 et supérieur à 10.

Prenons un autre exemple.

Écrire ou dans une condition

```ruby
prenom_utilisateur = gets
if prenom_utilisateur == "Admi" ||prenom_utilisateur↲
== 'Samarium'
   print 'Bienvenue'
end
```

`||` signifie « ou ». Cette portion de code affichera la phrase si le prénom de l'utilisateur est « Admi » ou « Samarium ».

Case...when

La condition `case...when` sert à exécuter un choix.

Structure de case

```ruby
varChoix = gets

case varChoix
   when 0
     print "Le nombre vaut 0"
   when 1
     print "Le nombre vaut 1"
   when 2
     print "Le nombre vaut 2"
   when 3..10
     print "Le nombre est entre 3 et 10"
   else
     print "Le nombre est supérieur à 10 ou inférieur à 0"
end
```

Ainsi, lorsque l'utilisateur saisit un nombre, l'expression `case` exécute l'instruction du `when` correspondant. Si l'utilisateur saisit le chiffre 2, `varChoix` vaudra 2. Le `when` qui s'exécutera est celui qui possède la valeur de la variable dans `case`. C'est donc `when` 2. L'affichage est donc : « Le nombre vaut 2 ».

Vous précisez un intervalle avec « .. ». Avec `else` vous exécutez une instruction si aucun `when` ne possède la valeur de la variable à vérifier.

Les boucles

Les boucles permettent de répéter des instructions. Il en existe deux types.

While

La boucle While

```
nombre = 0
while nombre < 10
    print nombre + " "
    nombre = nombre + 1
end
```

Dans cet exemple, tant que le nombre donné est inférieur à 10, la boucle s'exécute. Notre code affichera donc : « 0 1 2 3 4 5 6 7 8 9 ». Lorsque la valeur de la variable numérique est supérieure à 10, ce qui revient à dire que la condition est vraie, la boucle s'arrête.

For

La boucle For

```
for i in 0..3
  print " Le chiffre " + i
end
```

Dans cet exemple, nous déclarons la variable `i`. Notre variable s'étendra de 0 à 3. Si nous voulons que la variable s'étende de 2 à 10, nous écrirons `for i in 2..10`.

Ce code affiche donc : « Le chiffre 0 Le chiffre 1 Le chiffre 2 Le chiffre 3 ».

> EN PRATIQUE **Nom de la variable d'incrémentation**
> Dans les boucles, on appelle souvent la variable d'incrémentation
> i, mais elle peut se nommer autrement.

Les tableaux

Une notation simple

Aussi appelé *array*, un tableau s'écrit en Ruby de la façon suivante.

Un tableau

```
[]
```

Eh oui, seulement deux crochets !

Les données des tableaux

Vous pouvez bien entendu y insérer des éléments. D'ailleurs, l'utilité des tableaux découle directement des éléments qu'ils contiennent.

Un tableau avec ses éléments

```
["ou", "et", "donc", "or", "ni", "car"]
```

Nous attribuons le tableau à une variable.

Affectation d'un tableau à une variable

```
grammaire = ["ou", "et", "donc", "or", "ni", "car"]
```

Voici le code qui permet de lire les éléments contenus dans un tableau.

Lire les éléments d'un tableau

```
grammaire = ["ou", "et", "or ", "ni", "car"]
print grammaire[0]
print grammaire[2] + print grammaire[4]
```

Ceci affiche :

« ou »

« or car»

Soulignons un détail important : nous affichons le premier élément avec `grammaire[0]` et non `grammaire[1]`. Vous devez retenir que le premier emplacement du tableau est le zéro !

> En pratique **Les éléments d'un tableau**
>
> Bien entendu, les éléments peuvent aussi être des chiffres, des variables… ou bien un autre tableau. Les types des éléments peuvent être différents. Vous pouvez également avoir un nombre et en autre élément une chaîne de caractères.

Do : itération dans les tableaux

Une boucle sert à afficher les éléments du tableau.

Itération avec do d'un tableau

```
menu_restaurant = ["du poisson", "de la viande", "des↲
légumes"]
menu_restaurant.each do |menu|
        print "Voulez-vous " + menu + "pour ce midi ?
end

print "Merci."
```

Voilà donc un peu plus de code, n'est-ce pas ? Étudions-le de plus près. Tout d'abord, nous déclarons un tableau. Ensuite nous débutons l'itération. Elle parcourt chaque élément de la variable `menu_restaurant`, qui est un tableau. `Do` répète les instructions pour chaque élément. Notre code affiche :

« Voulez vous du poisson pour ce midi ?

Voulez-vous de la viande pour ce midi ?

Voulez-vous des légumes pour ce midi ?

Merci. »

Les hashages

Les hashages sont des tableaux spécialisés. Ils se déclarent de la façon suivante.

Une variable hash

```ruby
var_hash = {} # ou var_hash = Hash.new
```

À quoi servent les hashages? En fait, ils se comportent comme les tableaux, à une particularité près. Nous allons donc comparer un tableau et un hash.

Assigner des valeurs

Vous souvenez-vous comment mettre des valeurs dans un tableau ?

Les éléments dans un tableau

```ruby
var_tableau = ["or", "ni", "car"]
```

Pour afficher le mot « or» du tableau, vous écrivez la ligne qui suit.

Afficher un élément du tableau

```ruby
print var_tableau[0] # Affiche « or »
```

Voici comment assigner des valeurs au hash.

Assigner des valeurs au hash

```ruby
var_hash = {5 => "or", 9 => "ni", "trois" => "car"}
```

Cette fois-ci, si vous voulez afficher « or », il faut écrire la ligne suivante.

Afficher un élément d'un hash

```ruby
print var_hash[5] # Affiche « or »
```

En effet, ce code ne considère pas la position, mais cherche la clé 5 dans le hash et lui donne sa valeur. Si vous voulez afficher le mot car, vous devez écrire la ligne qui suit.

Afficher un élément d'un hash avec une clé différente

```
print var_hash['trois'] # Affiche « car »
```

> EN DÉTAIL **Clé et valeur**
>
> Dans l'exemple précédent, la clé est le mot « trois » et la valeur
> est « car ». En effet, une clé possède une valeur. Vous recherchez
> donc la valeur avec la clé et vous affichez la valeur à l'écran.

Opérations

Avec un hash, vous pouvez réaliser des opérations, comme changer la valeur
ou bien ajouter une clé avec sa valeur.

Changer la valeur d'un élément

```
var_hash["trois"] = "donc"
print var_hash["trois"] # Affiche « donc »
```

Ce code change la valeur de « trois ». Si vous écrivez ceci :

Créer une nouvelle clé

```
var_hash['inconnu'] = 'value'
```

vous donnez une nouvelle clé dans votre hash. Voici le résultat.

Aperçu de la variable hash avec la nouvelle clé

```
var_hash = {5 => "or", 9 => "ni", "trois" => "car",↵
"inconnu" => "value"}
```

Les méthodes

Le principe

Une méthode exécute des instructions et renvoie un résultat (ou pas). Il
s'agit d'un **morceau de code** qui sert à une tâche précise. Une méthode

peut avoir plusieurs paramètres, qui seront ensuite utilisés dans le calcul des instructions du code. Voici un exemple :

« Le héros achète 3 objets à 5 pièces d'or (monnaie du jeu). Combien dépense-t-il ? ».

La réponse s'obtient avec une simple multiplication : 3 × 5 = 15. En Ruby, le code sera le suivant.

Calcul de dépense d'objets avec des variables

```ruby
nb_objets = 3
prix_objet = 5
print "Total des dépenses : " + (nb_objets *↵
prix_objet.to_s) # On convertit le nombre calculé
                 # en chaîne de caractères afin d'éviter
                 # une erreur
```

Imaginons maintenant que vous ayez une quantité variable d'objets à acheter et que le prix change selon le type d'objet. Vous risquez fort d'arriver à un code très long et répétitif. De plus, vous devrez créer plusieurs variables, ce qui assez fastidieux. La méthode intervient à ce moment précis, pour éviter de les répétitions.

Schéma d'une méthode

La méthode commence par le mot-clé `def` et se termine par `end`.

Schéma de la méthode

```ruby
def nomDeLaMethode
  # Le code
end
```

`nomDeLaMethode` est le nom que vous assignez à votre méthode.

La méthode peut aussi contenir un ou plusieurs paramètres.

Méthode avec un paramètre

```ruby
def heros(nom)
  print "Le nom du héros est " + nom
end
```

Si vous voulez appeler la méthode, il suffit d'écrire le code suivant à l'extérieur de la méthode.

Appel d'une méthode

```ruby
def heros(nom)
  print "Le nom du héros est " + nom
end

heros("Sam")   # Appel de la méthode. Sans le paramètre,
               # on aurait simplement mis « heros »
```

Ceci affiche à l'écran : « Le nom du héros est Sam ». Vous pouvez bien entendu intégrer plusieurs paramètres.

Une méthode peut aussi renvoyer un résultat, et donc réaliser un calcul. Si nous reprenons l'exemple du début de cette section, la méthode sera la suivante.

Renvoyer un résultat

```ruby
def acheter(nombreObjet, prixObjet)
  return (nombreObjet * prixObjet).to_s
end

print "Le prix de 3 objets Potion à 5 pièces d\'or est⏎
de " + acheter(3, 5) + " pièces d\'or"
print "Le prix de 4 objets Élixir à 10 pièces d\'or⏎
est de " + acheter(4, 10) + " pièces d\'or"
```

Ceci affiche :

« Le prix de 3 objets Potion à 5 pièces d'or est de 15 pièces d'or »

« Le prix de 4 objets Élixir à 10 pièces d'or est de 40 pièces d'or »

La méthode `acheter` calcule le montant total de l'achat et renvoie le résultat. Vous pouvez ensuite stocker le résultat dans une variable pour l'utiliser dans d'autres calculs.

Stocker le résultat de la méthode dans une variable

```ruby
prixTotal = acheter(3, 5)
print "Le prix de 3 objets Potion à 5 pièces d\'or⏎
est de " + prixTotal + " pièces d\'or"
```

> DIFFÉRENCE **Fonction, procédure et méthode**
>
> Il existe d'autres noms pour désigner une méthode. Citons, par exemple, `Fonction` et `Procédure`. La nuance est faible : en algorithmique, la fonction renvoie une valeur alors qu'une procédure ne renvoie rien. On emploie le terme « méthode » lorsqu'on utilise des classes.

La gestion des fichiers

Créer et lire un fichier en Ruby n'a jamais été aussi simple.

Créer un fichier

Créons un fichier et écrivons ce qui suit à l'intérieur.

Écrire dans un fichier

```ruby
nom_fichier = "fichier.txt"

File.open("nom_fichier", "w") do |ecrire|
  ecrire.write "Mon message"
end
```

Ceci ouvre le fichier `fichier.txt`. S'il n'existe pas, Ruby le crée automatiquement. Ensuite, pour l'itération, nous écrivons du texte dans le fichier. La lettre `w` signifie que nous voulons écrire dans le fichier (droit d'accès d'écriture). Pour lire seulement, nous aurions mis la lettre `r`.

Lire un fichier

Lire dans un fichier

```ruby
texteDansFichier = File.read("mon_fichier.txt")
```

Ce code récupère le texte dans le fichier `mon_fichier.txt` et le stocke dans la variable `texteDansFichier`.

Les classes et les objets

Pour expliquer la notion de classe, nous allons partir d'un exemple. Imaginons une équipe de héros. Nous devons donc créer différents héros avec leurs caractéristiques propres (puissance d'attaque, nombre de points de vie, nom, etc.). Dans ce cas, créer une classe est idéal !

Structure d'une classe

Une classe commence par le mot-clé `class` et se termine par `end`. À l'intérieur, vous trouvez les méthodes et les attributs.

Structure générale d'une classe

```
class MaClasse
  # ...
end
```

`Maclasse` est le nom de la classe.

> ATTENTION **Majuscule**
>
> Le nom d'une classe commence toujours pas une majuscule, sans quoi vous vous exposez à des erreurs.

Une classe comprend des méthodes, qui pourront exécuter des tâche comme nous l'avons vu précédemment. Voici l'exemple appliqué aux héros.

Une classe avec des méthodes

```
class Heros
  def attaquer
    print "J'attaque"
  end

  def seDefendre
    print "Je me défends"
  end
end
```

Ici, le héros peut attaquer ou se défendre !

Création d'un objet

Voici maintenant la variable de type `objet`. Vous pouvez créer autant d'objets que vous le désirez. Notez également qu'ils comportent une classe.

Création d'un objet

```
mon_objet = MaClasse.new
```

Ceci permet de créer un nouvel objet de la classe `MaClasse`.

Nous pouvons créer plusieurs héros et leur assigner des actions.

Création de plusieurs objets et appel des méthodes de la classe

```
heros1 = Heros.new
heros2 = Heros.new

heros1.attaquer
heros2.seDefendre
```

Comme vous pouvez le constater, pour appeler des méthodes dans la classe, il suffit de séparer par un point le nom de l'objet et la méthode de la classe. Ainsi, nous obtenons l'affichage suivant :

« J'attaque »

« Je me défends »

Les attributs

Les héros portent des noms différents : si nous créons un héros nommé Arshes et un autre nommé Sam, nous faut-il un code différent ? C'est à ce moment qu'interviennent les attributs, qui permettent d'écrire la structure interne de la classe.

Des attributs

```
class Heros
  attr_accessor :pv
  attr_accessor :nom
```

```ruby
  def perteDePV(nbPvPerdu)
    print @nom + " perd " + nbPvPerdu.to_s + " PV"
    @pv -= nbPvPerdu
  end
end
```

Une variable précédée de `@` est une variable dite d'instance. Vous pouvez l'utiliser partout dans cette classe. Ici, `pv` est un attribut. `attr_accessor` permet de lire l'attribut ou de le modifier en dehors de la classe.

> EN PRATIQUE **Décrémenter une variable**
>
> `@pv -= nbPvPerdu` revient à enlever une valeur à `@pv`. Nous obtenons donc `@pv = nbPvPerdu - @pv`.
>
> Nous pouvons aussi incrémenter avec `+=`. La division, la multiplication et le modulo sont aussi possibles.

Création d'un héros avec un nombre de points de vie et un nom

```ruby
heros = Heros.new
heros.nom = "Arshes"
heros.pv = 100

heros.perteDePV(10)
```

Ceci affiche :

« Arshes perd 10 PV »

Initialiser dans la classe

Une méthode particulière permet d'initialiser des variables. Elle est appelée automatiquement à la création d'un objet. Vous pouvez ainsi passer des paramètres.

Méthode initialize

```ruby
class Heros
  attr_accessor :pv
  attr_accessor :nom
```

```ruby
  def initialize(nbPv, nomHeros)
   @pv = nbPv
   @nom = nomHeros
 end

 def perteDePV(nbPvPerdu)
    print @nom + " perd " + nbPvPerdu.to_s + " PV"
    @pv -= nbPvPerdu
  end
end
```

Cette méthode se nomme `initialize`. Comme toutes les méthodes, elle peut comprendre des paramètres.

Création d'un héros avec un nombre de points de vie et un nom

```ruby
heros1 = Heros.new("Arshes", 100)
heros2 = Heros.new("Sam", 45)

heros1.perteDePV(10)
print "PV actuel de " + heros1.nom + " : " +  heros1.pv

heros2.perteDePV(40)
print "PV actuel de " + heros2.nom + " : " +  heros2.pv
```

Ceci affiche :

« Arshes perd 10 PV »

« PV actuel de Arshes : 90 PV »

« Sam perd 40 PV »

« PV actuel de Sam : 5 PV »

> MÉMENTO **Les variables**
>
> Il existe 3 types de variables :
> - Variables locales : les variables locales d'une méthode disparaissent lorsque celle-ci est terminée.
> - Variables d'instance : préfixées de @, ces variables peuvent être utilisées dans une même classe.
> - Variables globales : préfixées de $, elles peuvent être utilisées dans toutes les classes.

L'héritage

Imaginons le problème suivant : le héros Arshes peut utiliser une compétence, contrairement à Sam. Notre premier réflexe est de créer une méthode dans la classe nommée `utiliserCompetence`, prenons l'exemple suivant.

Méthode utiliserCompetence

```
class Heros
  attr_accessor :pv
  attr_accessor :nom

def initialize(nbPv, nomHeros)
  @pv = nbPv
  @nom = nomHeros
end

  def utiliserCompetence
    # Code pour utiliser une compétence
  end
end
```

Avec cette classe, tous les héros peuvent utiliser une compétence, aussi bien Arshes que Sam ! Cependant, nous voulons que seul Arshes puisse utiliser la compétence. Créons-nous une nouvelle classe ? Le problème est que les héros ont des méthodes en commun : attaquer, se défendre, etc. Si nous voulons modifier une méthode, il faudra le faire pour toutes les classes, ce qui serait fastidieux ! La solution est donc l'héritage.

La classe Heros

```
class Heros
  attr_accessor :pv
  attr_accessor :nom

 def initialize(nbPv, nomHeros)
   @pv = nbPv
   @nom = nomHeros
 end
```

```ruby
  def attaquer
    print "J'attaque"
  end

  def seDefendre
    print "Je me défends"
  end
end
```

L'héritage

```ruby
class Combattant < Heros
 def utiliserCompetence
    print "J'utilise une compétence"
 end
end
```

Création des objets

```ruby
arshes = Combattant.new
sam = Heros.new(100, "Sam")
arshes.utiliserCompetence
arshes.attaquer

sam.utiliserCompetence # Erreur
```

La classe `Heros` regroupe les méthodes communes à tous les héros. Dans la classe `Combattant`, nous trouvons la méthode pour l'utilisation de la compétence. Remarquez que la classe `Combattant` hérite de la classe `Heros` avec le <.

Ainsi, quand nous créons l'objet nommé `arshes`, il hérite aussi bien des attributs et méthodes de la classe `Heros` et que de ceux de la classe `Combattant`.

Pour créer un deuxième héros, nous avons créé un objet nommé `sam`. Celui-ci a accès aux actions de la classe `Heros` mais pas à celles de la classe `Combattant` ! Donc, si nous utilisons la méthode `utiliserCompetence` sur cet objet, nous obtiendrons une erreur.

Surcharge de méthode

Voici un autre problème. Nous voulons que la classe `Combattant` (créée précédemment) comprenne une méthode `attaquer` différente de celle des autres héros. La méthode sera modifiée puisque l'attaque est la même. En fait, en attaquant, le héros Combattant va provoquer une altération d'état.

Impossible de l'ajouter à la méthode `attaquer`, puisque tous les héros pourraient alors le faire. Il faut donc surcharger la méthode `attaquer`. Ceci signifie que la méthode est réécrite.

Surcharger la méthode attaquer

```ruby
class Combattant < Heros
  def attaquer
     print "J'attaque"
     print "L'ennemi subit une altération d'état"
  end

  def utiliserCompetence
    print "J'utilise une compétence"
  end
end
```

Création des objets

```ruby
arshes = Combattant.new
sam = Heros.new(100, "Sam")

arshes.attaquer
print "Autour de Sam"
sam.attaquer
```

Ceci affiche :

« J'attaque »

« L'ennemi subit une altération d'état »

« Autour de Sam »

« J'attaque »

La méthode super

Vous avez remarqué ci-dessus que nous n'avons ajouté qu'une ligne dans la méthode `attaquer`. Mais imaginons que la méthode `attaquer` compte plus de 100 lignes. Il serait très contraignant de recopier 100 lignes pour n'en ajouter qu'une. Si nous devons modifier une ligne dans la méthode `attaquer`, nous serons obligés de le faire dans toutes les méthodes `attaquer` des classes. La méthode `super` permet justement d'éviter ce problème.

La méthode super

```ruby
class Combattant < Heros
 def attaquer
    super
    print "L'ennemi subit une altération d'état"
 end

 def utiliserCompetence
   print "J'utilise une compétence"
 end
end
```

Ainsi, la méthode `attaquer` de la classe parente `Heros` est appelée. Comme toutes les méthodes, elle peut comprendre des paramètres, si la méthode `attaquer` le requiert.

La classe Heros

```ruby
class Heros
  attr_accessor :pv
  attr_accessor :nom

 def initialize(nbPv, nomHeros)
   @pv = nbPv
   @nom = nomHeros
 end

 def attaquer(enlevePV)
   print "J'attaque. L'ennemi perd" + enlevePV.to_s + " PV"
 end
end
```

La méthode super

```
class Combattant < Heros
 def attaquer
    super(10)
    print "L'ennemi subit une altération d'état"
 end
end
```

Création d'un objet

```
heros = Combattant.new
heros.attaquer
```

Ceci affiche :

« J'attaque. L'ennemi perd 10 PV »

« L'ennemi subit une altération d'état »

Questions/réponses

Il arrive qu'une erreur survienne dans votre jeu sans que vous ne puissiez en diagnostiquer l'origine. Voici donc pour vous guider une FAQ triée par catégories.

Problèmes liés au logiciel RPG Maker

À l'ouverture, RPG Maker XP dit que le format du fichier est inattendu. Comment résoudre ce problème ?

Remplacez le fichier d'édition `Game.rxproj` par le même type de fichier que votre projet.

Quand j'ouvre un projet, un message m'annonce que la version de RPG Maker n'est pas valide.

Ouvrez le fichier `Game.rxproj` (qui est le fichier d'édition) avec un éditeur de texte (le Bloc-notes par exemple). Puis, remplacez le numéro de la version indiqué par celui de la vôtre.

Par exemple, si vous possédez la version `1.01` de RPG Maker XP et que la version du projet est `RPGXP 1.02`, remplacez ce numéro par `RPGXP 1.01`.

Lorsque je teste mon jeu, un message d'erreur m'annonçant que `Game.exe` a provoqué un erreur apparaît. Comment résoudre ce problème ?

Téléchargez le fichier DLL adéquate et placez-le à la racine de votre projet, là où se trouve par défaut votre application `Game.exe`. Les différents fichiers DLL sont :

- `RGSS100J.dll` pour la version japonaise
- `RGSS103J.dll` pour la version japonaise 1.03
- `RGSS102J.dll` pour la version japonaise 1.02
- `RGSS102E.dll` pour la version anglaise 1.02

Ces fichiers peuvent être téléchargés depuis des sites spécialisés sur RPG maker dont www.rpgcreative.net.

Lors de l'importation d'une ressource, la fenêtre de paramétrage de la transparence n'apparaît pas. Pourquoi ?

Convertissez votre image au format PNG pour résoudre ce problème.

Faut-il connaître Ruby ou RGSS pour créer des scripts ?

RGSS n'est qu'une version des scripts de RPG Maker XP traduite en langage Ruby. Logiquement, si vous ne maîtrisez pas Ruby, vous ne maîtrisez pas RGSS. Il faut connaître les bases de Ruby (intéressez-vous à l'annexe A).

Si votre but est de programmer de la même façon que RPG Maker XP/VX pour créer des systèmes supplémentaires, la maîtrise du RGSS est alors impérative. Pour cela, analysez les scripts de RPG Maker XP/VX et référez-vous à la documentation de RPG Maker.

Comment faire tourner son jeu sans avoir RPG maker XP/VX ?

Placez toutes les ressources de votre jeu, y compris celles par défaut, dans les dossiers correspondant à votre jeu.

Je possède une ressource graphique, comment l'intégrer à mon projet ?

Il vous suffit de passer par l'importation ou l'exportation de ressources de RPG Maker. Faites ensuite correspondre son opacité et sa transparence avec la couleur de fond.

En appuyant sur Ctrl durant le test du projet, je me suis aperçu que le joueur peut traverser des carreaux impraticables. Comment éviter cela ?

Rassurez-vous, cela ne se produit que pendant le test du projet. Le joueur ne pourra pas utiliser cette technique quand il jouera à votre jeu complet.

Comment changer le nom de la devise ?

1. Ouvrez la base de données (F12),
2. Cliquez sur l'onglet *System*.
3. Changez le nom de la devise.

Comment renommer son projet ?

La manipulation à effectuer est simple : cliquez *Jeu* dans la barre de menus (en haut), puis sur *Change Title*.

Que signifient les termes ABS, CBS, ADB, TBS, CMS, CTS, CDS, ATE, DLS, PNJ, MMORPG et RTP ?

Ce sont tous des sigles. Le tableau B-1 détaille leur signification.

TABLEAU B-1 *Sigles liés à RPG Maker*

Acronome	Signification	Explication
ABS	*Action Battle System*	Aussi nommé A-RPG, désigne les jeux où le combat est en temps réel, comme le jeu *The Legend of Zelda*.
CBS	*Custom Battle System*	Mode de combat personnalisé créé par le développeur.
ADB	*Active Dimension Battle*	Les combats ne se déroulent plus dans des environnements restreints et à part, mais directement dans les zones que vous explorez librement. De plus, ils mêlent temps réel et tour par tour. En effet, quand le joueur choisit une action, le temps se fige, mais les attaques sont effectuées en temps réel. Ce système est utilisé dans le jeu *Final Fantasy XII*.
TBS	*Tactical Battle System*	Aussi nommé T-RPG, TBS désigne un combat tactique au tour par tour. Les héros se déplacent de case en case, comme sur un échiquier.
CMS	*Custom Menu System*	Menu personnalisé.
CTS	*Custom Title System*	Écran titre personnalisé.
CDS	*Custom Dialog System*	Boîte de dialogue personnalisée.
ATE	*Advanced Text Effects*	Système permettant d'intégrer des effets avancés sur le texte (ombre, variante de couleurs, etc.).
DLS	*Dynamic Light System*	Permet d'ajouter des ombres et effets de lumière sur les personnages selon leur distance ou direction.
PNJ	*Personnage Non Joueur*	Désigne un personnage que le joueur ne peut contrôler.
MMORPG	*Massively Multi-player Online Role Playing Game*	RPG en réseau où les joueurs se rencontrent et s'affrontent. Le plus connu est le jeu *World of Warcraft*.
RTP	*Run Time Package*	Bibliothèque graphique de RPG Maker installée en même temps que le logiciel.

J'obtiens l'erreur Failed to load actor Data en ouvrant mon projet. D'où vient le problème ?

Le fichier `Actors` dans le dossier `Data` est endommagé. RPG Maker ne peut donc pas l'ouvrir.

1. Ouvrez à un projet vierge.
2. Copiez-y le fichier `Actors.r` (`x` ou `v`)`data`.
3. Saisissez à nouveau les données des héros dans la base de données.

Attention, ce problème peut également concerner d'autres données comme les compétences, les objets, etc. La méthode est la même, il suffit de changer le bon fichier.

Est-il possible de créer un MMORPG, c'est-à-dire un RPG en réseau, avec RPG Maker ?

Oui. On trouve sur Internet des scripts et un serveur permettant de créer un MMORPG avec RPG Maker. Cependant, ce système atteint très rapidement ses limites. En effet, le jeu ne pourra prendre en charge un nombre de joueurs trop élevé. De plus, la personnalisation nécessite une très bonne connaissance du Ruby, du RGSS et du réseau. Bref, si vous débutez dans la programmation, nous vous conseillons de concevoir un RPG simple avec RPG Maker.

Le message Unable to find Graphics/***/*** apparaît. Quel est le problème ?

RPG Maker recherche une image inexistante. Vérifiez si l'image se trouve bien dans le dossier adéquat (les étoiles ci-dessus représentent le chemin de l'image).

Problèmes liés aux événements

Comment sauvegarder une partie via un événement sans passer par le menu de sauvegarde ?

Grâce à la commande *Scripts,* vous pouvez insérer le code suivant dans l'événement.

Sauvegarde dans un emplacement de sauvegarde

```
filename = "Save1.rxdata"
@file = Scene_Save.new
@file.on_decision(filename)
```

Ceci sauvegarde l'emplacement (ou slot) n° 1. Précisez `Save2.rxdata` pour l'emplacement n° 2, et ainsi de suite.

Comment charger une partie via un événement sans passer par le menu de sauvegarde ?

Grâce à la commande *Scripts,* vous pouvez insérer le code suivant dans l'événement.

Charger un emplacement de sauvegarde

```
filename = "Save1.rxdata"
  if FileTest.exist?(filename)
    @file = Scene_Load.new
    @file.on_decision(filename)
  end
```

Le principe est le même pour la sauvegarde, mais il ne faut pas oublier de tester si le fichier existe.

Comment quitter le jeu sans passer par le menu de l'écran titre ?

Grâce à la commande *Scripts,* vous pouvez insérer le code suivant dans l'événement.

Quitter le jeu

```
$scene = nil
```

Quels sont les codes servant à ouvrir le menu Charger, Objet ou encore Équiper via un événement ?

Grâce à la commande *Scripts,* vous pouvez insérer le code suivant dans l'événement.

Pour le menu Charger

```
$scene = Scene_Load.new
```

Pour le menu Objet

```
$scene = Scene_Item.new
```

Pour le menu Équipe

```
$scene = Scene_Equip.new
```

Comment intégrer une transition à un combat précis ?

Avant de démarrer un combat, insérez le code suivant.

Transition avant le combat

```
$data_system.battle_transition = "nom_de_la_transition"
```

`nom_de_la_transition` est le nom de votre transition. De la même façon, n'oubliez pas de restaurer la transition normale après le combat.

À quel moment se servir d'un interrupteur local ?

Afin d'éviter de créer plusieurs interrupteurs, il est recommandé d'utiliser un interrupteur local pour passer à une autre page dans un même événement. Ainsi, dans le cas d'un coffre, une seconde réplique de personnage, un objet obtenu, etc., activez l'interrupteur local A, B, C ou D.

Combien de temps vaut une frame ?

Tout dépend de la machine sur laquelle le jeu est exécuté. Le jeu tourne normalement à 40 FPS, soit 40 images ou frames par seconde. Ainsi, 40 frames valent 1 seconde.

Le jeu s'éteint après l'affichage du message Common event call has exceeded maximum limit. D'où vient le problème ?

C'est une sécurité du script `Interpreter 1`. En fait, il s'agit d'un événement commun appelé en boucle. Au-delà de 100 appels récursifs, ce message apparaît. Vérifiez alors vos événements communs et évitez qu'ils ne s'appellent les uns les autres en boucle infinie.

Comment s'y prendre pour que le temps d'attente de la commande Wait soit variable ou aléatoire ?

1. Créez un nouveau script au-dessus du script `main`, et ajoutez le code suivant dans l'éditeur de scripts.

Commande wait variable

```
class Interpreter
  def waitCustom(frame)
    @wait_count = frame * 2
    return true
  end
end
```

2. Créez une nouvelle variable avec une valeur aléatoire comprise entre 20 et 60 :

> *Single* : Variable 0100 Wait Random
>
> *Operation* : Set
>
> *Operand* : Random 20 ~ 60

3. Avec la commande *Scripts*, appelez la méthode créée précédemment avec la variable n° 100 ci-dessus.

Temps d'attente entre 20 et 60 frames

```
waitCustom($game_variables[100])
```

Problèmes liés aux scripts RGSS et au code Ruby

Les écritures du projet ont disparu. Seules les fenêtres sont visibles. Comment faire ?

RPG Maker XP recherche une écriture qui ne lui est pas assignée. Voici comment remédier à cela :

1. Rendez-vous dans le script `main` dans l'éditeur de script (*F11*).

2. Repérez `Begin` (Ligne 7).

3. Au-dessus de cette ligne, collez le code suivant.

Rétablir le texte dans les fenêtres

```
Font.default_name = "Arial"
Font.default_color = Color.new(255,255,255,255)
$defaultfontsize = 24
$defaultfonttype = "Arial"
```

J'ai supprimé par mégarde un script et on ne peut plus jouer au jeu sans obtenir un message d'erreur. Comment le récupérer ?

1. Créez un nouveau projet.
2. Ouvrez l'éditeur de scripts et copiez-y le script souhaité.
3. Revenez dans votre véritable projet et collez le script.

Quel est le code RGSS pour savoir si le joueur à appuyé sur la touche Entrée ou Échap ?

Vous pouvez tester la pression d'une touche.

Test de pression de la touche Entrée

```
Input.trigger?(Input::C)
```

C est l'équivalent de la touche *Entrée* ou **Espace**. B correspond à la touche Échap.

Que signifie le symbole # suivi d'un texte de couleur verte dans les scripts ?

Vous pouvez pratiquement toujours voir des lignes de code de ce type.

Commentaires

```
# Auteur : ----
# Fait par …
```

Ce sont des commentaires. Ils permettent au programmeur de savoir à quoi servent les lignes de code et de donner des renseignements (souvent à l'en-tête) sur la façon d'utiliser les scripts. Vous êtes libre d'y mettre ce que vous souhaitez, puisque les commentaires ne sont pas interprétés lors de l'exécution du script.

Que signifient les 4 paramètres dans Color.new(0, 0, 0, 255) ?

Voici la structure générale du code pour appliquer une couleur.

Code général pour appliquer une couleur

```
Color.new(R, V, B, S)
```

Le tableau B-2 détaille les paramètres de `Color.new`.

Tableau B-2 *Paramètres de Color.new*

Paramètre	Couleur	Valeurs et maximale
R	Teinte de rouge (*Red*)	De 0 à 255, où 255 est la teinte maximale de rouge.
V	Teinte de vert (*Green*)	De 0 à 255, où 255 est la teinte maximale de vert.
B	Teinte de bleu (*Blue*)	De 0 à 255, où 255 est la teinte maximale de bleu.
S	Saturation du niveau de gris	De 0 à 255, où 255 est la teinte maximale de saturation. Elle permet entre autres d'ajouter un effet vieillot.

Couleur rouge

```
Color.new(255, 0, 0)
```

Ce code permet par exemple de donner une couleur rouge à un élément. Soulignons que le dernier paramètre peut être retiré.

Quel est le code RGSS pour activer un interrupteur ?

Activer

```
$game_switches[ID] = true
```

Désactiver

```
$game_switches[ID] = false
```

Dans ce code, ID est l'identifiant de la variable.

Comment faire pour que certaines parties du terrain soient infranchissables grâce à un interrupteur ?

1. Dans le script `Game Character 1` à la ligne 126, vous trouvez le code suivant.

Code par défaut pour la praticabilité

```
def passable?(x, y, d)
    new_x = x + (d == 6 ? 1 : d == 4 ? -1 : 0)
    new_y = y + (d == 2 ? 1 : d == 8 ? -1 : 0)
```

2. Juste en dessous, ajoutez ce qui suit.

Modification du code par défaut

```
return false if $game_map.terrain_tag(new_x,new_y) == 0↵
and $game_switches[1] == true
```

3. Remplacez 0 par l'identifiant du terrain voulu et 1 par le numéro de l'interrupteur qui doit être activé pour bloquer l'identifiant du terrain choisi.

Comment centrer un texte ?

Il suffit de faire varier un paramètre du script suivant.

Centrer un texte

```
self.contents.draw_text(x, y, width, length, "Texte", 0)
```

Remplacez le dernier paramètre par :

- 0 pour aligner le texte à gauche (par défaut).
- 1 pour le centrer.
- 2 pour l'aligner à droite.

Si ce paramètre est absent de la parenthèse, vous pouvez l'ajouter.

Qu'est-ce que le RMXP SDK ?

RMXP SDK est un outil améliorant la compatibilité entre les scripts réalisés par les membres de la communauté mondiale de RPG Maker XP. Ce SDK propose plusieurs règles de programmation à respecter lors de la création des scripts, afin d'assurer une compatibilité optimale avec les scripts d'autres auteurs.

Comment RGSS reconnaît-il les touches Ctrl et F9 comme débogage uniquement durant la phase de test ?

RGSS utilise la variable globale $DEBUG pour définir le débogage. Pour spécifier que vous testez un combat, utilisez $BTEST.

Prenons l'exemple de *Ctrl*, Le code est le suivant.

La touche Ctrl pour le débogage

```
if $DEBUG and Input.press?(Input::CTRL)
    # Code qui prendra effet durant le test quand la↵
    touche CTRL est enfoncée
end
```

Comment supprimer une fenêtre ou une image affichée à l'écran en Ruby ?

Il faut utiliser la méthode dispose. Mais attention, il faut préalablement geler l'écran avec Graphics.freeze. Ainsi, si votre fenêtre se présente de la manière suivante.

Création d'une fenêtre

```
@window = Window_Perso.new
```

Supprimez-la de cette façon suivante.

Suppression d'une fenêtre

```
Graphics.freeze
@window.dispose
```

Pour dégeler l'écran, utilisez Graphics.transition.

Comment paramétrer un maximum d'argent différent de 9 999 999 ?

1. Rendez-vous dans le script Game_Party.
2. Localisez la portion de code suivante.

Modification du total d'argent

```
def gain_gold(n)
    @gold = [[@gold + n, 0].max, 9999999].min
  end
```

3. Replacez la valeur `9999999` par le montant maximum d'argent de votre choix.

J'obtiens l'erreur RGSS Error – failed to create bitmap, d'où vient le problème ?

RGSS a échoué dans la création du Bitmap ; ses dimensions sont probablement négatives.

Le Bitmap

```
self.contents = Bitmap.new(Largeur, Hauteur)
```

Dans cette ligne de code, l'élément `Largeur` ou `Hauteur` est négatif, et donc provoque une erreur.

J'obtiens l'erreur #<TypeError: cannot convert Fixnum into String>, d'où vient le problème ?

`Fixnum` est un entier et `String` une chaîne de caractères. Le problème est que vous ne pouvez pas additionner une chaîne de caractères et un nombre en *Ruby*.

J'obtiens l'erreur #<ArgumentError: wrong number of arguments (0 for 1)>, d'où vient le problème ?

Des paramètres manquent lors de l'appel de la méthode. L'erreur provient d'un code comme celui-ci.

Appel d'une méthode avec un paramètre manquant

```
def heros(nom)
#...
end
heros # Appel de la méthode « heros », mais il manque le
paramètre « nom »
```

J'obtiens l'erreur #<NameError : undefined local variable 'nom'>, d'où vient le problème ?

C'est un problème de visibilité de variable. Dans le message d'erreur, Ruby essaie de lire une variable locale nommée `nom` qui n'a pas été initialisée. L'erreur provient d'un code comme celui qui suit.

Problème de visibilité de variables

```
def heros
    nom = 'Link'
    print 'Le héros se nomme ' + nom
end

heros
print 'Il s\'appelle ' + nom + ' le héros ?
```

Comment connaître la date actuelle en Ruby ?

Il faut utiliser le code qui suit.

Connaître le jour

```
Time.new.day
```

Connaître le mois

```
Time.new.month
```

Principales commandes d'événements

Cette annexe rassemble les tableaux présentant le détail des commandes d'événements évoquées dans le chapitre 5.

Chemins et actions d'événement

TABLEAU C-1 *Détail des mouvements possibles*

Mouvement	Détail
Move Down	Déplacement d'un carreau (un pas) vers le bas.
Move Left	Déplacement d'un carreau vers la gauche.
Move Right	Déplacement d'un carreau vers la droite.
Move Up	Déplacement d'un carreau vers le haut.
Move Lower Left	Déplacement en diagonale vers le bas-gauche.
Move Lower Right	Déplacement en diagonale vers le bas-droit.
Move Upper Up	Déplacement en diagonale vers le haut-gauche.
Move Upper Right	Déplacement en diagonale vers le haut-droit.
Move at Random	Déplacement d'un carreau vers une direction aléatoire.
Move toward Player	Déplacement d'un carreau vers le héros.
Move away from Player	L'événement fuit le héros d'un carreau (déplacement à l'opposé du héros).
1 Step Forward	Déplacement d'un pas ou carreau en avant.
1 Step Backward	Déplacement d'un pas ou carreau en arrière.
Jump	L'événement fait un saut. Indiquez les positions X et Y. Par exemple, si vous inscrivez : X+ : 2 et Y+ : 0, l'événement saute deux carreaux vers la droite.
Wait	L'événement attend sur place un nombre de frames défini.
Turn Down	L'événement regarde vers le bas (pas de déplacement, c'est un changement de direction).
Turn Left	L'événement regarde vers la gauche.
Turn Right	L'événement regarde vers la droite.
Turn Up	L'événement regarde vers la haut.
Turn 90° Right	L'événement tourne de 90° vers la droite.
Turn 90° Left	L'événement tourne de 90° vers la gauche.

TABLEAU C-1 *Détail des mouvements possibles (suite)*

Mouvement	Détail
Turn 180°	L'événement tourne de 180°.
Turn 90° Right or Left	L'événement tourne de 90° au hasard.
Turn at Random	L'événement regarde une direction au hasard.
Turn toward player	L'événement regarde le héros.
Turn away from Player	L'événement tourne le dos au héros.
Switch ON	Active un interrupteur.
Switch OFF	Désactive un interrupteur.
Change Speed	Change la vitesse de l'événement.
Change Freq	Change la fréquence de déplacement (fluide ou saccadée) de l'événement.
Move Animation ON	Anime l'événement lorsqu'il se déplace.
Move Animation OFF	L'animation de l'événement lorsqu'il se déplace est désactivée.
Stop Animation ON	Anime l'événement à l'arrêt.
Stop Animation OFF	L'animation de l'événement à l'arrêt est désactivée.
Direction Fix ON	La direction de l'événement reste fixe.
Direction Fix OFF	La direction de l'événement est normale (donc mobile).
Through ON	L'événement peut être traversé.
Through OFF	L'événement ne peut pas être traversé.
Always on Top ON	L'événement sera au-dessus des autres événements/héros (au niveau superposition).
Always on Top OFF	L'événement ne sera pas au-dessus des autres événements/héros.
Change Graphic	Change l'image de l'événement.
Change Opacity	Change l'opacité de 0 (invisible) à 255 (opaque) de l'événement.
Change Blending	Éclaircit ou assombrit l'événement.
Play SE	Joue un son.
Script	Exécute un code Ruby

PRÉCISION **Tourner l'événement**

Lorsque l'on dit que l'événement tourne de 180°, cela ne signifie pas que l'image exécute une rotation, mais que l'événement change de direction et, par conséquent, change l'image associée à cette direction.

Fenêtre Event Command

TABLEAU C-2 *Détail des commandes d'événements du premier onglet de la fenêtre Event Command*

Intitulé	Description
Show Text	Affiche un message, La flèche noire indique la fin du message. Vous devez ensuite revenir à la ligne. Appuyez sur F2 pour visualiser un aperçu du message.
Show Choices	Permet au héros de faire un choix durant un événement. Vous pouvez créer jusqu'à 4 choix (différents ou non). Proposez un choix permettant d'annuler (quand le joueur appuie sur *Échap*) dans la zone *When Cancel*. *Disallow* : permet de désactiver l'annulation. Le héros sera obligé de faire un choix. *Choice* : le numéro du choix qui sera appliqué lors de l'annulation. *Branch* : permet d'insérer une autre branche *When Cancel* afin d'ajouter des instructions en cas d'annulation.
Input Number	Permet de saisir un nombre doté d'un certain nombre de chiffres (8 au maximum). Cette option sert par exemple à insérer un code dans le jeu. La saisie du nombre nécessite l'utilisation des variables.
Change Text Options	Permet de choisir la position du message (*Top* : en haut, *Middle* : au milieu, *Bottom* : en bas) avec fenêtre (*Show*) ou sans (*Hide*).
Button Input Processing	Génère un événement lorsque le joueur appuie sur une touche. La gestion des touches nécessite l'utilisation des variables.

TABLEAU C-2 *Détail des commandes d'événements du premier onglet de la fenêtre Event Command (suite)*

Intitulé	Description
Wait	Permet de bloquer le héros (sauf en processus parallèle) et d'attendre un certain nombre de frames (999 au maximum).
Comment	Insère un aide-mémoire. Le commentaire n'apparaît pas dans le jeu.
Conditionnal Branch	Gestion des conditions. Voir la section « Les conditions » du chapitre 5.
Loop	Répète à l'infini une ou plusieurs commandes d'événements comprises entre *Loop* et *Repeat Above*.
Break Loop	Interrompt la répétition de la boucle. Cette commande est à insérer dans la commande *Loop* (ci-dessus) afin de l'arrêter.
Exit Event Processing	Interrompt les commandes d'événement en cours de tous les événements.
Erase Event	Supprime l'événement actuel. Il ne sera pas supprimé définitivement du jeu, mais seulement quand le héros se trouve sur la carte de l'événement concerné. Ainsi, si le héros quitte la carte et revient sur cette dernière, l'événement réapparaîtra.
Call Common Event	Appelle un événement commun dans la base de données.
Label	Place une étiquette sur un événement afin de pouvoir y revenir n'importe quand via la commande *Jump to Label* (ci-dessous). On peut placer un nombre illimité d'éti-quettes, chacune ayant un nom spécifique.
Jump to Label	Permet de rejoindre une étiquette placée avec la commande *Label* (ci-dessus). Le nom doit être identique.
Control Switches	Gestion des interrupteurs (ou déclencheurs). Voir le chapitre 5.
Control Variables	Gestion des variables. Voir la section « Varier le déclenchement des événements avec les variables » du chapitre 5.

TABLEAU C-2 *Détail des commandes d'événements du premier onglet de la fenêtre Event Command (suite)*

Intitulé	Description
Control Self Switches	Gestion des interrupteurs locaux. Voir la section « Les interrupteurs » du chapitre 5.
Control Timer	Déclenche puis arrête un chronomètre de 99 minutes et 59 secondes maximum.
Change Gold	Ajoute ou retire des devises en vigueur dans le jeu, pour un maximum de 9999999. Vous pouvez aussi utiliser une valeur de variable.
Change Items	Ajoute ou retire un certain nombre d'objets. Vous pouvez aussi utiliser une valeur de variable pour définir la quantité à ajouter/retirer.
Change Weapons	Même principe que le changement d'objets ci-dessus, mais appliqué aux armes.
Change Armor	Même principe que le changement d'objets ci-dessus, mais appliqué aux armures.
Change Party Member	Ajoute ou retire un héros de l'équipe. Si vous laissez l'option Initialize décochée, le héros à ajouter aura le même niveau que ses équipiers. Dans le cas contraire, son niveau de départ sera défini dans la base de données.
Change Windowskin	Change l'apparence de la fenêtre.
Change Battle BGM	Change la musique des combats.
Change Battle End ME	Change la musique de la victoire quand on gagne un combat.
Change Save Access	Active ou désactive la sauvegarde dans le jeu. Si le menu de sauvegarde est désactivé, le joueur ne pourra pas y accéder et donc, par conséquent, ne pourra pas sauvegarder.
Change Menu Access	Même principe que le changement de droit d'accès au menu de sauvegarde ci-dessus, mais appliqué au menu principal.
Change Encounter	Active ou désactive les combats aléatoires.

RPG Maker VX **Davantage d'options de texte**

- *Face Graphic* : met une image représentant le visage du locuteur.
- *Background* : le type de fond. Soit transparent, soit semi-transparent (*Dim Background*) ou bien le Windowskin de base.
- *Position* : la position de la boîte de dialogue sur l'écran (*Top* : en haut, *Middle* : au milieu, *Bottom* : en bas).
- *Batch Entry* : plusieurs textes d'un coup (également disponible sur XP, via un clic droit sur la liste des commande d'événements).

Rappel **Créer un objet**

Les objets et leurs caractéristiques peuvent être modifiés ou créés dans la base de données, dans l'onglet *Items*.

Tableau C-3 *Détail des commandes d'événements du deuxième onglet de Event Command*

Option	Description
Transfer Player	Téléporte le héros vers un endroit de la carte ou d'une autre carte. Vous pouvez déterminer la position grâce aux variables. Choisissez les options telles que la direction du héros après la téléportation (*Retain* : direction actuelle, *Down* : vers le bas, *Left* : vers la gauche, *Right* : vers la droite, *Up* : vers le haut) ou bien un fondu (*Fading*). Cette commande est très importante pour passer d'une carte à l'autre.
Set Vehicle Location (seulement sur VX)	Téléporte un véhicule vers un endroit de la carte ou d'une autre carte. Vous pouvez déterminer la position grâce aux variables.
Set Event Location	Téléporte tous les événements vers un endroit de la carte ou d'une autre carte (*Direct appointement*). Vous pouvez déterminer la position grâce aux variables. Il vous est en outre possible d'intervertir la position de cet événement avec celle d'un autre événement de la carte. Choisissez la direction de l'événement après la téléportation (même principe que ci-dessus).

TABLEAU C-3 *Détail des commandes d'événements du deuxième onglet de Event Command (suite)*

Option	Description
Scroll Map	Fait défiler l'écran dans une direction (*Direction*), selon un nombre de carreaux (*Distance*) et une vitesse (*Speed*) donnés. Pour réinitialiser la position de l'écran, entrez la même commande avec la direction opposée.
Change Map Settings	Change les propriétés de la carte (Panorama, brouillard (*Fog*) ; arrière-plan de combat (*Battleback*). Les propriétés initiales se trouvent dans la gestion de Tileset, dans la base de données.
Change Fog Color Tone	Permet de choisir le ton du brouillard et le temps d'apparition (*Time*).
Change Fog Opacity	Permet de choisir l'opacité de 0 (invisible) jusqu'à 255 (normal) et le temps de transition en frames (20 au maximum).
Show Animation	Affiche une certaine animation sur un événement ou héros sur la carte.
Show Ballon Icon (seulement sur VX)	Affiche l'événement actuel ou un autre événement sur le héros sous forme de bulle, permettant de figurer une émotion (colère, calme…).
Change Transparent Flag	Rend le héros transparent ou opaque (normal)
Set Move Route	Déplace l'événement, le héros ou un autre événement.
Get on/off vehicle (seulement sur VX)	Fait automatiquement monter le héros dans un véhicule ou descendre, si le héros est déjà dans celui-ci.
Wait for Move's Completion	Attend la fin du déplacement (effectué avec la commande ci-dessus) avant d'exécuter les commandes suivantes.
Prepare for Transition (*Fadeout Screen* sur VX)	Prépare la transition.
Execute Transition (*Fadein Screen* sur VX)	Exécute une transition au choix.

TABLEAU C-3 *Détail des commandes d'événements du deuxième onglet de Event Command (suite)*

Option	Description
Change Screen Color Tone (*Tint Screen* sur VX)	Choisit le ton de l'écran et le temps d'apparition en frames (*Time*).
Screen Flash	Choisit la couleur du flash de l'écran et le temps du flash en frames (*Time*).
Screen Shake	Fait trembler l'écran selon une intensité (*Power*), une vitesse (*Speed*) et une durée de tremblement en frames (*Time*)
Show Picture	Affiche une image choisie sur l'écran. *Number* : le numéro unique de l'image. *Picture Graphic* : l'image. *Upper Left* : le point d'origine de l'image dans le coin supérieur gauche. *Center* : le point d'origine de l'image au milieu. *Constant X* et *Y* : place l'image sur l'écran selon le point d'origine des positions X (abscisse) et Y (ordonnée). *Variable* : les positions X et Y seront placées selon des valeurs dans une variable. *Zoom* : permet d'étirer ou rétrécir l'image (X : pourcentage de la longueur, Y : pourcentage de la hauteur). *Opacity* : l'opacité de l'image de 0 (invisible) à 255 (normal). *Blending* : éclaircir (*Add*) ou assombrir (*Sub*) l'image.
Move Picture	Déplace l'image créée avec la commande ci-dessus d'après son numéro. Choisissez ses options (les mêmes que dans *Show Pictures*). Le temps (*Time*) représente le temps du déplacement de l'image et par conséquent, sa vitesse. Pour la déplacer, il faut changer ses coordonnées. Alors, l'image prendra les nouvelles positions et se déplacera automatiquement vers les positions initiales données avec la commande *Show Pictures*.
Rotate Picture	Tourne l'image définie par son numéro à une certaine vitesse (*Speed*).
Change Picture Color Tone	Choisit le ton d'une image définie par son numéro et le temps d'apparition en frames (*Time*).
Erase Picture	Supprime l'image définie par son numéro.

Tableau C-3 *Détail des commandes d'événements du deuxième onglet de Event Command (suite)*

Option	Description
Set Weather Effects	Insère un effet météorologique dans le jeu (*Rain* : pluie, *Storm* : tempête, *Snow* : neige) avec une intensité (*Power*) et un temps d'apparition en frames (*Time*).
Play BGM	Joue une musique.
Fade Out BGM	Fait disparaître petit à petit la musique actuelle dans le jeu en une durée mesurée en secondes (60 maximum) jusqu'à ce qu'on ne l'entende plus.
Play BGS	Joue un fond sonore.
Fade Out BGS	Même principe que *Fade Out BGM* mais appliqué au fond sonore.
Memorize BGM/BGS	Mémorise la musique (BGM) ou/et le fond sonore (BGS) actuel dans le jeu pour le rejouer plus tard sans devoir redéfinir la musique et fond sonore.
Restore BGM/BGS	Joue la musique (BGM) ou/et le fond sonore (BGS) mémorisé dans *Memorize BGM/BGS* dans le jeu.
Play ME	Joue un effet musical.
Play SE	Joue un effet sonore.
Stop SE	Interrompt l'effet musical (ME) ou l'effet sonore (SE).

En pratique **Les commandes de déplacement**

Le principe du déplacement de la commande *Set Move Route* est identique au déplacement personnalisé d'un événement. Reportez-vous à la section « Le mouvement » du chapitre 5.

TABLEAU C-4 *Détail des commandes d'événements du dernier onglet de la fenêtre Event Command*

Option	Description
Battle Processing	Permet de déclencher un combat et de choisir le groupe d'ennemis. *Can Escape* : les héros peuvent s'enfuir. *Continue Event When Loser* : après la défaite des héros contre les ennemis, l'écran Game Over n'apparaît pas et le jeu continue.
Shop Processing	Affiche le menu du magasin. La fenêtre qui apparaît contient la liste des objets, armes et armures du magasin. Double-cliquez sur la ligne et choisissez le type d'objet.
Name Input Processing	Invite le joueur à rentrer le nom d'un héros. Définissez le nombre de caractères possibles pour le nom.
Change HP	Retire ou restaure un certain nombre de points de vie (HP) à l'équipe ou un héros spécifique. La valeur du gain ou de la perte de points de vie peut être définie dans une variable. En cochant *Allow Knockout in Battle*, le héros sélectionné meurt quand ses points de vie sont inférieurs ou égaux à 0.
Change SP	Même principe que ci-dessus mais appliqué aux points de compétence (SP).
Change State	Ajoute ou retire un statut à un héros ou à l'équipe entière.
Recover All	Restaure tous les points de vie et de compétence d'un héros ou de l'équipe entière, ainsi que le statut Normal.
Change EXP	Même principe que la commande *Change HP* mais appliqué aux points de compétence.
Change Level	Même principe que la commande *Change HP* mais appliqué aux niveaux.

TABLEAU C-4 *Détail des commandes d'événements du dernier onglet de la fenêtre Event Command (suite)*

Option	Description
Change Parameters	Même principe que la commande *Change HP* mais appliqué aux caractéristiques (*MaxHP* : points de vie maximum, *MaxSP* : points de compétence maximum, *STR* : force, *DEX* : dextérité, *AGI* : agilité, *INT* : intelligence).
Change Skills	Ajoute ou retire une compétence à un héros.
Change Equipment	Modifie l'équipement d'un héros (armes, bouclier, armure, casque et accessoires).
Change Actor Name	Renomme un héros.
Change Actor Class	Modifie la classe d'un héros.
Change Actor Graphic	Change l'apparence d'un héros sur la carte et dans les combats.
Change Vehicle Graphic (seulement sur VX)	Change l'apparence d'un véhicule.
Change Enemy HP	Même principe que la commande *Change HP* mais appliqué aux ennemis. Cette commande est utilisée pour les événements des combats.
Change Enemy SP	Même principe que la commande *Change Enemy HP* mais appliqué aux points de compétence.
Change Enemy State	Ajoute ou retire un statut à un ennemi ou un groupe d'ennemis. Cette commande est utilisée pour les événements des combats.
Enemy Recover All	Même principe que la commande *Recover All* mais appliquée aux ennemis. Cette commande est utilisée pour les événements des combats.
Enemy Appearance	Fait apparaître un ennemi caché dans le groupe. Cette commande est utilisée pour les événements des combats.
Enemy Transform	Transforme le monstre du combat par un autre monstre au choix. Cette commande est utilisée pour les événements des combats.

TABLEAU C-4 *Détail des commandes d'événements du dernier onglet de la fenêtre Event Command (suite)*

Option	Description
Show Battle Animation	Insère une animation de combat sur un ennemi, un groupe d'ennemis, un héros ou l'équipe des héros. Cette commande est utilisée pour les événements des combats.
Deal Damage	Ôte un certain nombre de points de vie à un ennemi, un groupe d'ennemis, un héros ou l'équipe des héros. La quantité de points de vie retirés peut être définie dans une variable. Cette commande est utilisée pour les événements des combats.
Force Action	Force le héros ou un ennemi à utiliser une action (attaque, défense, fuite, rien faire) ou compétence sur une cible (dernière cible attaquée *Last Target*, aléatoire ou non). Deux options s'offrent à vous : *Execute in Normal Sequence* : exécuter à la place de la prochaine action. *Execute Now* : exécuter l'action immédiatement.
Abort Battle	Termine le combat.
Call Menu Screen	Ouvre le menu principal dans le jeu.
Call Save Screen	Ouvre le menu de sauvegarde dans le jeu.
Game Over	Affiche l'écran Game Over et revient à l'écran titre dans le jeu.
Return to Title Screen	Retourne à l'écran titre dans le jeu.
Script	Appelle un script ou insère une commande par l'intermédiaire d'un code.

Index